三蟠鉄道記録集

三蟠鉄道研究会 編

巻頭言
記録の線路は続く、いつまでも

定兼　学（前岡山県立記録資料館特別館長）

　本書を手に取ると、すぐにおわかりいただけると思いますが、平成27年 (2015) に開催された三蟠軽便鉄道開通１００周年記念事業は、わたくしの想像を超える盛大なものでした。大会も素晴らしく充実していました。一市民の小さな任意団体にすぎない三蟠鉄道研究会の方々が、周辺住民だけではなく、他の文化団体、企業、学校、役所、報道機関、さらには学識経験者等を巻き込んだ一大イベントに仕立てあげられたのです。ひとえに内田武宏会長の執念ともいえるご尽力のたまものと言っても過言ではないと思います。会長の気持ちがみんなに伝わったということは、みんなも「よしやってみよう」と思う素地を抱えていたからでしょう。みなさんのご尽力にも敬服いたします。

　そもそも、昭和6年 (1931) に廃業した三蟠鉄道に乗ったことのある人はこの世にほとんどいなかったはずです。その名すら知らなかった人も多かったでしょう。しかし、内田さんたちの説明により、あの地を鉄道が走っていたことを知ると、それはどんな物なのだろうか、なぜ鉄道を敷設したのだろうか、など想像が膨らんだと思います。つまり、みんなの気持ちに火が付いたのです。

　わたくしが内田さんのことを知ったのは、平成22年 (2010) 夏、ご自宅で「戦地からのたより展」をされたときでした。当時わたくしは岡山県立記録資料館に勤め、岡山県にとって重要な公文書や古文書にかかわっていましたので、興味をそそられてうかがいました。そこで内田さんの戦地で亡くなられた御親族の郷土愛、家族愛を残し伝えたいという強い思いを学びました。これは当時わたくしが資料保存について、成さんと思っていた心に火をつける契機となった忘れえぬ出来事でした。背中を押された気持ちになったのです。感謝しています。

　このたび多くの方々の協力で『三蟠鉄道記録集』ができあがり、わたくしは本当にうれしく思います。しかし、本書で三蟠鉄道の話は終わりではありません。本書を手に取った人は、ここに記されている思いをぜひ語り繋ぎ、さらなる探求をしてください。鉄道の線路はなくなっても、記録の線路はいつまでも続くのです。

はじめに

内田武宏（三蟠鉄道研究会会長）

　私が三蟠鉄道のことを知ったのは幼いころ祖父母や両親に連れられて「けえべん」の田んぼへ連れて行ってもらった時だった。田んぼの真ん中に立派な石垣のある台形型に盛り上がった小高い丘があった。毎年そこには「かんぴょう」や西瓜、金瓜などいろいろな野菜が植えられていて、幼い私や弟には天国のような不思議な空間を醸している場所であり、天気の良い日は「かくれんぼ」して遊んだり、野菜の陰に寝てみたり、宝探しと称して葉っぱの陰に小石を隠して遊んだものだった。その小石が丸い楕円形であり、少しずつ違った石だと気が付いたのは高校生の頃だったかな。大小さまざまだが、色も違うし河原で見かける小石のようで、道路で見かける石とは全く違った不思議な色合い雰囲気の石であった。

　「けえべん」の意味も分からなかった私は、父親に聞いてみて初めてそこが鉄道の道床跡だと知ったが、レールがあった敷石は旭川の河川敷にある石だった。レールの敷石なれば「割石」と相場が決まっていると思っていたが、当時は豊富にあった河原の石のほうが、手軽に採取できて割安でもあったようだ。しかも蒸気機関車が走っていたと知ると、私には信じられないほどの驚きだった。

　後に都市計画で旭東玉野線が通り、すぐ近くにあった今は灌漑世界遺産ともなった倉安川が少々付け替えされ、そこに後で知ったアバット（橋脚）跡が懐かしく思い出され、三蟠鉄道の研究意欲を掻き立てられた。しかし、働き盛りの現役のころには、時間がなく、定年退職した満55歳になって、満を持しての活動が始まった。調べれば調べるほど新しい疑問が膨らみ、それを解明していくと、言い知れぬ喜びを感じ、現在に至っている。ここまで多くの人のご支援のおかげで、ある程度の研究成果は上がったようだが、自分の命ある限り、後世に郷土の誇りを語り継いでいくことが私の務めと知り、この図書発刊にこぎつけた次第である。

　まだまだ未熟な私に説明しきれない文言や、失礼な表現があることも知りつつ、この書を発行することをお許しいただきたく、序をもってご挨拶とする。

三蟠軽便鉄道もくじ

1章　三蟠鉄道の歴史

小西伸彦

2章　三蟠鉄道研究会の活動記録
内田武宏

資料編

1章

三蟠鉄道の歴史

小西伸彦

沖新田開発と三蟠 ···

沖新田開発

　三蟠は旭川下流の左岸に位置する。三蟠鉄道下平井駅の南から三蟠駅までの線路は、倉田新田と沖新田に敷かれていた。

　新田開発が本格化したのは江戸時代である。戦国時代が終わり太平の世になると、それまで戦闘的に所領拡大をはかってきた諸大名が新田開発による領国経営に舵を切った。新田には藩みずからが開発する藩営新田、戦国時代の国侍が土着帰納する土豪開発新田、町人による町人普請新田、村役人が開発を受けもつ村請新田などがあったが、備前の新田開発には藩主・池田氏が下命した藩営が多かった。

　三蟠鉄道が走っていた倉田新田は倉安川の開削とともに延宝7年（1679）に開かれ、沖新田は元禄5年（1692）、藩主・池田綱政の命により津田永忠が完成させた。

　沖新田開発にあたり永忠は、全長12km（3里、6,518間）の工区（丁場）を九つに分けて工事を競わせ、完成した新田も一番、三番、四番、五番、六番、七番、外七番、九番の八ヵ村に分けた。吉井川河口右岸に位置した九番丁場「沖新田之内九番」は明治6年（1873）、九蟠村に、旭川河口左岸の三番丁場「沖新田之内三番」は明治22年（1889）、三蟠村になった。

京橋と三蟠港

　京橋は近世岡山の港であった。旭川の高瀬舟は真島郡高田村（現在の真庭郡勝山）に上り、倉安川を介して吉井川水系にも航路を広げていた。高瀬舟とともに瀬戸内海航路が寄港する京橋は、商工業施設、遊楽施設が集中する岡山の玄関としてにぎわったのである。ところが、旭川下流域は年とともに天井川へと姿を変え、河道を塞いだ土砂が瀬戸内航路の京橋発着に大きな影響を与えた。そこで注目されたのが三蟠港である。京橋に代わる岡山の港としての機能を帯びたのである。

　『三蟠村誌』には、

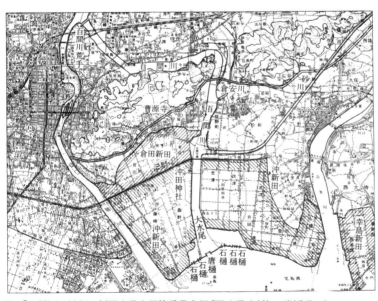

図1「百間川と沖新田」（岡山県史編纂委員会偏『岡山県史』第7巻近世Ⅱ）

明治4年（1871）6月13日、三蟠港沖にフランス船・アスピラが来航したと書かれている。フランス人は、ボート3隻に分乗して旭川を測量したが、京橋まで遡上することができず去っていったという。『岡山市史産業経済編』はこう記している。

　明治維新後、藩政時代保護されていた山林伐採の解放と旭川上流の砂鉄採集の勃興により、旭川の河底の土砂堆積は著しく、明治四・五・十三・十四・十九・二十五年と度々水禍にみまわれ、また河口埋積のため、十噸の巡航船すら辛うじて通航し得る状態となった。

　旭川の地質は、上流部の大部分が中生代白亜紀の花崗岩（かこうがん）と安山岩類で、中流部は古生代から中生代の泥岩や閃緑凝灰岩（せんりょくぎょうかいがん）などの固結堆積物、下流部は礫、砂、泥など新生代第四紀沖積世の堆積物である。花崗岩には水を通しにくく、風化により真砂になりやすいという性質がある。そのため降った雨のほとんどは真砂を押し流しながら下流に向かう。

　中国山地は弥生時代後期からの砂鉄生産地で、近世の国内シェアは60%から70%におよんだ。近代になると比重選鉱による鉄穴流し（かんなながし）と鑪製鉄（たたら）が主流になった。しかし、花崗岩に含まれる砂鉄の割合は0.15%から0.3%に過ぎず、砂鉄採取後の土砂はすべて下流に流された。鑪製鉄の燃料は木材であった。1回の製鉄で2tの鉄塊を生産するには8tの砂鉄を必要とし、8tの砂鉄を得るには約300tの真砂土を掘らねばならなかった。鑪で2tの鉄塊を産するには30t近い木炭が必要で、それには約100tの木材を切らねばならなかった。

　つまり、自然現象としての真砂流出、鉄穴流しによる土砂流出、鑪製鉄による山林崩壊が旭川を天井川に変え、河道に堆積した大量の土砂が京橋の港機能不全と洪水の元凶になったのである。

　旭川下流域の土砂堆積が著しく進んだのは明治12年（1879）ごろからである。京橋の水深は浅く、流路幅も狭くなったため、船舶の乗り入れが困難になった。こうした京橋の現状や、明治13年（1880）の高梁川大洪水を目の当たりにした宇野円三郎（えんざぶろう）は明治15年（1882）、岡山県令・高崎五六に『治水建言書』を提出し、高崎は明治16年（1883）、「砂防工施行規則」を布達し、宇野を岡山県等外三等土木課員修築掛に登用して砂防工事に当たらせた。

　しかし明治37年（1904）5月末になっても、京橋行き船舶は、水深の浅い平井や福浜付近を通過することができず、満潮時にどうにか来着できる程度であった。四国連絡「旭丸」も第一便と第四便以外は三蟠港止まりで、京橋や岡山駅に行くには人力車に頼らざるをえなかった。

瀬戸内海航路と三蟠港

　三蟠港は江戸時代末期から昭和40年代まで、四国や瀬戸内の島々、牛窓や日生、宇野方面を結ぶ巡航船の寄港地として栄えた。江戸時代の三蟠は牛窓、下津井と並ぶ岡山藩の重要港湾で、藩の軍船は必ず三蟠港を通らねばならなかった。

　明治3年（1870）には蒸気船の発着が始まり、まず偕行会社が岡山藩から借り受けた「常盤丸」が就航した。偕行会社は神戸の富豪・橋本藤左衛門が社長を務めた士族授産会社で、「常盤丸」は岡山・神戸・大

阪間を結んだ。明治 5 年（1872）ごろには大阪・岡山間に、81t22 馬力の木造「浚波丸」も就航するなど、阪神方面や四国を結ぶ蒸気船便が増えた。

しかし明治 7 年（1874）、官設鉄道大阪・神戸間が開業すると、鉄道に貨客を奪われた海運会社が熾烈な競争を展開するようになった。明治 9 年（1876）に大森栄介ら 12 名が岡山汽衛会社を設立すれば、岡山汽衛会社副社長で、高瀬舟差配役でもあった作州屋主人・西村孫六郎は、大阪・広島間に汽船「第一岡山丸」を走らせ、岡山市上之町の小間物商・銀杏屋は協心会を組織して近海航路の運航に乗り出した。高松の海運会社三港社は明治 10 年（1877）、大阪・神戸・岡山間の汽船を高松に寄港させ、岡山・高松間の連絡をはかった。福浜の浜九郎は明治 13 年（1880）、岡山初の汽船「備前丸」83t を建造して大阪・下関間を往復させ、自作米「浜田の五部三（ごろさ）」を阪神に輸送すれば、九州米なども大阪の堂島や兵庫に運んだ。

こうして、西南戦争が勃発した明治 10 年（1877）から明治 14 年（1881）の岡山では、阪神や四国方面航路の主役が 50 石以上の蒸気船 14 艘になった。当時は西南戦争などの戦費補填を目的に乱発された不換紙幣によるインフレーションの真っ只中であった。その後、大蔵卿・松方正義が採ったデフレ政策により不況は一層深刻度を増していた。その打撃は海運業界にもおよび、まず業者間の価格競争、つぎに業界再編成へと連鎖した。明治 17 年（1884）に大阪商船が設立されると明治 18 年（1885）、偕行社が解散した。

岡山に陸蒸気（おかじょうき）がやってきたのは、山陽鉄道岡山駅が開業した明治 24 年（1891）3 月 18 日である。同年 3 月 25 日付山陽新報は、「汽車の影響（船客減少）」で「山陽鉄道の開通となりてより以來三蟠港を出入する阪神通ひの汽船乗客は頓に其數を減じ時に依りては前時の半數にも足らざることありと」と報じているが、同年 6 月 26 日付「岡山に鉄道全通後の船客」は、同月 1 日から 20 日までの 1 日平均乗船数は前年に比べ、大阪・岡山間が 57 人 1 分から 35 人 5 分へ 21 人 6 分減、神戸・岡山間は 20 人 2 分から 23 人 7 分 5 厘に 3 人 5 分 5 厘増、大阪・阪神間は 73 人 1 分から 56 人 3 分へ 16 人 8 分減、往復は 151 人 4 分から 115 人 5 分 5 厘へ 25 人 8 分 5 厘減であったが、荷物は増加に転じたと伝え、船舶輸送が大きな打撃を受けなかったのは、利用者が鉄道と船を使い分けた結果であると結論づけている。

当時の山陽新報には、瀬戸内航路の発着時刻と山陽鉄道神戸・岡山間の時刻表が載っている。明治 24 年（1891）6 月 26 日付には岡山船着町川岸の西村廻漕店の広告があり、岡山出船神戸・大阪行き「新和歌浦丸」と「亀鶴丸」、岡山出船小豆島・高松・多度津行き「第五兵庫丸」、神戸出船馬関・長崎・上海行き「神戸丸」、神戸出船横浜・萩ノ浜・函館行き「相模丸」の名前もある。明治 33 年（1900）12 月になると西村廻漕店の「近江丸」「仙台丸」「台南丸」「永康丸」、船着町の共立組回漕店と九蟠港の藤原回漕店が運航する「船玉丸」、大阪商船の「台南丸」「台北丸」「釜山丸」をはじめとする船舶名が並んでいる。

四国間航路では、古くから三挺櫓や五挺櫓と呼ばれる和船が京橋・高松間を結んで

いた。汽船になった時期は明らかでないが、明治10年（1877）ごろには香川県の三港社が大阪・岡山間航路を高松に寄港させた。明治12年（1879）1月12日付山陽新報には神戸の安井商店の広告があり、毎月5と10の日に、大阪・岡山・高松・多度津・鞆・尾道・広島間を往復するとしている。岡山・高松間を主要航路としたのは明治33年（1900）に設立した讃岐汽船で、京橋・三蟠・九蟠・犬島・小豆島・高松間に「船玉丸」116tを就航させた。

　山陽鉄道会社は明治34年（1901）5月27日、神戸・馬関（現在の下関）間を開業させた。明治36年（1903）3月18日には、223tの「玉藻丸」と「児島丸」を新造して尾道・多度津間と岡山・高松間に就航させた。しかし223t級船舶が京橋に入港することはできなかった。つまり、岡山駅・京橋間、京橋・三蟠港間の船車連絡はけっして利便性の高いものではなく、人力車か荷車を利用するか、吃水の浅い川筋連絡汽船で京橋・三蟠港間を通過せざるをえなかったため、山陽鉄道会社は福島港と九蟠港にも寄港させなければなかった。三蟠港に人力車が集結するようになったのは明治時代初期からで、三蟠街道経由岡山市街まで約4kmの運賃は米1升と同じであった。

九蟠港

　近世の九蟠は商都・西大寺の港であった。『九蟠村史』によると、大阪尼ケ崎汽船会社の定期船が寄港する阪神・南海方面への玄関で、高松や小豆島とを結ぶ海上交通の要衝であった。伊勢神宮の参拝者は九蟠港から大阪行き汽船に乗り、西大寺観音院の

会陽では、昼夜別なくたくさんの参拝者が船を降りた。会陽に向かう人々を迎える臨時飲食店は金岡まで軒を連ねたほどであった。

　九蟠港には備前、美作、山陰の物資も集まった。吉井川の高瀬舟が穀類や薪炭、魚類などを運んできたのである。柵原鉱山の鉱石も一旦、九蟠港に陸揚げされ、その後200石や300石、500石積み帆船に積み替えて犬島製錬所に運ばれた。港で降ろされたものには肥料や日常必需品、紀州みかんなどもあり、魚肥を積んだ北前船が入港したこともあったという。小泉、田中、野田、堀家、太田など仲仕の帳場、艀、鉱石問屋、人力車帳場が家並みをつくり、瀬戸友益銀行の支店、郵便局も開設された。そのにぎわいは『山陽吉備之魁』に記録されている。しかし、明治24年（1891）の山陽鉄道岡山駅開業、自動車の普及とととともにさびれていった。

　九蟠村周辺海域は豊かな漁場であった。九蟠は周辺の島々から移住してきた人たちがつくった村で、漁船数十隻を擁する漁港でもあった。瀬戸内海と吉井川の幸は、汽船で阪神方面へと運ばれた。

図2「九蟠港」（川﨑源太郎『山陽吉備之魁』）

軽便鉄道法と第三次鉄道熱 ·····················

第一次鉄道熱

　明治時代中期から大正時代は、鉄道発展期にあたる。その約35年間には「鉄道熱」と呼ばれる三回の建設ブームがあった。「第一次鉄道熱」の要因には二つがある。第一は士族授産事業で開業した日本鉄道上野・熊谷間の好成績、第二は阪堺鉄道大阪・堺間への免許状下付である。上野・熊谷間が開業したのは明治16年（1883）7月28日である。富岡製糸場に代表される上州の絹産業に、高速・安全・大量輸送を得意とする鉄道が果たした役割は大きく、鉄道は「儲かる産業」として認識されたのである。

　絹産業とともに日本の近代化を牽引したのが綿紡績業をはじめとする軽工業である。近代産業の発展・普及に呼応するように、全国から鉄道敷設を望む声があがった。折しも、阪堺鉄道を申請した藤田傳三郎らへの免許状下付にあわせ、廃止された官設釜石鉄道のレールや機関車も払い下げられた。

　この二つを要因に明治18年（1885）ごろ起こった「第一次鉄道熱」では、明治19年（1886）から明治25年（1892）にかけて53社が出願し、大阪鉄道や阪鶴鉄道、関西鉄道、山陽鉄道など14路線が開業した。政府は明治20年（1887）5月18日、勅令第12号「私設鉄道条例」を公布し、民間鉄道の敷設・運営規定を定めた。同条例第1号の免許状が下付されたのが山陽鉄道会社であった。

第二次鉄道熱

　「第二次鉄道熱」は明治25年（1892）6月21日の法律第4号「鉄道敷設法」公布を機に起こり、明治30年代の経済恐慌まで続いた。同法は誘致運動路線や敷設出願路線、参謀本部が国防上重要と位置付けた路線をもとに、政府が描いた鉄道ドリームプランであった。「第二次鉄道熱」では京都鉄道、播但鉄道、中国鉄道などのほか、石炭や磁器、水産物を輸送する豊州鉄道や唐津鉄道など、産業振興を目的とした鉄道が開業した。「第一次鉄道熱」で誕生した鉄道が幹線網を形成したのに対し、「第二次鉄道熱」で産声を上げた鉄道の多くは幹線を補佐する亜幹線となった。

　政府は明治13年（1880）11月5日、太政官布告「工場払下概則」を発布し、軍事・造幣・通信業を除く官営事業を順次民間に払い下げた。生野鉱山や三池炭鉱、札幌麦酒製造所、深川セメントなどが民間経営に移ったことで、民間企業の基盤確立が進むとともに、財閥へと成長する企業が現れた。

鉄道国有化

　こうしたなか、鉄道敷設免許状は産業の振興上必要な路線、仮想敵国・ロシアからの護りを固める国防路線を優先して下付された。そのため日露戦争終結当時、線路は北海道の旭川から九州の八代までつながっ

ていたが、官設鉄道は旭川・砂川間と新橋・神戸間だけで、それ以外は北海道炭礦鉄道、北海道鉄道、日本鉄道、山陽鉄道、九州鉄道の線路であった。つまり、軍事物資や兵士の輸送には最大五つの鉄道会社との調整を必要とした。

そこで政府は、円滑な軍事輸送と産業インフラ体系の統一を目的に明治39年（1906）3月31日、法律第17号「鉄道国有法」を公布し、主要17私設鉄道を国有化した。国有化は明治39年（1906）10月1日の北海道炭礦鉄道と甲武鉄道に始まり、明治40年（1907）10月1日の関西鉄道と参宮鉄道で完了し、官設鉄道の営業距離は2,410.6km（1,497mi90ch）から7,153.2km（4,444mi80ch）に増え、職員48,409人、機関車1,118両、客車3,067両、貨車20,884両が帝国鉄道庁の管轄下におかれた。その結果、官設鉄道に占める編入私設鉄道の車両割合は、機関車94.5%、客車88.1%、貨車95.5%となった。一方、私設鉄道の営業距離は、5,287.8km（3,285mi56ch）から718.5km（446mi37ch）に減じ、「鉄道国有法」の施行を機に「官設鉄道」という呼称は「国有鉄道」に改められた。

軽便鉄道関連2法

国有化の対象にならなかった私鉄で、営業距離が50kmを超えていたのは東武鉄道、南海鉄道、成田鉄道、中国鉄道で、東武鉄道や南海鉄道などを除き、経営体質は脆弱であった。さらに日露戦争後の不況も手伝って、新規私鉄路線の申請は激減し、免許の失効、路線の廃止、廃業が後を断たなか

った。

半面、地域開発の波に乗って、地方の小都市と小都市を結ぶ私鉄計画が現れ始めた。ところが、地域連絡や地域開発を目的とする小規模鉄道に、大手私鉄を想定した「私設鉄道法」は荷が重すぎた。「私設鉄道法」は明治33年（1900）3月16日、「私設鉄道条例」を引き継ぎ、法律第64号で公布されたもので、大正8年（1919）8月15日には法律第52号「地方鉄道法」に改正されることになる。

「私設鉄道法」の規制緩和に向け鉄道院は明治43年（1910）4月21日、法律第57号「軽便鉄道法」を公布した。98あった条文をわずか8条とし、仮免許制度と軌間の1,067mm（3ft6in）統一、旅客運賃最高限度額を撤廃し、曲線や勾配、路線や停車場、標識、車両などの規制も緩和した。

明治44年（1911）3月23日には法律第17号「軽便鉄道補助法」を公布し、「毎営業年度ニ於テ其ノ益金カ建設費ニ對シ一年八分ノ割合ヲ超過スルニ至リタルトキハ其ノ超過額ノ二分ノ一ヲ以テ政府ノ補給シタル總額ニ達スル迄之カ補償ヲ爲スヘシ」という優遇措置までうたった。

第三次鉄道熱

「第三次鉄道熱」は軽便鉄道関連2法の公布を機に起こり、「軽便鉄道法」が「地方鉄道法」に置き換えられた大正8年（1919）まで続いた。「第三次鉄道熱」ではおもに、市場条件に恵まれない小都市と小都市を結ぶ短距離鉄道が開業し、軌間（ゲージ）762mm（2ft6in）、914mm（3ft）鉄道が大きな割合を占めた。

岡山県初の軽便鉄道は、明治44年（1911）5月1日に開業した中国鉄道稲荷（現在の備中高松）・稲荷山間である。大正2年（1913）11月11日の下津井軽便鉄道茶屋町・味野町間、11月17日の井原笠岡軽便鉄道笠岡町・井原間、大正4年（1915）8月11日三蟠軽便鉄道桜橋・三蟠間、大正12年（1923）1月1日片上鉄道片上・和気間と続いた。後述するが、西大寺鉄道はまず軌道の特許状を下付され、その後、専用線を走る軽便鉄道になった。軌間は、片上鉄道が1,067mm、西大寺鉄道は914mm、それ以外は762mmであった。

　軽便鉄道には、片上鉄道のように狭軌鉄道の1,067mmゲージで開業した路線もある。因美線や伯備線のように、軽便鉄道として計画された路線があれば、中国鉄道津山（現在の津山口）・岡山・湛井間のように「私設鉄道法」から「軽便鉄道法」に乗り換える路線もあった。

西大寺鉄道

　西大寺鉄道の歴史は明治39年（1906）12月14日の西大寺軽便鉄道に始まる。当初計画は「上道郡西大寺町ヨリ西大寺駅ヲ経テ岡山市門田屋敷ニ達スル軌道」、道路（路面）に敷いた線路を走る「軌道」であった。同年12月26日、電気動力の西大寺電気鉄道として申請したが、「軌道法」に準じる鉄道であることから明治40年（1907）6月27日、西大寺電気軌道に改めた。明治43年（1910）2月18日、動力を電気から蒸気、軌間を1,067mmから762mm、社名を西大寺電気軌道から西大寺軌道に改め、明治44年（1911）1月16

日には914mmに改軌した。軌間3ftは本州唯一である。さらに大正3年（1914）7月6日、「軌道法」から「軽便鉄道法」への変更を許され、11月2日、西大寺鉄道とした。西大寺町・後楽園間の全線開業は大正4年（1915）6月15日であった。

沖新田の鉄道計画

　西大寺軌道取締役社長・岩崎虔は大正2年（1913）8月16日、観音（後に西大寺町から西大寺市）駅から上道郡金岡村や金田村を経て、同郡九蟠村にいたる九蟠軽便鉄道の特許状を下付された。軌間914mm、延長5.83km（3mi50ch）の蒸気鉄道である。

　『西大寺鉄道五十二年の歩み』には、九蟠軽便鉄道の途中停車場・金岡から沖田を経由して岡山市花畑にいたる支線と、上道郡を環状する路線を敷くため大正2年（1913）5月20日、浜手線と中納言線の敷設認可を受けたと記されている。

　花畑は江戸時代から昭和42年（1967）まで存在した町名で、現在の岡山市北区さくら住座、御幸町、新京橋一丁目から三丁目、門田屋敷本町を指す。士族授産事業として明治14年（1881）7月17日に開業した岡山紡績所が建てられたのが花畑である。九蟠軽便鉄道の建設費は12万円、貨物収入は年間1,323円12銭5厘、旅客収入は16,075円96銭8厘75、営業費は8,600円31銭3厘で、鉄道純益は8,798円78銭の計画であった。起業目論見書にはつぎのように記されている。

　名称ヲ九蟠輕便鐵道ト稱ス本線ハ岡山縣上道郡西大寺町西大寺軌道観音驛ニ起リ

全郡金岡村、金田村ヲ經テ全郡九蟠村ニ達スルモノトス蒸気ヲ原動力トスル輕便鐵道ニシテ軌間ヲ三呎トス營業期間ハ大正四十六年九月迄トス

西大寺鉄道が当初計画していた西大寺・門田屋敷間は、西大寺・京橋間の連絡を意図したもので、西大寺・九蟠間は西大寺・九蟠港間をアクセスするものであった。九蟠港同様、金岡は『山陽吉備之魁』にも描かれた川港であった。歴史に「もしも」をもち込んではならないが、西大寺鉄道、九蟠軽便鉄道と金岡・花畑支線、上道郡環状線のすべてが完成していたら、三蟠鉄道はまた異なった歴史を歩んでいたのではないであろうか。

図3「金岡湊魚市塲櫻井吉三郎支店」(川﨑源太郎『山陽吉備之魁』)

図4「西大寺北ノ町一等湊問屋藤家源三郎」(川﨑源太郎『山陽吉備之魁』)

宇野線と宇野築港 ･････････････････････････････････････

　宇野湾が天然の良港であると認識された
のは、官営製鐵所建設用地が検討されたと
きである。陸軍第五師団長・奥保鞏らの明
治29年（1896）2月以降、官営製鐵所の
山内堤雲長官や大嶋道太郎技監、岡山県
知事・河野忠三、海軍大将・西郷従道、
呉鎮守府司令長官・井上良馨らが相次いで
宇野を訪れ、それぞれが内海無比の良港で
あると讃えた。

　岡山から宇野への鉄道が検討された記録
には明治33年（1900）2月11日、岡山市
東中山下の山佐楼で開かれた宇野鉄道敷設
の会合がある。発起人は、県会議員や貴族
院議員、星島銀行頭取などを歴任した星島
謹一郎ら児島郡内の有力者4名で、宇野鉄
道創立事務所は岡山市大字上伊福の中国鉄
道会社におかれた。

　宇野鉄道は中国鉄道岡山市駅を起点に米
倉、妹尾、彦崎、槌ケ原、田井を経て宇野
に達する32.2km（20mi）、軌間1,067mm、
工事総額170万円の計画であった。明治
32年（1899）6月に起草された「宇野鐵道
目論見書」の概要はつぎのようである。

　宇野は、南は四国、北は山陰、西は馬関
（下関）、東は大阪、神戸を結ぶ陸海交通の
要衝になりえる。明治31年（1898）に津
山（現在の津山口）に達した中国鉄道が米
子に延伸され、宇野鉄道が開業すれば、岡
山の南北交通が完成する。宇野は東西南北
の人貨集積場となり、鉄道収益も確保でき、
国家交通の不備を補填する存在となる。

　宇野築港事業を提唱したのは岡山県知

事・高崎親章である。高崎は明治32年
（1899）11月の県会に、宇野線の敷設を前
提とした「宇野湾築港諮問案」を提出して
可決された。つまり、星島らの「宇野鐵道
目論見書」は、高崎の諮問案を後押しする
ものであったと考えられる。

　宇野築港事業と児島湾干拓事業は明治時
代の岡山県政史上二大重要問題といわれた
が、どちらも強い反対を受け紆余曲折をた
どるのであるが、高崎は山陽鉄道会社に宇
野線の敷設を打診した。同じころ、山陽鉄
道会社も京橋・三蟠・高松間に代わる新航
路を模索していた。ここで双方の思惑は一
致し、山陽鉄道会社は明治36年（1903）、
岡山駅から妹尾を経て宇野海岸にいたる宇
野湾鉄道の仮免許を申請し、明治37年
（1904）1月21日に下付された。

　しかし明治39年（1906）12月1日、山
陽鉄道会社が国有化されたことから、宇野
線計画は政府に引き継がれることになった。
宇野線は明治40年（1907）1月19日、第
18回鉄道会議で第一期予定線に編入され、
同年3月18日に改正・公布された法律第
10号「鉄道敷設法」に「岡山ヨリ宇野ニ
至ル鐵道」と明記された。宇野築港事業と
宇野線敷設工事は明治40年（1907）に始
まった。宇野築港事業は明治42年（1909）
7月15日に竣工し、宇野線岡山・宇野間
と宇高連絡船宇野港・高松港間は明治43
年（1910）6月12日に開業した。

下津井軽便鉄道 ·····································

児島鉄道

　宇野線の開業と宇高航路の就航は、下津井往来と金毘羅往来、下津井港と三蟠港に大きな打撃を与えた。その対策として、下津井町と三蟠村の首長が中心となって計画したのが下津井電鉄と三蟠鉄道である。

　下津井港を擁する児島は江戸時代以降、塩業と機業で栄えた。明治15年（1882）には渾大防埃二と益三郎兄弟が「十基紡」の一つ下村紡績所を開設した。「十基紡」とは、政府がイギリスから2,000錘ミュール精紡機を買い入れ、民間に払い下げた殖産興業政策である。岡山県では明治14年（1881）に岡山紡績所、明治15年（1882）には玉島紡績所と下村紡績所が開業したが、玉島紡績所と下村紡績所が「十基紡」である。児島はいち早く、近代紡績業に注目したのである。

　その児島と倉敷を結ぶ鉄道計画が動き出したのは明治26年（1893）2月である。児島郡味野村の野嵜定次郎ほか10名が山陽鉄道倉敷停車場と児島郡味野村を結ぶ児島鉄道の敷設免許を申請した。同年11月10日に仮免許状が下付され、明治27年（1894）2月8日、倉敷町の誓願寺で児島鉄道株式会社創立総会が開かれ明治29年（1896）年3月6日、免許状が下付された。

　続いて同年4月10日、中備鉄道倉敷駅・高梁町間に仮免許状が下付された。その後、中備鉄道会社は倉敷駅・高梁町間の申請を取り下げ、児島鉄道が同一区間を申請し明治30年（1897）10月29日、仮免許状を下付され、11月5日に免許状が下付された。

　児島鉄道はその後、南北鉄道に商号変更したようで、明治31年（1898）12月ごろ延長線の免許状が下付された。延長線とは、『児島風土記』に記されている茶屋町・岡山間、鴻村・日比間、味野村・下津井間であると思われる。しかし明治33年（1900）9月26日に開かれた臨時株主総会で会社の任意解散が議決され、同日付で解散登記し、12月5日には逓信大臣・星亨が内閣総理大臣臨時代理・枢密院議長公爵・西園寺公望に「會社解散ノ件」を報告した。つまり、岡山県南から瀬戸内海に向けた鉄道計画は明治26年（1893）に動き出していたのである。

下津井軽便鉄道

　岡山から児島、児島から北前船が寄港した下津井港に続く下津井往来は、備前の重要な脇往還であり、四国連絡の主要ルートであった。また、山陽道の宮内（吉備津）から下津井にいたるルートは金毘羅往来と呼ばれる主要道路であった。明治時代には毎日数便の乗合馬車が運転され、往来沿いの町や村はにぎわった。

　忘れてはならないのは瑜伽山大権現の存在である。瑜伽山大権現は戦国時代に一度衰えたが、江戸時代になると人々のあいだに旅行ブームが起こり、金刀比羅宮との両

写真1 下津井電鉄下津井駅構内昭和53年(1978)8月

参りをする人が増え、享和年間（1801〜1804年）に活況を取り戻した。児島が繊維業で栄えた大きな要因は、瑜伽山詣での土産物として喜ばれた小倉帯や真田紐、袴地などの生産地であったことである。ところが宇野線の開業で、本四連絡の主役を宇野港に奪われ、下津井往来沿いの町や村、下津井港が衰退の一途をたどったのである。

　下津井港の将来を憂いた下津井議員らは明治43年（1910）夏、下津井軽便鉄道期成同盟会を結成し、同年11月9日には町長・中西七太郎ほか165人に免許状が下付された。下津井軽便鉄道は大正2年（1913）11月11日茶屋町・味野町間、大正3年（1914）3月15日には味野町・下津井間で運行を開始した。敷設工事の槌音の響く大正2年（1913）5月5日付山陽新報は「下津井の将來」でつぎのように報じている。

　備前兒島郡下津井港は郡に西南隅にありて四國街道の盡（つく）る所なり港口東南に向ひ東西五町南北一町山陽南海交通の要津（ようしん）にして泊舟に便なり然るに南部に宇野築港

されて以來四國聯結の塲所は宇野港に限られ下津井港を顧みる者なきに至れり此處に於て之が挽回策として下津井、茶屋町間鐵道布設の必要を認め目下工事中なるが遅くも來十月中には落成すべしさて竣工の暁には丸龜より西即ち琴平に至る者は必ず宇野、高松を迂回するの愚をなさずして直に下津井港に出づるならん元來同港湾は水深く汽船交通便なれば必ず豫め汽船を備へて之が聯連を圖らざる可からず右汽船は丸龜、多度津より設備する旨申込めりとか尚一面同港は舊來の港にして現に戸數一千三百餘戸、人口七千三百餘人を有し遊廓あり且つ下津井港より海上點綴の島嶼を眺むるに風景實に雅にして日本の二三位を爭へり殊に餘波樓（金波楼か、筆者）は好位置にありて之れより遊客多からんかと

三蟠鉄道 ....

土屋峰吉の岡山市街・三蟠間鉄道計画

　岡山市の土屋峰吉は、岡山の実業家・菱川吉衛が請け負った山陰線天神川橋梁架設工事と第16工区工事に参加した。天神川橋梁の架設工事は明治35年（1902）7月15日から明治36年（1903）9月1日まで、第16工区は明治36年（1903）6月10日着手、明治37年（1904）8月8日竣工であった。明治43年（1910）6月12日に宇野線が開業し、宇高航路が開設された後、土屋は三蟠・九蟠・小豆島・高松間航路を開設した尼崎汽船の太田稲城に、岡山市街・三蟠港間の鉄道計画をもちかけ、太田は尼崎伊三郎に賛同を求めた。しかしながら、この計画は土屋の都合で頓挫し、実現にはいたらなかった。

岡山軽便鉄道計画

　土屋峰吉の岡山市街・三蟠港間鉄道計画は藤原譲太郎、斎藤傅三郎、太田稲城、八田大三郎、石原富次郎、妹尾文七郎に引き継がれた。藤原は大正2年（1913）7月10日、内閣総理大臣伯爵・山本権兵衛に「岡山軽便鐵道敷設免許願」を提出した。岡山軽便鉄道株式会社は上道郡三蟠村大字藤崎185番地におかれ、創立発起人は藤原譲太郎ほか13名、区間は岡山市大字網ノ濱・上道郡三蟠村大字藤崎間7.2km（4mil40ch）、軌間762mm、動力は蒸気で

あった。

　　岡山輕便鐵道敷設免許願
　　今般私共発起人ト相成リ岡山縣岡山市大字網ノ濱ヨリ全縣上道郡三蟠村大字藤﨑ニ達スル輕便鐵道ヲ敷設致度候間免許相成度圖面書類相添へ此段奉願候也
　　大正貳年七月拾日
　　岡山輕便鐵道株式會社創立発起人
　　總代
　　岡山縣上道郡三蟠村大字藤﨑百八拾五番地藤原譲太郎
　　内閣総理大臣伯爵山本権兵衛殿

　藤原の「岡山輕便鐵道敷設免許願」は岡山県庁を経由して山本総理大臣に送られたのであるが、岡山県知事・湯浅倉平は、同年7月29日付「岡山軽便鉄道敷設免許願届ニ関シ意見及進達ノ件」で山本総理大臣につぎのように書き送っている。

　　進達
　　大正二年七月廿九日岡山縣知事湯淺倉平
　　内閣総理大臣伯爵山本権兵衛殿
　　岡山軽便鉄道敷設免許願届ニ関シ意見及進達ノ件
　　岡山軽便鉄道株式會社発起人総代藤原譲太郎ヨリ出願ニ係ル軽便鉄道敷設ノ義調査候處右ハ岡山市大字網濱ヲ起点トシ上道郡三蟠村大字藤﨑ニ至ルモノニシテ本線路ハ短距離ト雖モ三蟠港ハ岡山市ノ咽喉ニシテ船舶常ニ碇泊シ該港ト岡山市ニ

於ケル貨物ノ運輸頻繁ナルモ旭川ハ常ニ
水浅ク交通意ノ如クナラサルヲ以テ今回
軽鉄敷設ノ計劃センモノニシテ本線敷設
ノ暁ハ海陸連絡シ運輸交通ノ便一層迅速
トナリ有益ナル事業ト相認メ候條至急御
許可相成候様致度別紙書類相添ヘ及進達
候

　藤原らが企業目論見書に添付した「岡山
軽便鉄道収支概算」と「岡山三蟠間線路敷
設費用概算」を［表1］と［表2］に示す。

軽便鉄道免許状下付

　監督第二〇八八號
　免許状
　岡山軽便鐵道株式會社

發起人藤原讓太郎外五拾貳名
右申請ニ係ル岡山縣岡山市ヨリ同縣上道
郡三蟠村ニ至ル軽便鐵道ヲ敷設シ旅客及
貨物ノ運輸營業ヲ爲スコトヲ免許ス
軽便鐵道法第三條ニ依ル認可申請ハ大正
三年八月十四日迄ニ之ヲ提出スヘシ
大正二年十月十五日
内閣総理大臣伯爵山本權兵衛

　これは大正2年（1913）10月15日付で、
山本総理大臣が藤原ほか52名に下付した
免許状の文面である。同年10月18日付
「官報」にはつぎのように掲載されている。

軽便鐵道免許状下付
鐵道種別：蒸気鐵道
軌道幅員：二呎六吋

表 1 岡山軽便鉄道収支概算（単位：円）

建設費	貨物噸哩	旅客人哩	貨物収入	旅客収入	営業費	鉄道純益
180,000	492,750	574,875	19,710	17,246.25	16,425	20,531.25

表 2 岡山三蟠間線路敷設費用概算、延長 4 哩 40 鎖（単位：円）

項	数量	平均単価	金高	備考
測量および監督費	4哩1/2	1,200	5,400	
用地費	6町6反	700	46,200	
土工費	8,000坪	3	24,000	
橋梁費	180呎	70	12,600	径間12呎以上
溝渠費	180呎	55	9,900	径間10呎以下
軌道費	5町	5,000	25,000	材料工費共
停車場および停留場費	7ヶ所	700	4,900	停車場3停留場4
車両費	30両	1,350	40,500	機関車3台、貨車20台、客車7台
諸建物費	60坪	40	2,400	
雑費			2,100	
総係費			5,000	内金3,000円会社創立費
予備費			2,000	
計			180,000	敷設費

線路両端：岡山縣岡山市同縣上道郡三蟠
村

延長哩數：四哩四十鎖

資本金：金十八万圓

起業者：岡山輕便鐵道株式會社發起人藤
原讓太郎外五十二人

免許状下付月日：一〇．一五

　大正3年（1914）2月1日、岡山市新西
大寺町の大正館で岡山軽便鉄道会社の設立
総会が開かれ、定款の確定、取締役や監査
役の選定、創立費の承認が行われ、2月3
日の重役会議で藤原讓太郎が社長に選任さ
れた。

三蟠軽便鉄道に

　大正3年（1914）2月2日付山陽新報は
「岡山輕鐵創立総會」、2月5日付では「三
蟠輕鐵社長選定」と報じている。国立公文
書館が所蔵する『鐵道院文書』には、「岡
山軽便鉄道」から「三蟠軽便鉄道」への称
号変更に関する資料がある。三蟠軽便鉄道
株式会社取締役社長・藤原讓太郎が大正3
年（1914）2月27日、内閣総理大臣伯爵・
山本権兵衛に提出した「御届」である。そ
こには「岡山軽便鉄道」から「三蟠軽便鉄
道」への商号変更とともに、鉄道業の付帯
業務として桟橋業、築港と娯楽機関を兼業
することが付記されている。

　御届
　大正貳年拾月拾五日付監第二〇八八號ヲ
以テ御免許相成候岡山輕便鐵道株式會社
定款発起人總會二於テ別紙之通リ變更決
議致候間此段及御届候也

大正参年貳月貳拾七日
岡山市小橋町百六拾七番地
三蟠輕便鐵道株式會社取締役社長藤原讓
太郎
内閣總理大臣伯爵山本權兵衛殿

　「御届」は翌2月28日、岡山県から鉄道
院監理局に送られ、藤原は3月6日、山本
総理大臣に「認可申請書」を提出している。

　認可申請書
　大正貳年拾月拾五日付監第二〇八八號ヲ
以テ御免許相成候岡山輕便鐵道株式會社
起業目論見書第貳項中岡山輕便鐵道株式
會社トアルヲ三蟠輕便鐵道株式會社ト變
更致度候間御認可被成下度此段及申請候
也
　大正参年参月六日
岡山市大字小橋町百六拾七番地
三蟠輕便鐵道株式會社取締役社長藤原讓
太郎
内閣總理大臣伯爵山本權兵衛殿

　「認定申請書」は、大正3年（1914）3月
10日付「軽便鐵道起業目論見書中一部變
更ノ件」として湯浅岡山県知事から山本総
理大臣に送られ、3月26日付「岡山軽便鐵
道社名變更ノ件」で、「（岡山縣経由）三蟠
輕便鐵道株式會社大正三年三月六日附申請
起業目論見書中社名變更ノ件認可ス」とし
て承認された。

終点を三蟠に

　三蟠軽便鉄道株式会社取締役社長・藤原

譲太郎は大正3年（1914）10月16日、内閣総理大臣伯爵・大隈重信に「起業目論見書中變更ノ件」として「残區間工事中止ノ件」提出した。

申請
大正參年十月十六日
岡山市大字小橋町百六拾七番地
三蟠輕便鐵道株式會社取締役社長藤原譲太郎
内閣総理大臣伯爵大隈重信殿

残區間工事中止ノ件
大正貳年拾月拾五日付監第二〇八八號ヲ以テ御免許相成候當會社線路ノ内櫻橋三蟠間ハ既ニ本年六月拾日付工事施行ノ御認可ト相成リ残區間ニ對シテハ本年八月十四日付三輕第三八號ヲ以テ延期方申請致居候処該區間敷設ニ就キテハ港湾其他充分ノ調査ヲ要スル點有之速ニ決定難致候間右残區間工事施行ノ義之レヲ中止シ岡山縣岡山市大字網濱ヲ起点トシ全縣上道郡三蟠村大字江並ヲ終点トシ此間四哩拾鎖ニ短縮可致候間御認可被成下度此段及申請候也

「起業目論見書中變更ノ件」は10月21日付で岡山県知事・笠井信一から内閣総理大臣・大隈重信に送られ、さらに「軽便鐵道ノ件」として10月21日、鉄道院監督局長に送られた。「残區間工事中止ノ件」は同年10月28日付「三蟠輕便鐵道起業目論見書中線路短縮ノ件」で認可され、終点は上道郡三蟠村大字藤崎から三蟠村大字江並に、敷設距離は7.2km（4ft40ch）から6.6km（4ft10ch）に短縮された。

三蟠輕便鐵道起業目論見書中線路短縮ノ件
（岡山縣經由）三蟠輕便鐵道株式會社
大正三年十月十六日附申請起業目論見書中線路短縮ノ件認可ス
年月日
内閣総理大臣
岡山縣知事二通牒案

通牒
本年十月二十一日附土甲第二五三七號進達ニ係ル三蟠輕便鐵道起業目論見書中變更ノ件別紙ノ通指令相成候處同日附土甲第二五三八號ヲ以テ送付相成候残區間工事中止ノ件ハ起業目論見書變更ニ包含セラレ別段指令不相成候條其ノ旨會社ニ御垂示相成候

三蟠軽便鉄道の開業

三蟠軽便鉄道の起工式は大正3年（1914）12月7日、宮道停車場で行われた。主任技師は石川鐵太郎、工事請負は石原富次郎であった。橋梁工事は大正4年（1915）1月中旬に始まり、7月初旬に土工工事1.32ha（4,000坪）、橋梁工事23カ所などが竣工した。全線単線の蒸気鉄道で、最小曲線半径201.1m（10ch）、最急勾配6.1‰（165分の2）、軌條重量1ヤードあたり11.3kg（25ポンド）、枕木配置はレール0.9m（30ft）に付き15挺であった。［表3］に駅、［表4］に橋梁、［表5］に車両を示す。

三蟠軽便鉄道株式会社取締役・藤原譲太郎は大正4年（1915）8月5日、内閣総理大臣伯爵・大隈重信に運輸の開始を申請し

表3 桜橋三蟠間駅

名称	所在地	位置 哩	位置 鎖	位置 節	km	設備
櫻橋停車場	岡山市大字網浜	0	3	0	0.06	本屋、乗降場、機関車庫、物置、便所、石炭台、給水器、待避側線、貨物積卸場、貨物側線
湊停留場	上道郡平井村大字平井字五軒屋	0	38	50	0.7	乗降場
上屋敷停留場	上道郡平井村大字平井字上屋敷	1	0	0	1.6	乗降場
平井停車場	上道郡平井村大字平井字伊庭	1	47	0	2.5	乗降場、待避側線、駅務室
宮道停車場	上道郡三蟠村大字三蟠字一割	2	18	25	3.6	本屋、物置、便所、乗降場、向乗降場、上下場内信号機、向乗降場上家、貨物積卸場、貨物側線
浜中停留場	上道郡三蟠村大字三蟠字六割	3	7	50	4.9	乗降場及上家
三蟠停車場	上道郡三蟠村大字江並字十二割	4	2	97	6.4	本屋、乗降場、貨物積卸場、物置、便所、待避側線、貨物側線

表4 桜橋三蟠間橋梁（溝橋を含む）

名称	位置 哩	位置 鎖	位置 節	径間 数	径間 長（呎）	径間 長（m）	桁	橋台	橋脚	基礎
小橋開渠	0	16	60	1	3	0.9	鋼工桁	粗石積		杭打コンクリート
新堀開渠	0	28	77	1	6	1.8	鋼工桁	粗石積	粗石積	杭打板敷
				1	8	2.4				
倉安川橋梁	0	47	65	1	30	9.1	鋼工桁	粗石積		杭打板敷
杉下開渠	0	61	70	1	4	1.2	鋼工桁	粗石積		杭打コンクリート
北堀開渠	1	9	32	1	6	1.8	鋼工桁	粗石積		杭打板敷
籬田開渠	1	15	68	1	6	1.8	鋼工桁	粗石積		杭打板敷
北川開渠	1	30	30	1	4	1.2	鋼工桁	粗石積		杭打板敷
第一祇園川橋梁	1	32	3	1	12	3.7	鋼工桁	粗石積		杭打板敷
堂敷開渠	1	34	68	1	4	1.2	鋼工桁	粗石積		杭打板敷
濱堀開渠	1	43	82	1	4	1.2	鋼工桁	粗石積		杭打板敷
藤崎開渠	1	79	87	1	5	1.5	鋼工桁	粗石積		杭打板敷
北畠開渠	2	23	72	1	8	2.4	鋼工桁	粗石積		杭打板敷
髙畠開渠	2	37	26	1	4	1.2	鋼工桁	粗石積		杭打板敷
河田開渠	2	42	65	1	5	1.5	鋼工桁	粗石積		杭打板敷
中畠開渠	2	49	40	1	7	2.1	鋼工桁	粗石積		杭打板敷
十助開渠	2	62	81	1	6	1.8	鋼工桁	粗石積		杭打板敷
武右ェ門開渠	2	68	78	1	4	1.2	鋼工桁	粗石積		杭打板敷
濱中開渠	2	76	30	1	4	1.2	鋼工桁	粗石積		杭打板敷
黒右ェ門開渠	3	2	85	1	4	1.2	鋼工桁	粗石積		杭打板敷
仕切北開渠	3	9	18	1	4	1.2	鋼工桁	粗石積		杭打板敷
仕切南開渠	3	9	54	1	4	1.2	鋼工桁	粗石積		杭打板敷
喜ノ吉開渠	3	15	67	1	4	1.2	鋼工桁	粗石積		杭打板敷
第二祇園川橋梁	3	23	55	1	12	3.7	鋼工桁	粗石積		杭打板敷

表5 車両

種類	重量	両数	製作所	形式構造
機関車	8トン	2	1915（大正4）年5月、大日本軌道鉄工部	4輪連結サイドタンク
客車	自重4トン、2等室14人、3等室24人	2	1915（大正4）年5月、岡山市内田鉄工所	2・3等合造4輪ボギー車、螺旋手用制動機付
客車	自重4トン、定員50人	2	1915（大正4）年5月、岡山市内田鉄工所	3等4輪ボギー車、螺旋手用制動機付
貨車	自重3.25トン、積重4トン	1	1915（大正4）年5月、岡山市内田鉄工所	有蓋4輪ボギー車、螺旋手用制動機付
貨車	自重3トン、積重4トン	6	1915（大正4）年5月、岡山市内田鉄工所	無蓋4輪ボギー車、螺旋手用制動機付
貨車	自重3.25トン、積重緩急室1トン、積重貨物室3トン	2	1915（大正4）年5月、岡山市内田鉄工所	有蓋緩急4輪ボギー車、螺旋手用制動機付

8月9日、鉄道院技師・髙井寿二郎らは「三蟠軽便鐵道株式會社軽便鐵道櫻橋三蟠間線路敷設工事竣功監査報告」でつぎの指摘をした。

大正四年八月九日
雇栗野惣吉
技手久保田順一
技師髙井寿二郎
三蟠軽便鐵道株式會社軽便鐵道
櫻橋三蟠間線路敷設工事竣功監査報告

竣功線路ハ岡山市大字網ノ濱ニ於ケル櫻橋停車場ヨリ岡山縣上道郡三蟠村大字江並ニ於ケル三蟠停車場ニ至ル延長四哩三鎖九十七節ニシテ地勢平坦工事モ亦極メテ容易ナリ本區間線路ハ大体竣功ヲ告ケ車輛其ノ他ノ運轉設備モ概ネ完成セリ右線路及工事ノ概要ハ別紙工事方法概要書及諸表ノ如シ
左記各項ノ施設ハ未ダ整備スルニ至ラズ就中第一項及至第六項ハ運輸開始前之ヲ

完了シ其ノ他モ遅滞ナク竣功セシムルヲ要ス（答申書ヲ添付ス）
一．軌道ノ整備不充分ナルモノヲ完成スルコト
二．軌條フイツシユボールトノ装置ヲ完成スルコト
三．橋梁上及其ノ前後ニ於ケル枕木ノ間隔過大ナルモノヲ整備スルコト
四．轍叉護輪軌條ノ装置ナキモノ及其ノ間隔過大ナルモノヲ整備スルコト
五．踏切道ニ於ケル護輪軌條ノ間隔狭小ナルモノヲ整備スルコト
六．橋梁ニ於ケルフツクボールトノ設備ヲ完成スルコト
七．櫻橋驛及三蟠驛ノ本屋驛務室ヲ完成スルコト
八．宮道驛及濱中驛ニ通路ノ設備ヲナスコト
九．三蟠驛ノ物置及便所ヲ完成スルコト
十．機関車第十二號「ウオツシユプラッグ」一個取替フルコト
十一．全「プレシユアーゲージ」ニ赤線

並ニ検査年月日ヲ記入スルコト

十二.二.三等客車十二號ノ縱根太裂損セルモノヲ修理スルコト

十三.客車定員並ニ自重ヲ記入スルコト

十四.有蓋貨車十二號縱根太腐蝕ノ箇所ヲ修理スルコト

十五.全「ドアーハンガー」ノ「ナット」ニ割「ピン」ヲ裝置スルコト

十六.無蓋貨車第一〇二號ノ縱根太裂損セルモノヲ修理スルコト

十七.全「ボルスター」「ボールト」ニ割「ピン」ヲ裝置スルコト

十八.全「サイドビアラー」間隔過大ナルモノヲ整理スルコト

尚、宮道驛及濱中驛ニ待合所上家ヲ設置セルニ對シ之ガ届出ヲナスノ要アリ

左記工事ノ一部ニハ多少ノ異動ヲ發見セルモ格別危險ノ處アルヲ認メズ但シ常ニ注意ヲ加ヘ監視ヲ怠ラサルヲ要ス（上申書ヲ添付ス）

一.橋梁溝橋ノ基礎地盤軟弱ニシテ沈降ノ處アルモノ多シ機関車ヲ重聯シ又ハ客貨車八輛ヲ聯結シ所定最大速度ヲ以テ本區間ヲ走行セシメタルニ線路及車輛共格別異常ナシ

依テ前記急須ノ施設整備ノ上ハ使用開始ノ件支障ナシト認ム

髙井らの報告を受け、鉄道院は8月10日付で「三蟠輕便鐵道運輸開始ノ件」を通達した。

三蟠輕便鐵道運輸開始ノ件
三蟠輕便鐵道株式會社
大正四年八月五日附申請運輸營業開始ノ件許可ス

年八月十日
内閣總理大臣

通達
本月五日附申請運輸營業開始ノ件八月十日許可相成候處右營業ヲ開始シタルトキハ其ノ旨即日電報々告可有之

開通式は大正4年（1915）8月11日午前11時から、児嶋郡甲浦の高嶋で行われた。桜橋駅と三蟠駅の入口には巨大なアーチが設えられ、各駅には交差した国旗や無数の旗、行灯が飾られ、列車が発着するたびに花火が打ち上げられた。

水運業兼営ニ関スル件

大正5年（1916）2月10日、三蟠軽便鉄道株式会社取締役社長・藤原譲太郎は内閣総理大臣伯爵・大隈重信に、「水運業兼營ニ關スル件」を提出し、三蟠港と牛窓港を結ぶ連絡船の営業許可を求め、同年6月23日認可された。

申請
大正五年二月拾日
岡山縣上道郡三蟠村大字江並堤塘第壱號地
三蟠輕便鐵道株式會社取締役社長藤原譲太郎
内国總理大臣伯爵大隈重信殿
水運業兼營ニ關スル件
當會社ハ旅客及貨物吸集上附帶事業トシテ資本金貳千円ヲ以テ巡航舩ヲ購入シ鐵道終点地ナル岡山縣上道郡三蟠村大字江並ヨリ全縣邑久郡牛窓町ニ至ル間舩車聯

絡ヲ爲スタメ水運業ヲ兼營致度候間御認
可被成下度別紙財源表及營業收支豫算書
相添ヘ處段及申請候也

興業費財源表
一金貳千円也借入資本金
内金貳千円也
水運業ニ対スル舩舶費豫算額

營業收支豫算書
収入ノ部
一金參千六百五拾円也
壱ヶ年旅客収入金
但壱日ニ付平均壱百人壱人金拾錢
一金百八拾貳円五拾錢也
全貨物収入金但壱日ニ付平均五拾錢
計金參千八百參拾貳円五拾錢
支出ノ部
一金參千貳百八拾五円也
壱ヶ年營業費
但壱日ニ付金九円
一金百六拾七円九拾錢也
借入金貳千円ニ対スル利息
計金參千四百五拾貳円九拾錢也
差引金參百七拾九円六拾錢也
順益金
内閣總理大臣
内閣書記官長

三蟠輕便鐵道水運業兼營ノ件
案ノ一
三蟠輕便鐵道株式會社
大正五年二月十日附三輕甲第三七一號申
請水運業兼營ノ件認可ス
年月日
内閣總理大臣

案ノ二
番號
年六月二十三日
局長
社長宛

通牒
本年二月十日附三輕甲第三七一號申請水
運業兼營ノ件別紙ノ通指令相成候處輕便
鐵道會計準則第十一條ニ依リ會計ヲ區別
整理シ相互關聯ノ収入支出ニ付テハ輕便
鐵道補助法施行規則第十一條ニ依リ其ノ
區分標準ヲ定メ會計規程改正ノ上届出可
有之

　三蟠軽便鉄道会社の巡航船は定員35名
で、25名の乗船予想を立てていた。燃料に
は石油でなく石炭や木炭を使い、燃料費の
削減をはかったが、三蟠・牛窓間航路は一
時休止に追い込まれた。大正7年（1918）9
月5日、三蟠軽便鉄道株式会社取締役社
長・藤原元太郎が鉄道院監督局に提出した
「水運業兼営ニ関スル件」にはつぎのよう
に書かれている。

　三輕第四九號
御届
大正七年九月五日
岡山縣上道郡三蟠村大字江並堤塘第壱號
地
三蟠輕便鐵道株式會社取締役社長藤原元
太郎
鉄道院監督局御中
水運業兼營ニ関スル件
大正五年六月二十三日附監第一二三一號
ヲ以テ御認可相成候水運業一時休止ノ處

今回上道郡三蟠村大字江並ヨリ邑久郡朝日村大字犬島ニ至ル間舩車連絡ノ為メ本日ヨリ開始致候間此段御届申上候也

　休止していた三蟠・牛窓間を三蟠・犬島間に変更しての航路再開である。しかし、犬島航路も振るわず、やはり休止を余儀なくされた。

　三軽第六二號
　御届
　大正七年十一月三日
　岡山縣上道郡三蟠村大字江並
　三蟠輕便鐵道株式會社取締役社長藤原元太郎
　鉄道院監督局御中
　水運業兼營ニ関スル件
　大正七年九月五日附三經甲第四九號ヲ以テ御届仕リ候上道郡三蟠村大字江並ヨリ邑久郡朝日村大字犬島ニ至ル舩車連絡ハ旅客及貨物僅少ニシテ収入相償ハザルニヨリ一時休止可致候間此段御届申上候也

岡山瓦斯への石炭輸送

　三蟠軽便鉄道株式会社取締役社長・藤原譲太郎は大正5年（1916）7月29日、鉄道院監督局から監第1479号で、側線の敷設を認可された。敷設目的は三蟠港から岡山瓦斯への石炭輸送であった。大正6年（1917）7月5日、三蟠軽便鉄道会社と岡山ガス会社のあいだで交わされた契約書はつぎのとおりである。

　契約書
　岡山瓦斯株式會社（以下單ニ甲ト記ス）ト三蟠輕便鐵道株式會社（以下單ニ乙ト稱ス）ト石炭輸送上ニ関シ左ノ契約ヲ締結ス

一乙ハ甲ノ所要石炭ノ輸送ヲ請負フタメ甲ノ工場ノ構内（岡山市大字網濱所在）適當ノ場所迄引込線ヲ布設シ該布設費及ヒ修繕費ハ一切乙ニ於テ負担スルモノトス

一運搬スル石炭ノ数量ハ毎月六百噸内外トシ輸送區域ハ三蟠驛ヨリ甲ノ工場構内ニ於ケル指定ノ場所迄トス

一前記運搬賃ハ壹噸ニ付金拾五銭ト定メ毎月貳拾五日ヲ以テ数量ヲ締切リ月末ニ於テ甲ヨリ支拂ヲナス
但荷物積卸シニ要スル費用ハ甲ノ負担トス

一三蟠港ニ於テ現品陸揚後雨晒ヲ防ク為メ乙ハ適當ノ場所ニ上家ヲ建設スベシ若シ甲ニ於テ該場所狭隘ノ為露出ノ慮アリト認メタルトキハ即時乙ニ於テ取擴ケヲ施行スルモノトス

一現品輸送ニ付テハ甲ヨリ数量及列車便ヲ指定スルコトアルベシ乙ハ故ナク之ヲ拒ムコトヲ得ズ

一乙ガ工場内貨物蹴込ノ上ハ甲ハ即時現品ヲ取卸スベシ
作業緩慢ノ為メ貨車ヲ拾貳時間以上停滞セシメタル時ハ壹時間壹車ニ付金六銭ヲ支拂フモノトス

一甲ハ乙ノ線路使用料トシテ壹ケ年金貳百円也ヲ貳期ニ分チ乙ニ支払フモノトス

一本契約ハ締結ノ日ヨリ向フ壹年トス
但シ輸送ノ成績良好ニシテ従来ノ通リ異変ナキ限リ本契約ヲ繼續シ期限満了後ト雖モ双互本契約ノ権義ヲ履行スベシ

一本契約解除ノ場合ハ乙ハ速ニ自己ノ費

用ヲ以テ線路ヲ撤回シ甲ノ構内ヲ原形ニ
復スル工事ヲ施スベシ
右契約ノ証トシテ本書貳通ヲ作製シ各壹
通ヲ分有スルモノナリ
大正六年七月五日
岡山市大字天瀬百五番ノ壹
岡山瓦斯株式會社取締役社長大森馬之
上道郡三蟠村大字江並堤塘第壹號地
三蟠輕便鐵道株式會社取締役社長藤原讓
太郎

三蟠鉄道への改称

大正12年（1923）4月10日、三蟠鉄道
株式会社取締役社長・藤原元太郎は、鉄道
省監督局に「三蟠軽便鉄道」を「三蟠鉄
道」に変更する「商號変更ノ件」を提出し
た。

三輕甲第三〇號
御届
大正十二年四月十日
岡山縣岡山市門田屋敷八番地
三蟠鉄道株式會社取締役社長藤原元太郎
鐵道省監督局御中
商號変更ノ件
當會社此度商號ヲ三蟠鉄道株式會社ト變
更シ大正十二年三月三十一日臨時株主総
會ニ於テ承認決定シ及ヒ大正拾弐年四月
九日岡山區裁判所ニ於テ商號変更登記ヲ
終了致シ呉間此段及御届呉也
旧三蟠軽便鐵道ヲ三蟠鉄道ト変更

桜橋から国清寺への延伸

岡山の町で路面電車が走り始めたのは明

治45年（1912）5月5日である。『おかで
ん七十年の歩み』に「岡山市の中央を南北
に貫く柳川線の起源は、会社創立以前にま
でさかのぼる」と書かれているが、開業前
史について知る人は少ないと思われる。

岡山電気軌道株式会社創立事務所は岡山
市内ではなく、明治39年（1906）10月14
日、神戸商工会議所におかれた。11月5日
には岡山市大字浜田町在住の平田基次郎宅
にも創立事務所が開設され、同日、岡山県
庁経由で内閣総理大臣・原敬に電気鉄道敷
設の申請書を提出した。翌明治40年
（1907）1月13日、創立事務所は岡山市桶
屋町に移され、7月21日には、岡山市内で
第一回発起人大会が開かれた。同年11月
27日京橋線、内山下線、内山下支線、後
楽園線、黒住線の特許状が下付されたが、
明治43年（1910）5月21日の創立総会は、
神戸商工会議所で開かれた。

専用線を走る一般鉄道の敷設には、明治
20年（1887）5月17日に公布された勅令第
12号「私設鉄道条例」が定めた免許状が
必要であったが、道路に敷いた線路を走る
鉄道には、明治23年（1890）8月23日に
公布された法律第71号「軌道条例」がう
たった特許状が必要であった。

『おかでん七十年の歩み』には、岡山電
気軌道、西大寺鉄道、三蟠鉄道にも関係す
る歴史が記録されている。端緒は明治39
年（1906）12月1日の山陽鉄道国有化にあ
る。瀬戸内海沿岸に拠点を構える山陽鉄道
の株主たちが、国有買収金をもとに新しい
鉄道を計画したのである。

まず兵庫電気鉄道などが、明石・姫路・
網干・竜野・有年あるいは上郡間、有年あ
るいは上郡・牛窓間、牛窓・西大寺間、西

大寺・岡山間、山陽線岡山駅前と岡山市内を結ぶ市街電車の5路線を計画した。つぎに5路線を統一し、三備鉄道岡山・尾道間、広島電鉄尾道・広島間などとの連絡をさせ、山陽線とは別の阪神・下関間に仕立てる構想であった。山陽鉄道の株主には、岡山電気軌道の株主であり、広島電鉄の生みの親でもあった大林芳五郎（大林組社長）などの財界人が名を連ね、岡山電気軌道発起人の中には「岡山西郷」と呼ばれた杉山岩三郎ら岡山財界の重鎮、阪神で財をなした岡山出身の実業家らが数多くいた。

特許出願にあたって岡山電気軌道発起人代表が岡山市側と検討した中には、将来岡山市による電軌事業の直営が必要になった場合は買収に応じる、西大寺軌道の軌間914mmを岡山電気軌道と同じ1,067mmに改軌する、三蟠築港の折には臨海線を敷設するなどが含まれていた。つまり、岡山電気軌道旭東線、西大寺軌道併合、三蟠鉄道は岡山電気軌道設立時すでに想定されていたのである。

岡山電気軌道は明治45年（1912）5月5日、内山下線駅前・内山下分岐点（現在の城下）0.91kmと内山下支線内山下分岐点・後楽園口間0.448kmで営業運転を開始し、同年6月1日には城下・西大寺町間0.8kmにも路面電車を走らせたが、京橋線と黒住線の開業にはいたらなかった。

ところが開業景気が終わると延長約2kmを人が歩く程度のスピードで結びながら、高い運賃を支払わねばならないことが足かせとなり、業績不振に陥った。そこで岡山電気軌道は大幅に経営を見直し大正7年（1918）11月28日、番町線後楽園・七番町口0.452kmと旭東線西大寺町口・東山間

1.288kmの特許を申請し下付された。前者の開業は大正10年（1921）7月26日、後者は大正12年（1923）7月9日であった。

旭東線の要請は会社創立以前、すでに岡山市議会などから出されており、明治39年（1906）11月5日の特許出願時にも検討されていた。明治43年（1910）8月9日の重役会議は特許申請を議決し、9月29日には岡山県経由で申請したが、12月19日付で却下された。続いて明治45年（1912）11月25日の定時株主総会で、内山下線西大寺町口・東山間の延伸が承認された。内山下線西大寺町口・東山間と旭東線西大寺町口・東山間は別ルートであった。

岡山電気軌道株式会社の「大正七年後半期第拾八回営業報告書」の「軌道延長ニ關スル現況」にはつぎの記述がある。大正7年（1918）11月から大正8年（1919）4月までの営業記録であるが、いよいよ旭東線敷設が動き出すのである。

前期ノ初特許ノ申請ヲ爲シタル番町旭東ノ兩線路ハ大正七年拾壹月貳拾八日附特許状並ニ命令書ノ下附ヲ受ケ直チニ先ツ番町線ノ工事施行ノ許可申請書ヲ提出セルヲ以テ近ク起工ノ運ヒニ至ル可ク旭東線ハ小橋以東ニ對スル交渉ニ關シ縣市ト折衝中ニシテ遠カラス解決ス可キニ依リ此解決後ハ直ニ施行認可ヲ申請スル可キ筈ナリ

宇喜多秀家が旭川に京橋を架け、その上に山陽道を通したのは文禄2年（1593）である。京橋の木桁橋から道路鉄道併用橋への架け替えが決まったのは大正元年（1912）8月30日で、大正3年（1914）11

月29日には岡山県議会も京橋架け替えを議決した。

岡山電気軌道は大正2年（1913）4月30日、第6回定時株主総会で京橋を渡る旭東線延伸を承認していたが、80ポンドレールに替える財政的余裕がなかったため、京橋は大正6年（1917）3月25日、道路橋として開通した。橋の中央を複線の線路が走る現在の姿になったのは大正11年（1922）で、旭東線の電車が運行を開始したのは大正12年（1923）7月9日であった。

大正6年（1917）9月6日付山陽新報「三蟠軽鐵延長計畫」にはつぎのように記されている。岡山電気軌道と岡山市が、京橋上への軌道敷設の交渉を始めたころである。

岡山三蟠間三蟠輕便鐵道株式會社にては四日重役會を開き線路延長方に付協議せしが内容は最終點櫻橋驛より小橋町まで延長せんとするにありて既に計畫餘程熟し居れるが如し

その後の展開は大正7年（1918）3月27日付山陽新報の「三蟠軽鐵延長豫定線路變更」にある。

三蟠輕便鐵道は岡山電気軌道の旭東線延長に連絡する目的を以て小橋町字新地迄延長することに決定せしは既報の如くなるが延長費は僅に五萬圓なるも今日の如き物價騰貴に際し五萬圓の經費を以て敷設すること不可能なりとし豫定線路を變更し現櫻橋停留塲より東北に曲折し花畑舊日置邸附近に至ることと爲したる由

大正7年（1918）6月23日付山陽新報の「三蟠軽鐵延長社長及課長と市理事者協議」には、「花畑舊日置邸附近」が「小橋国清寺横手舊馬車驛」とされている。三蟠軽便鉄道の大正12年（1923）2月5日桜橋・国清寺間1.1km延伸には、岡山電気軌道への連絡という目的があったのである。しかし、大正6年（1917）の小橋町字新地までの延伸は、翌大正7年（1918）、「花畑舊日置邸附近」あるいは「小橋国清寺横手舊馬車驛」に国清寺駅を建設することで決着した。三蟠軽便鉄道国清寺駅開業は、岡山電気軌道旭東線開業の約5カ月前であった。

二つの反対陳情 ⋯⋯⋯⋯⋯⋯⋯⋯⋯⋯⋯⋯⋯⋯

　三蟠鉄道は、三蟠軽便鉄道時代の大正10年（1921）と三蟠鉄道時代の大正13年（1924）の二回、新規参入をはかった鉄道計画への反対陳情を行った。最初は福島軽便鉄道、つぎは岡山臨港鉄道を相手取ったものである。どちらも岡山の実業家・菱川吉衛が発起人となり、旭川右岸での敷設を計画したものであったが、未成に終わった。

福島軽便鉄道計画への反対陳情

　大正10年（1921）5月26日、三蟠軽便鉄道株式会社取締役社長・藤原元太郎は鉄道大臣・元田肇に、福島軽便鉄道の不認可を請願した。以下にその全文を示す。

御願書
弊社三蟠軽便鉄道ハ岡山市ノ門口ヲ爲ス三蟠港（旭川ノ河口ニ於ケル港湾ナリ）ヲ基點トシ岡山市ヲ東西ニ貫通セル市鉄ト連續シテ山陽本線岡山驛ニ連絡（本年中ニ完成豫定）セントス此連絡完成ノ上ハ旭川ヲ逆航スル貨物ノ運輸モ至便ニシテ弊社營業ノ目的ヲ達成スベク今ヤ此連絡工事ハ僅ニ五拾鎖少距離ニシテ此完成ハ眼前ニ迫リ居リ則チ之ガ計畫當初ノ目的貫徹セバ児島郡（東部）及ビ瀬戸内海ニ於ケル小豆嶋、豊嶋方面ノ乗客ガ山陽本線ニ到達スルノ捷径トモ相成リ弊社ガ大正四年八月營業開始以來（國庫補助ノ恩惠ニ依リ）漸クニシテ社命ヲ維時シ來リタル苦心ノ効果ヲ奏セントスル場合ニ

御座候然ル処今回最近ノ距離（河幅僅ニ百數十間ノ旭川ノ對岸ニテ）ニ於テ弊社鉄道ト並行線ヲ爲ス処ノ福嶋軽便鉄道敷設出願致候モノ有之候右ハ本省ニ於テ目下御詮議中ト存候此福嶋軽便鉄道線ハ全然弊社三蟠軽便鉄道ニ對スル競争線ニシテ而モ三蟠港ヨリ遥カニ旭川ヲ溯リタル上流ニテ對岸福濱大字福嶋ヲ基点トシテ岡山市内山陽本線ニ連接セントスルノ計畫ニ有処候ニ付若シ之ガ敷設御認可相成候場合ハ弊社三蟠軽便鉄道ノ社運漸ク維持シテ今日ニ至リタル営業ヲ妨害スルノミナラズ新願ノ福嶋線夫レ自身ノ営業ニ於テモ到底収支不償甚ダ不充分ニシテ両社共倒ノ醜態惨狀ヲ來スヤ明瞭ノ問題ニ有処候ニ付希クハ斯ル最近距離ニ於ケル競爭並行線ノ計畫ヲ御認可無之候様被成下度此段狀シテ具伸仕候間宜敷御詮議被下度奉悃願候也
大正拾年五月貳拾六日
岡山縣上道郡三蟠村大字江並
三蟠軽便鉄道株式會社
取締役社長藤原元太郎
鉄道大臣元田肇殿

　福島軽便鉄道は2回計画されたが、どちらも未成に終わっている。最初の計画は明治44年（1911）4月7日、杉山岩三郎ほか8名が申請した宇野線鹿田駅・福浜村大字福島間6.3km（3mil75ch）である。資本金6万円、御津郡鹿田村大字大供の宇野線鹿田駅を起点に、鹿田村大字東古松、大字岡、

大字奥田、大字二日市、岡山市大字七日市、御津郡福浜村大字浜野、大字洲崎を経て大字福島にいたる軌間762mmの蒸気鉄道であった。同年6月15日に免許状を下付されたが、線路通過点が児島湾干拓予定地であったために用地確保が難航し、翌明治45年（1912）6月5日、「工事施行認可申請延期願」を提出し、6月14日の工事着手期限を12月14日に延長することを願い出た。しかし、着手見込みが立たず大正元年（1912）12月9日、免許状を返納した。

つぎの計画は、菱川吉衛らが資本金45万円で、岡山駅と御津郡福浜村大字福島の松ケ鼻を結ぶ軌間762mm、延長6.4km（4mil）の鉄道であったが、申請は却下されたものと思われる。

菱川らが岡山駅・松ケ鼻間を計画した大正10年（1921）過ぎ、岡山県では山陽海岸線を西大寺から三蟠港経由で、岡山駅に延伸させる運動が熱を帯びていた。山陽海岸線は政府が第44議会に提出した地方鉄道の一つで、兵庫県有年を起点に、赤穂、日生、片上、伊部、福岡、西大寺を経て、山陽線西大寺（現在の東岡山）駅を終点とする鉄道で、赤穂線に相当する。同年5月4日付山陽新報は、西大寺鉄道が九蟠港、三蟠鉄道は三蟠港沖高島の築港を計画する一方、福島軽便鉄道は福島築港と鉄道敷設を申請したと報じている。岡山市は当時、都市計画のなかで岡山電気軌道の市営化を目論んでいた。また、宇野開港後も市内に大型船の発着できる港がなかったため、近郊に交易港を設けることにもこだわっていた。そのためであろうか、大正14年（1925）6月6日以前の紙面を読む限り、岡山県や岡山市は福島軽便鉄道の敷設に前向

きであったようである。

岡山臨港鉄道計画への反対陳情

大正13年（1924）12月10日、菱川吉衛ほか10名は、鉄道大臣・仙石貢に「岡山臨港鐵道敷設免許申請」を申請した。

今般拙者共發起人ト相成リ岡山市ヨリ岡山縣御津郡福濱村ニ至ル間ニ地方鐵道法ニ依リ鐵道ヲ敷設シ一般旅客貨物ノ運輸営業致度候間御免許被成下度別紙関係書類并ニ圖面相添ヘ此段申請候也

発起人には児島湾開墾事務所長・渡邉辨三や天満屋社長・伊原木藻平の名前もある。「岡山臨港鐵道敷設申請理由書」にはこう書かれている。

今般岡山市ヨリ岡山縣御津郡福濱村ニ至ル間ニ鐵道ヲ敷設シ地方鐵道法ニ依リ一般運輸営業仕度本鐵道敷設計畫スル理由左ノ通ニ有之候

「岡山臨港鐵道株式會社起業目論見書」の概要はつぎのとおりである。

本會社ハ岡山市ヨリ岡山縣御津郡福濱村ニ至ル間ニ鐵道ヲ敷設シ地方鐵道法ニ依リ一般運輸ノ業ヲ営ミ且ツ福濱村海岸ニ築港ヲ造成シ一般ノ舩舶發着ヲ便ナラシメ以テ本事業ヲ経営シ及土地家屋ノ賣売賃借権ヲナクス目的トス

「岡山臨港鉄道」は昭和時代に実在した。岡山県は昭和14年（1939）、農業県から工

業県への脱皮をはかるため、工場誘致委員会規程を制定し、児島湾干拓第3区と第5区に汽車製造会社と倉敷絹織（後に倉敷航空化学木型飛行機製作工場）、昭和17年（1942）立川飛行機、昭和18年（1943）には海軍艦政本部の示達により三井造船の大型ディーゼル機関専門工場岡山機械製作所の誘致に成功した。

この岡南工業地帯の造成にともない昭和18年（1943）5月25日、岡山県知事・橋本清吉は鉄道大臣・八田義明に、「宇野線大元駅岡山市福島地内臨海工業地帯専用鉄道敷設調査設計委託承認申請ノ件」を提出した。この専用鉄道が、戦時体制による一時中断を経て昭和21年（1946）11月、専用線として開業し、昭和59年（1984）12月29日に廃止された岡山臨港鉄道である。

起点となる大元駅付近は、昭和13年（1928）12月に構想が動き始めた「弾丸列車計画」新岡山駅の予定地であった。弾丸列車とは東京・大阪間を4時間、東京・下関間は9時間50分で結ぶ標準軌鉄道で、新岡山駅から笹ヶ瀬川のあいだには客車操車場建設の計画があった。しかし、第二次世界大戦の戦局激化と資材、労働者不足にともない昭和19年度（1944）、計画凍結となった。

弾丸列車計画は岡山市の戦災復興特別都市計画にも反映され、官公庁は大供交差点（岡山市庁舎北側の交差点）付近に集中し、幅27mの岡山市内西部縦貫道路が大元駅まで延長されることになっていた。岡山駅間からは宇野線とは別の新線が敷設され、岡山駅は貨物駅としての機能強化がはかられる計画であった。

つまり、菱川らが申請した岡山臨港鉄道は実在した岡山臨港鉄道の一時代前の計画

である。資本金200万円、山陽線岡山駅付近を起点、御津郡福浜村海岸を終点とする総延長21.6km（13.4mil）、軌間1,067mmの蒸気鉄道の建設資金は948,004円、駅間距離は岡山・鹿田間0.96km（0.6mil）、鹿田・二日市間2.3km（1.4mil）、二日市・七日市間3.5km（2.2mil）、七日市・福島間5.95km（3.7mil）、福島・築港間8.9km（5.5mil）であった。

菱川らの申請理由はおおむねつぎのとおりである。南に瀬戸内海を控える岡山市は、周囲に豊穣な農村を控える。東西に伸びる省線は小都市を結び、動力や労働力も十分に備わり、商工業の発展に必要な条件が揃っている。しかし諸都市の発展は遅れ、停滞状態にある。その要因は交通機関の不整備と不統一にある。とくに水陸交通の連絡に問題がある。

岡山市の水陸連絡は旭川の京橋、三蟠港と三蟠鉄道、宇野港と宇野線に頼っているが、京橋の河道は年々埋没し、満潮時以外は小型船舶ですら遡上できず、三蟠港に停泊せざるをえない。さらに、三蟠港で陸揚げするには、積荷を浮き桟橋に移さなければならない。効率が悪く不便である。三蟠鉄道も同様、船の荷物を浮き桟橋から貨車に積み替えなければならない。三蟠鉄道と山陽線が連絡しないことも費用と時間、両面でロスが大きい。宇野線の距離は時間と運賃の無駄である。西大寺鉄道の終点・後楽園駅も岡山駅と離れている。

つまり岡山の交通網は不統一・未完成で、海陸連絡はさらに非効率である。その負担は生産者と生活者に強いられている。工業の発展に必要な地形的条件が備わっているにもかかわらず、岡山市には紡績業と製紙

業以外見るべき産業がない。それはつまり、交通網の不完全さゆえである。

その打開策として、福浜から児島湾までを港として整備し、福浜と岡山駅のあいだに鉄道を敷き、最短距離の海陸交通体系を完備することが求められる。築港後の海域を幅454.5m（250間）から545.5m（300間）、水深30.5m（30ft）以上とすれば、1,000tを超える船舶の投錨が可能になる。岡山市の発展には、陸海連絡交通の不便解消が重要である。

一方、菱川らの申請に対して岡山県知事・佐上信一は大正14年（1925）11月16日、鉄道大臣・仙石貢につぎの「岡山臨港鐵道敷設免許申請ノ件」と「岡山臨港鐵道敷設免許申請調書」を書き送っている。

土第五一八二號
副申
大正十四年十一月十六日
岡山縣知事佐上信一
鐵道大臣仙石貢殿
岡山臨港鐵道敷設免許申請ノ件
管下岡山臨港鐵道株式會社發起人菱川吉衛外十名ヨリ岡山市ヨリ縣下御津郡福濱村ニ至ル鐵道敷設免許申請ニ付調査候處別紙調書ノ通ニ有之候條不許可處分相成度候

岡山臨港鐵道敷設免許申請調書
三、事業の効用
本鐵道敷設ノ目的ハ岡山市ト児島湾トヲ結ヒ岡山市ニ於ケル水陸連絡ノ施設ヲ完全ニシ以テ商工業ノ發展ニ資セムトスルニアリ、由來岡山市ハ山陽本線東西ニ貫通シ宇野線及伯備線南北ニ走リ又中國鐵道、西大寺鐵道アリテ陸上ニ於ケル運輸交通機關ノ完備セルニ反シ水陸連絡機關トシテハ旭川ノ水運及三蟠鐵道アルノミニシテ然カモ旭川ハ河身逐年埋没シ満潮時ト雖モ二十噸以上ノ船舶ハ出入困難ナル狀態ニアリ又三蟠鐵道ハ其ノ終点タル三蟠港ノ設備不完全ナルト山陽本線トノ連絡ナキ爲現在ノ水陸連絡機關トシテハ不完全ナリ而シテ本鐵道ノ敷設ハ之レカ缺点ヲ補ヒ岡山市ノ運輸交通ニ便シ商工業ノ發達ニ資スルトコロ尠カラスト認ム
四、他ノ鐵道又ハ軌道ニ及ホス影響
本鐵道ハ旭川ヲ隔テ既設三蟠鐵道ト併行スルモノニシテ現在三蟠鐵道ノ營業狀態ヲ見ルニ最近五ヶ年間ノ利益配當ハ左記ノ通平均四朱五厘ニシテ甚不振ノ狀態ニアルヲ以テ本鐵道ノ敷設ハ甚大ナル影響を與ヘ經營困難に陥ルヘキモノト認ム
記
大正九年度四朱八厘
大正十年度五朱
大正十一年度四朱五厘
大正十二年度四朱
大正十三年度四朱貳厘
五ヶ年間平均四朱五厘
六、許否ニ關スル意見
本鐵道ハ岡山市ニ於ケル水陸連絡機關トシテハ適當ノ施設ト認ムルモ現在岡山市及其ノ近郊ノ交通該物資集散ノ狀勢ニ鑑ミ此間更ニ一線ヲ増設スルノ必要ヲ認メサルノミナラス本鐵道ノ敷設ハ既設三蟠鐵道ヲシテ經營困難ニ陥ラシメ到底両立セサルモノト認ムルヲ以テ本申請ハ許可セラレサルヲ相當ト認ム

菱川らの岡山臨港鉄道計画に対し大正

15（1926）11月15日、三蟠軽便鉄道株式会社取締役社長・藤原知道は鉄道大臣・井上匡四郎に「岡山臨港鐵道敷設ノ件ニ關シ三蟠鐵道社長藤原知道提出反對陳情書供覧ノ件」で、「岡山市福島臨港（岡山臨港）鐵道敷設セラルヽ時ハ弊社ノ打撃甚大ニ付御認可御詮議ニ就テハ御配慮を請フ」と訴えた。

十一月二十九日
乙監鐵第八二八四號
大正十五年十一月十五日
十一月廿六日決済
監第三一五〇號
総務課長
岡山臨港鐵道敷設ノ件ニ關シ三蟠鐵道社長藤原知道提出反對陳情書供覧ノ件
（要旨）
標記出願線ハ旭川ヲ隔テヽ本社線ニ竝行シ且同一目的ヲ有スルモノナレハ之カ免許ノ暁ハ自然競争ハ免レサルヘク尚本年度ヨリ著手セラルル旭川改修工事ニ依リ水運ノ便一層加ハルニ至レハ到底兩立經營ハ困難ト認メラルルニ付右出願線御詮議ニ際シテハ特ニ御考慮相煩度

陳情書の全文を以下に示す。

爰ニ省線大元驛ヲ基点トシ御津郡福濱村ニ至ル岡山臨港鐵道敷設認可申請ニ對シ三蟠鉄道株式會社取締役社長藤原知道謹ミテ我社ノ状況ヲ具陳シ閣下ノ御熟慮ヲ請シトス弊社去ル大正三年二月一日ノ創立ニテ翌大正四年八月十一日櫻橋三蟠間四哩ノ運輸ヲ開始シタル然ルニ三蟠港ノ設備不完全ナルト基点櫻橋驛ノ一方ニ偏スル關係ヨリ貨物ノ吸收困難ニテ加フルニ沿線ニ於テ名所旧跡ノ旅客ノ來往スベキモノ乏シキ為メ發起當時豫想ノ收入ヲ得ル能ハサリシカバ大正四年十月十六日軽便鐵道補助ノ件ヲ申請大正五年五月二十四日御認可ノ指令ニ接シタルヲ以テ前途ニ一縷ノ光明ヲ認メ鋭意旅客貨物ノ吸收ニ全力ヲ注ギ三蟠驛に貨物積卸塲ヲ建設シ水運業ヲ兼營シテ石炭ノ中継輸送ヲ為シ或ハ運輸會社ト連絡シテ児島湾沿岸諸港ノ旅客吸收ヲ圖リ或ハ香川縣土ノ庄方面行旅客ノ營業航路ノ一部ヲ買收シ或ハ高島公園設備費ヲ岡山市に寄附シテ其完成を圖リ或ハ岡山市内電車線路ノ旭東ニ延長スルニ依リ弊社モ亦線路ヲ延長シテ國清寺驛ニテ之ト接續スル等多大ノ経費ヲ投シタル結果次第ニ其收入ヲ増加セリ弊社カ御補助ヲ受ケタル金額ヲ算スレハ過去拾ヶ年ニ亘リ総計金五萬壹千八百五圓四拾錢ニシテ斯ル多額ノ御補助ニ依リ漸ク自營ノ緒ニ就ントスルニ當リ近時旭川ヲ遡航シテ市内舩着町ニ至ル石油發動機舩ハ其數二十艘ニ達シ互ニ賃金ヲ低下シテ旅客ノ爭奪ヲ為スヲ以テ之ニ依ルモノ次第ニ増加シ前期（自大正十四年十二月至全十五年五月）ノ如キハ前々期（自大正十三年十二月至全十四年五月）ニ比シテ約二割ノ減收ヲ見ルニ至リタル際更ニ旭川ヲ隔テヽ弊社線ト並行セル岡山臨港鐵道敷設セラルヽ時ハ同線ニ依ル旅客ハ殆ント同一方面ナルハ運輸開始ノ後勢競争ハ免レサルヘク尚本年度ヨリ着手セラルヽ旭川改修ニテ水運ノ便一層加ハルニ至レハ両者共経營難ニ陥ルベキハ火ヲ睹ルヨリモ明ナレハ同線ノ敷設御認可御詮議ニ際シ特ニ御考慮相仰度偏ニ奉恬

願候頓首再拝
大正十五年十一月
岡山市門田屋敷八番地
三蟠鐵道株式會社　取締役社長藤原知道

　こうして菱川らの岡山臨港鉄道敷設願は
昭和２年（1927）６月１日、却下された。

　岡山臨港鐵道敷設願却下ノ件
　大正十三年十二月十日附申請鉄道敷設ノ
　件聽届ケ難シ
　理由
　本件ハ既設三蟠鉄道ヲ経営困難ニ陥ラシ
　ムルノミナラズ目下ノ貨物集散状態ニ於
　テ更ニ一線増設スルノ要ナキモノト被認
　ニ依リ伺書ノ通リ處理可然哉

　山陽新報は昭和２年（1927）４月15日付
「都市計畫に伴ふ市営の電鐵網」で、岡山
市が電鉄課を新設し、新しく整備する幅員
18m（10間）以上の道路16線にはすべて
路面電車を走らせ、そのうちの８線を第一
期工事とする計画であると報じている。同
年４月17日付「土砂採収の浚渫船」では、
旭川下流域の埋没で、市政の発展が阻害さ
れることを憂いた有識者らが旭川改修を促
進していること、水運の確保に向けた福島
臨海鉄道計画のあることを伝えている。
　菱川らの福島軽便鉄道計画と岡山臨港鉄
道計画は、岡山市の都市計画を視野に入れ
たものであったと考えられる。昭和２年
（1927）４月17日付「山陽新報」の「土砂
採収の浚渫船」によると、福島沖では県の
許可を得た民間の浚渫業者が河道の砂利採
取を行っており、土砂はコンクリート用と
して大阪方面に送られていた。菱川らはそ

の福島港に注目し、京橋、三蟠に代わる岡
山の港を福島に築こうとしたと考えられる。
　岡山臨港鉄道の終点とした福浜は、児島
湾干拓事業第３区と第５区の工事で誕生す
る埋立地である。第３・第５区堤防工事は
明治43年（1910）に出願され、大正２年
（1913）に起工した。しかし、工事開始は
大正８年（1919）にずれ込み、竣功したの
は昭和16年（1941）であった。工事開始
２年後の大正10年（1921）、岡山市は「第
三区五区運河及び築港並に開墾に関する目
論見書」を作成し、第３・第５区の工業地
区整備を発表した。その論見書には、岡山
市が最適工業地区と考える第３・第５区と
宇野線鹿田駅のあいだに大運河を開削する
と明記されている。
　岡山市は大正12年（1923）、都市計画法
の指定を受けた。大正13年（1924）には、
内務省から岡山市街から宇野・平井・操
陽・福浜・高島におよぶ都市整備計画の認
可を受けた。さらに大正14年（1925）、第
51議会が旭川改修工事を可決し、昭和６
年（1931）には内務省直轄の旭川改修工事
が始まり、旭川河口付近は浚渫土砂捨場と
して埋め立てられることになった。第３・
第５区の埋立地には汽車製造会社岡山工場、
倉敷絹織、立川飛行機、三井造船の大型ディ
ーゼル機関専門工場岡山機械製作所が進
出するのである。菱川の岡山臨港鉄道計画
は、「第三区五区運河及び築港並に開墾に
関する目論見書」に描かれた岡南地区の工
業地化政策やインフラ整備、つまり、大運
河を鉄道におき換えるものであった。

三蟠鉄道の廃止 ··

自動車の普及

　藤原譲太郎が「岡山輕便鐵道敷設免許願」を提出した1910年代は、人力車や馬車、牛車が交通機関の中心を占めるようになったころである。ところが、1920年代には道路網や港湾の整備が進み、自動車が大きく普及した。岡山県もその例外ではなく、車両保有台数は［表6］のように推移し、岡山県の大正時代には旧来の馬車や牛車、荷車、人力車に通常自転車、自動自転車（オートバイ）、自動車が加わった。

　吉備線足守駅は明治37年（1904）11月15日、中国鉄道岡山・湛井間とともに開業した。足守の町から南に4km（30余町）弱離れた足守駅前には、常時40台の人力車が待機していて、それが足守駅前の名物風景であった。しかし、自動車の普及につれて人力車を利用する人の数は激減し、転業や廃業が続き、昭和5年（1930）の車夫は10余人になった。そこで車夫らは、吉備郡阿曽村（現在の総社市阿曽）の素封家に訴え、乗合自動車業に鞍替えすることにした。

　岡山県初の自動車は明治37年（1904）、山羽虎夫が制作した国産第一号の蒸気自動車であった。明治40年（1907）には岡山駅・三蟠間のバス路線が申請されたが、これは県内でもっとも早いバス営業申請であったといわれている。県内で自動車営業が始まったのは大正2年（1913）である。西尾元治郎が岡山駅・東山間と玉島駅・玉島間での運行を始めた。一方、岡山市内初のバス路線は大正6年（1917）に山崎誠一郎が開設した岡山・片上間で、大正8年（1919）には旭自動車が岡山・西大寺間の運転を始めた。

三蟠鉄道の延命策

　三蟠鉄道株式会社取締役社長・藤原知道は昭和2年（1927）5月20日、鉄道大臣・

表6 岡山県の車両保有台数の推移（単位：台、『岡山県史』近代Ⅱ）

年度		馬車		牛車	荷車	自動車		人力車	自転車		その他
		乗用	荷積			乗用	荷積		自動	通常	
大正元	1912	44	2,020	1,125	49,645			4,787		15,691	
大正5	1916	42	2,405	1,064	53,424			4,044	34	31,986	120
大正9	1920	18	3,017	1,212	58,019	58	1	3,565	44	62,740	31
大正13	1924	7	3,472	1,522	44,127	220	44	2,685	183	108,276	118
昭和3	1928	2	2,882	1,273	30,521	610	254	1,490	473	140,113	2,832
昭和7	1932		2,044	930	16,969	956	609	610	506	160,383	8,558
昭和11	1936		1,864	851	13,725	1,292	990	349	482	199,265	14,587
昭和15	1940		1,891	1,406	18,093	—	—	165	330	239,276	22,096

小川平吉に「瓦斯倫自動車併用ノ件」を提出し許可された。ガソリンカーと蒸機列車とを併用する出願は、並走する定期乗合自動車に乗客を奪われることへの対策、そして軽量車両の導入による経費節減を目的としたものであった。

昭和2年度（1927）の私鉄営業成績は前年度を大きく下回った。事業規模は昭和元年度（1926）の223社5,624.7km（3,495mi）から9社386.2km（240mi）増加・延長したが、建設費に対する益金は1分減少し、昭和3年度（1928）もさらなる減少が懸念された。中国鉄道、西大寺鉄道、三蟠鉄道、下津井電鉄、井笠鉄道の営業成績も2〜3年の間減少を続け、不況と自動車との競争の影響がより色濃くなった。

昭和3年（1928）1月23日、藤原は小川鉄道大臣に「自動車兼営認可申請書」を提出した。この岡山駅・三蟠港間乗合自動車営業願いは、岡山市川崎町の佐藤公久が昭和2年（1927）9月14日に運転を始めた岡山駅・三蟠港間の乗合自動車が、旭川の発動機船運航開始にともなう鉄道利用者減にさらなる追い打ちをかけたことへの対策であった。藤原の申請は昭和3年（1928）2月6日に許可され同年4月、自動車部を開設し、対抗するサクラ自動車を6,000円で買収した。

藤原は昭和3年（1928）10月20日、小川鉄道大臣から水族館兼業を許可され、昭和4年（1929）4月10日に開館させた。また同年7月2日、鉄道沿線の宮道海水浴場への客誘致のため、飲食品を販売する兼業届も認可された。ところが自家用車の急速な普及により鉄道各社は旅客数激減に直面した。昭和3年（1928）は伯備線全線開業

の年であったが、9月末時点の鉄道利用者数は当初目標を30万人下回った。

西大寺鉄道との合併談

三蟠鉄道の生き残りをかけた闘いが続く昭和5年（1930）、鉄道省は私鉄の経営合理化をはかるため、配当金の減額、未完成路線の免許返納、会社間の合併を勧告した。岡山市内に拠点をおく中国鉄道、西大寺鉄道、三蟠鉄道の配当割合は中国鉄道と西大寺鉄道が1割2分、三蟠鉄道は9分であったが、中国鉄道と西大寺鉄道の数字にはかなりの無理があった。中国鉄道は国有化の望みが絶たれたばかりで、西大寺鉄道は自社のバスと鉄道部門の統合が先であった。

昭和6年（1931）、西大寺鉄道と三蟠鉄道との合併協議が行われた。その動機となったのが岡山市の都市開発である。岡山市が市営路面電車網の敷設を検討したことは「岡山臨港鉄道計画への反対陳情」で紹介したが、今後整備される都市計画街路・網浜三蟠線が三蟠鉄道国清寺・網浜間の線路の上に建設されることになり、同区間は岡山市に買収されることになったのである。そこで財界の名士の仲介による合併交渉が行われた。

おおかたの予測は、合併成立であった。万が一不成立のときは、西大寺鉄道が三蟠鉄道を併合して岡山バスとの連絡統制をはかり、岡山駅・網浜間は岡山バスの運行になるというシナリオであった。しかしながら西大寺鉄道会社の西大寺鉄道と岡山バスの経営問題をめぐる内紛のため、合併は見送られた。

岡山都市計画街路

　現在の岡山市域は、北部の丘陵地帯から旭川と吉井川の河口に広がる岡山平野、児島半島から瀬戸内海沿岸の南部までの789.91km²である。明治4年（1871）の廃藩置県で岡山が県庁所在地となり、明治8年（1875）の岡山城の堀埋め立てとともに近代都市の整備、明治24年（1891）の山陽鉄道岡山延伸により岡山駅を核とした都市づくりが始まった。さらに明治45年（1912）の岡山電気軌道開業から中心部の交通体系の充実がはかられるようになった。

　こうした近代都市化に向け明治40年（1907）、市区改正調査委員会が設置され、大正5年（1916）には市区改正計画が取りまとめられた。ところが、この計画は都市計画の決定権を握る政府に却下され、つぎなる計画に引き継がれることになった。岡山市の都市計画は産業都市の構築を目的としたもので、その骨子は旭川の改修、岡山港とその外港である三蟠港の修復、工業化地帯の都市計画区域への編入、それにともなう街路事業計画と区画整備事業であった。

　岡山市は大正10年（1921）、都市計画の目標を南部の工業化と新港の構築、旭川水運の開削とし、岡山市周辺を走る岡山電気軌道、三蟠鉄道、西大寺鉄道の統一、岡南運河の開削を掲げた。大正12年（1823）、内務省都市計画中央委員会は、都市計画法第2次指定に岡山市を含む25都市を決内定した。内務省は岡山市に対し、都市計画区域に市街4里円内にある平井村、福浜村、操陽村、三蟠村を将来の工業地帯に加えるよう指示し、岡山市は大正15年（1926）、都市計画の骨格となる岡山都市計画街路網

を決定し、昭和2年（1927）、内務省から旭川改修の開始と三蟠港の浚渫等を認可された。このとき岡山都市計画街路網に盛り込まれたのが南部工業地域に連絡する網浜三蟠線で、完成は昭和4年度（1929）とされた。

三蟠鉄道運輸営業廃止ノ件

　昭和6年（1931）5月25日、三蟠鉄道本社で臨時株主総会が開かれた。株主総数473人、総株数4,000のうち23人1,295株が出席、232人1,458株の委任状が提出された。議案は定款変更についてで、第1条の「鉄道」を「自動車」に改めることは否決されたが、第2条の「軽便鉄道ヲ敷設シ一般旅客貨物運輸ノ業」を「自動車運輸事業」に改めることは承認され、鉄道部門の廃止が決まった。2日後の5月27日、三蟠鉄道株式会社取締役社長・藤原知道は鉄道大臣・江木翼に鉄道廃止を申請した。

昭和六年五月廿七日
三蟠鐵道株式會社取締役社長藤原知道
地方鐵道運輸營業廢止ニ關スル件
鐵道大臣江木翼殿
當社鐵道國清寺三蟠間全線運輸營業ヲ廢止致度候ニ付御許可被成下度別紙關係書類相添へ此段申請候也

理由書
財界ノ不況ト旭川ニ依ル發動機舩相互ノ競爭ニテ弊社鐵道運輸收入ニ激減ヲ來シ收支相償ハサルノ結果ヲ見ントス折柄岡山市都市計劃事業ナル旭東線道路敷地トシテ基点（國清寺驛）ヲ距ル二〇八メー

トルヨリ網濱停留場ニ至ル五九〇メートル間ノ線路ヲ收用セラルヽタメ現位置ニ於ケル電車トノ連絡ハ不可能トナリ一層不便ヲ加フルヲ以テ旅客ノ減少今ヨリ多カルベシ仮リニ線路ヲ短縮シテ營業ヲ継續センカ其結果ヤ憂慮ニ堪ヘス且昨秋ヨリ着手セル旭川ノ改修ニテ河心ヲ浚渫シテ水深ヲ深ムルノ設計ナリト聞ク之カ竣功ノ暁ハ大型舩舶ノ航行自由トナルベシサレバ層一層貨客ニ影響ヲ及ボスベシ依テ今回敢然方針ヲ變更シ兼業トル自動車營業ヲ專業ニ移サントス

藤原の申請を受け取った岡山県は同年6月1日、岡山県知事名で江木鉄道大臣に「地方鐵道運輸營業廢止ニ關スル件」を送った。

地方鐵道運輸營業廢止ニ關スル件
管内三蟠鐵道株式會社長ヨリ別紙ノ通鐵道運輸營業廢止方出願ニ付調査スルニ本鐵道ハ大正二年十月敷設免許ヲ受ケ全四年八月開業シ爾來引續キ營業中ノ處近時財界不況ノ爲其ノ收入減シタル折柄鐵道敷地ノ一部ヲ岡山都市計畫業事業路線タル旭東線道路敷ニ收用サラルヽ事トナリ尚内務省ニ於テ旭川改修工事施行ニ當リ本川ノ河心ヲ浚渫スルノ計畫アリ若シ之等實現ノ暁ハ船舶航行上非常ニ便ヲ得本鐵道ノ貨客ハ將來一層激減ヲ來シ營業上至難ナルモノト認メフル依テ本會社トシテ此際右營業ヲ廢止シ自動車ノミニヨル運輸ヲ爲サムトスルハ機宜ニ適シタル處置ニシテ事情無已義ト相認候條願意御許可相成度此段及御申候

江木鉄道大臣は6月23日、「三蟠鐵道運輸營業廢止ノ件」で鉄道廃止をつぎのとおり許可した。

（岡山縣經由）
三蟠鐵道株式會社
昭和六年五月二十七日附三甲第七號申請
鐵道運輸營業廢止ノ件許可ス
年月日
大臣

（理由）
本鐵道基点附近ハ岡山市都市計畫事業タル旭東線道路敷地トシテ收用セラルヽ結果現在位置ニ於ケル電車トノ連絡ハ不可能トナリ且既ニ着手セル旭川ノ改修工事竣功ノ暁ハ大型船舶ノ航行自由トナリ其ノ經營上ニ及ス影響ハ甚ダ大ナルモノアルヲ以テ今回敢然其ノ經營ヲ變更シ自動車運輸ヲ以テ之ニ代ヘントスルモノニシテ事情已ムヲ得サルモノト認メラルヽヲ以テ伺案ノ通處理可然哉

これを受け6月30日、藤原は江木鉄道大臣に「營業廢止ニ關スル件」を送った。

昭和六年六月世日
岡山市門田屋敷八番地
三蟠鐵道株式會社取締役社長藤原知道
鐵道大臣江木翼殿
營業廢止ニ關スル件
昭和六年六月廿四日附監第一五三〇號ヲ以テ御許可相成候國清寺三蟠間鐵道運輸營業六月二七日限リ廢止仕リ候間及此段御届候也

昭和6年（1931）8月18日火曜日付「官報」第1391号に「鐵道營業廢止」が掲載された。

本年六月二十四日三蟠鐵道株式會社ニ對シ三蟠國清寺間鐵道運輸營業廢止ヲ許可シタルニ同二十八日實施ノ旨届出アリタリ（鉄道省）

廃止にあたり、三蟠鉄道会社が岡山県と鉄道省に提出した理由書を記し、本章を終える。

理由書
現今我國地方鉄道ノ大半ハ乗合自動車ノ脅威ヲ受ケ鉄道収入ニ影響ヲ及ボスヲ以テ之ガ對策トシテ旅客吸收ノ方法トシテ自動車ノ兼業ヲナシ或ハ瓦斯倫客車ヲ運轉スル等ノ方策ヲ講シツヽアリ弊社モ昭和二年並行乗合自動車ノ競爭ニテ之ヲ防止スル爲メ自動車ノ營業ヲ開始シ興行資金一万円余ヲ投下シ車体ノ償却ヲモ爲シ得ス収支常ニ損失ヲ招キ居レリ加フルニ線路ニ並行セル旭河ヲ航行セル石油發動機舩ハ最近非常ニ増加シ一日三十回以上ノ往復ヲナシ互ニ賃金ヲ五錢乃至拾錢ニ低下シテ競爭セルヲ以テ間接ノ打撃ヲ蒙リ大正十三四年ニ於テハ相當ノ來往セシ児島郡東部ノ旅客貨物ハ現今全ク發動機舩ニ依ルコトヽナリ年ト共ニ一割乃至二割ノ収入減ヲ來セリ此状況ニテ推移センカ借入金ノ利子支拂ニモ不足ヲ生スルヤモ知ルベカラズ今之ガ轉回ノ策ヲ樹スルノ好機ナリト信ズ幸カ不幸カ岡山市都市計畫事業旭東線ノ一部着工ニ依リ弊線ノ一部ヲ本年度ニ於テ收用スル事トナリ之

カ補償費トシテ七万五百九拾円ノ支拂ヲ受クルコトヽナリタレバ線路ノ変更ヲ爲サズ財團借入金ノ償還ニ充當シ國清寺驛敷地一千余坪ノ処分ニテ他ノ借入金及優先株式金四万円ヲ始ント償却シ得ベシ而シテ現線路ヲ矩縮シテ網濱停留場ヲ始発点トナサンカ市内電車トノ連絡ナク一層不便ノ地ニ移ルベキヲ以テ旅客ハ現在ヨリモ三割以上ノ減少ヲ來スハ明カナリ且線路ノ短縮ニテ營業費ノ節約ハ多クヲ期待スル能ハサレハ其成績ヤ損失トナルベシ

旭河ノ改修工事ニテ干潮時水深二メートルヲ保持スベク河中ニ河ヲ造ルノ設計ニテ河口ヨリ工事ニ着手セルヲ以テ成工ノ暁ハ舟運ノ便倍加スベケレハ現在弊線ニ依ル岡山瓦斯工場用ノ石炭モ九州ヨリ來ル本舩ハ直チニ瓦斯工場ノ附近ニ入舩スル計畫ナレバ此貨物運賃モ断念セサルベカラズ又現ニ多少ノ収入ヲ得ツヽアル宮道海水浴塲モ二三年後ニ至レハ旭河ノ改修ニ依リテ使用スル能ハサル事トナルベシ

斯ノ如ク前途悲觀ノ材料ノミナレバ敢然乗合自動車ヲ専業トシ河川ノ改修ニ依リ縣道モ一直線トナリ路面モ拡張サルレハ之ヲ利用シテ始發点ヲ市ノ中央部に近キ旭西ニ置キ經費ノ節約ヲ計リ最近沿線平井村モ岡山市ニ編入セラレ本年中ニハ終点ナル三蟠村モ亦岡山市ニ編入セラレント調査中ナレバ将來郡市事業ノ發展ニ伴ヒ旅客ノ來往モ増加スベク之カ吸收ニ努力シテ再生ノ途ヲ謀ラントス

尚鉄道廃止後ニ於ケル自動車營業ハ車數五台（十六人乗）ヲ充當シ三台ヲ常時運轉シ二台ヲ以テ豫備車トシ一日運轉回數

最小限度二十二往復ノ豫定ヲ旅客ノ集散
状況ニ依リ漸次車數ヲ増加シ一般交通ニ
支障ヲ及ホサザル計畫ナリ

追テ弊線ニ依ル貨物ハ網濱ナル瓦斯工場
及門田ナル紡績工塲行貸切扱石炭ノミナ
ルカ運賃ハ現在舟運ニ依ル方一頓ニ附約
拾銭低廉ナル以テ右荷主ニ何等ノ迷惑ヲ
及サザル見込ナリ

写真・図版出典

図1: 岡山県史編纂委員会偏『岡山県史』第7巻
近世Ⅱ、岡山県、昭和61年、218〜219頁
図2、3: 川﨑源太郎『山陽吉備之魁』、『絵で見る
明治商工便覧』第8巻、ゆまに書房、1987年、91
頁
図4: 川﨑源太郎『山陽吉備之魁』、『絵で見る明治
商工便覧』第8巻、ゆまに書房、1987年、95頁
図5: 川﨑源太郎『山陽吉備之魁』、『絵で見る明治
商工便覧』第8巻、ゆまに書房、1987年、94頁
図6: 川﨑源太郎『山陽吉備之魁』、『絵で見る明
治商工便覧』第8巻、ゆまに書房、1987年、97頁
図7: 川﨑源太郎『山陽吉備之魁』、『絵で見る明
治商工便覧』第8巻、ゆまに書房、1987年、99頁
写真1: 岡山県史編纂委員会偏『岡山県史』第7
巻近世Ⅱ、岡山県、昭和61年、28頁
写真2: 岡山県史編纂委員会偏『岡山県史』第7
巻近世Ⅱ、岡山県、昭和61年、31頁
写真3、4筆者撮影

参考文献等

「角川日本地名大辞典」編纂委員会編『角川日本
地名大辞典33岡山県』、角川書店、1989年。
岡山県史編纂委員会編『岡山県史』第7巻近世Ⅱ、
岡山県、昭和61年。
三蟠港村誌編纂委員会編『三蟠村誌』、三蟠村誌
刊行委員会、昭和57年。
岡山市史編纂委員会編、『岡山市史』産業経済編、
岡山市役所、昭和41年。
倉敷市史研究会編『新修倉敷市史』第7巻近代
（上）、倉敷市、2002年。
岡山理科大学『岡山学』研究会編シリーズ『岡山
学』2『吉井川を科学する』、吉備人出版、2004年。
岡山市役所編『岡山市史』第6巻、岡山市役所、
1938年。
岡山河川工事事務所『高梁川史』、岡山河川工事
事務所、1975年。
明治33年5月28日土曜日付「山陽新報」。
明治24年3月25日水曜日付「山陽新報」。
明治24年6月26日金曜日付「山陽新報」。
明治33年12月1日土曜日付「山陽新報」。
岡山県史編纂委員会編『岡山県史』第10巻近代
Ⅰ、岡山県、昭和61年。
日本国有鉄道編『日本国有鉄道百年史』第4巻、

日本国有鉄道、昭和 47 年。

野崎意登七『九蟠村史』、岡山市立公民館九蟠分館、昭和 46 年。

川﨑源太郎『山陽吉備之魁』、私家版、明治 16 年。

日本国有鉄道編『日本国有鉄道百年史』第 3 巻、日本国有鉄道、昭和 46 年。

日本国有鉄道編『日本国有鉄道百年史』第 5 巻、日本国有鉄道、昭和 47 年。

日本国有鉄道編『日本国有鉄道百年史』通史、日本国有鉄道、昭和 49 年。

「官報」第 8046 号、明治 43 年 4 月 21 日。

「官報」第 8332 号、明治 44 年 3 月 23 日。

『運輸省公文書（国立公文書館）』20、岡山県立記録資料館所蔵資料。

『運輸省公文書（国立公文書館）』17、岡山県立記録資料館所蔵資料

「官報」第 580 号、大正 3 年 7 月 7 日。

「官報」第 319 号、大正 2 年 8 月 21 日。

『運輸省公文書（国立公文書館）』19、岡山県立記録資料館所蔵資料。

両備バス編『西大寺鉄道五十二年の歩み』、両備バス、昭和 37 年。

岡山県史編纂委員会編『岡山県史』第 17 巻年表、岡山県、平成 3 年。

高見章夫編『宇野開港史』、宇野町役場、昭和 6 年。

森田平四郎『倉敷雑記－資料と学習の記録』1、私家版、昭和 56 年。

山陽鉄道会社編『第 32 回明治 36 年度上半期営業報告』、山陽鉄道会社、明治 36 年。老川慶喜編『明治期私鉄営業報告書集成（4）山陽鉄道会社』第 5 巻、日本経済評論社、平成 17 年に収録。

山陽鉄道会社編『第 33 回明治 36 年度下半期営業報告』、山陽鉄道会社、明治 37 年。

日本国有鉄道編『日本国有鉄道百年史』第 6 巻、日本国有鉄道、昭和 47 年。

山陽新聞社編『写真集岡山の鉄道』、山陽新聞社出版局、昭和 62 年。

『公文雑纂』、明治 26 年、第 22 巻、逓信省、国立公文書館蔵。

倉敷市史研究会編『新修倉敷市史』第 11 巻史料近代（上）。

「官報」第 3813 号、明治 29 年 3 月 18 日。

『公文雑纂』、明治 29 年、第 26 巻、逓信省、国立

公文書館蔵。

『公文雑纂』、明治 30 年、第 28 巻、逓信省、国立公文書館蔵。

「官報」第 4314 号、明治 30 年 11 月 16 日。

『公文雑纂』、明治 31 年、第 24 巻、逓信省 2、国立公文書館蔵。

倉敷の自然をまもる会編『児島風土記』、倉敷の自然をまもる会、昭和 57 年。

多和和彦『児島産業史の研究塩と繊維』児島の歴史第 1 巻、「児島の歴史」刊行会、昭和 34 年。

「官報」第 8219 号、明治 43 年 11 月 12 日。

改訂版茶屋町史刊行委員会編『改訂版茶屋町史』、改訂版茶屋町史刊行委員会、平成元年。

大正 2 年 5 月 5 日月曜日付「山陽新報」。

鐵道院米子建設事務所編『山陰線建設概要』、鐵道院米子建設事務所、明治 45 年。

大正 4 年 8 月 11 日水曜日付「中國民報」。

『鐵道院文書第 10 門私設鐵道及軌道三輕便鐵道三蟠輕便鐵道巻一自大正二年至大正五年』、国立公文書館蔵。

「官報」第 319 号、大正 2 年 8 月 21 日。

大正 3 年 2 月 2 日月曜日付「山陽新報」。

大正 3 年 2 月 5 日木曜日付「山陽新報」。

大正 4 年 8 月 11 日水曜日付「中國民報」5 頁。

大正 4 年 8 月 11 日水曜日付「山陽新報」別冊。

大正 4 年 7 月 29 日木曜日付「山陽新報」。

大正 4 年 8 月 12 日木曜日付「山陽新報」。

岡山電気軌道株式会社編『おかでん七十年の歩み』、毎日写真ニュースサービス社、昭和 55 年。

『岡山電気軌道（運輸省）』2、岡山県立記録資料館蔵。

岡山県教育庁文化財課編『岡山県の近代化遺産－岡山県近代化遺産総合調査報告書』、岡山県文化財保護協会、平成 17 年。

大正 6 年 9 月 6 日木曜日付「山陽新報」。

大正 7 年 3 月 27 日水曜日付「山陽新報」。

大正 7 年年 6 月 23 日日曜日付「山陽新報」。

『鐵道院文書第 1 門監督第 一種二地方イ免許輕便鐵道三蟠鐵道（元三蟠輕便鐵道）自大正六年至大正十二年』、国立公文書館蔵。

『運輸省公文書（国立公文書館）』、岡山県立記録資料館所蔵複製。

大正 14 年 1 月 11 日日曜日付「山陽新報」夕刊。

大正 10 年 9 月 1 日木曜日付「山陽新報」。

大正 10 年 9 月 16 日金曜日付「山陽新報」。

大正 10 年 5 月 4 日水曜日付「山陽新報」。

大正 14 年 6 月 8 日月曜日付「山陽新報。

大正 14 年 1 月 30 日金曜日付「山陽新報」。

大正 14 年 4 月 9 日木曜日付「山陽新報」。

岡山臨港鉄道編『創業 30 周年記念岡山臨港鉄道の生立と 30 年のあゆみ』、岡山臨港鉄道、昭和 57 年。

日本鉄道建設業協会編『日本鉄道請負業史』大正・昭和（前期）篇、日本鉄道建設業協会、昭和 53 年

『運輸省公文書（国立公文書館)』、岡山県立記録資料館所蔵複製資料。

昭和 2 年 4 月 17 日日曜日付「山陽新報」。

昭和 5 年 2 月 1 日土曜日付「山陽新報」。

岡山県史編纂委員会編『岡山県史』第 11 巻近代 II、岡山県、昭和 62 年。

昭和 4 年 5 月 8 日水曜日付「山陽新報」。

昭和 3 年 9 月 16 日日曜日付「山陽新報」。

昭和 4 年 12 月 5 日木曜日付「山陽新報」。

昭和 5 年 2 月 8 日土曜日付「山陽新報」。

昭和 6 年 3 月 20 日火曜日付「山陽新報」。

昭和 6 年 3 月 1 日日曜日付「山陽新報」。

小野芳朗、興津洋佑「戦前期の岡山市都市計画街路の形成」、『日本建築学会計画系論文集』第 76 巻第 667 号、日本建築学会、平成 23 年。

「官報」第 1391 号、昭和 6 年 8 月 18 日。

2章

三蟠鉄道研究会の活動記録

内田武宏

三蟠軽便鉄道を生んだ土壌と
歴史的背景

古代吉備の国の由来

　古墳時代の、児島がまだ島だった頃は、岡山県南には、穴海と呼ばれる大海が存在し、現在の平井地区は海岸線で、当時は古くから荒野庄と言われた地域だった。また、当時、瀬戸内海航路の本流は、児島の北側であり、潮の満ち引きをうまく利用して、帆船が行き交ったようだ。今の岡山市街地のほとんどは、当時海であり、大地震が起きれば、どこで液状化現象が起きても不思議ではない。

　児島は古くから多数の渡来人が来て土着、穴海を利用して、沿岸部に上陸、今の日本らしい文化の源を作ったといわれている。特に東児島には、秦一族の住居跡といわれる場所もあり、吉備の国の中心だったといわれている。

吉備の国の先進性

　ここで過去を紐解き黄蕨の国の先進性について振り返ってみたい。三蟠軽便鉄道が開通できた背景、そして鉄道沿線・周辺地域とはいったいどんな地域だったのか。明治43年6月12日宇野線開通に伴い、それまで岡山市の表玄関とされていた三蟠港は、宇野港にその地位を奪われ、上道郡内の住民、特に旭川東岸住民は危機感を増すことになった。

　富国強兵を標榜した明治に、鉄道は重要なインフラであり、国の産業振興施策の一環として明治43年8月3日施行された、軽便鉄道法と続く軽便鉄道補助法が制定され、軽便鉄道敷設への気運が急速に高まった。上道郡内では平素郡内の各村長が定期的に郡役所に集い、コミュニケーションをとる場があり、沿線、周辺の村長たちが発起人となり、大正3年2月1日三蟠軽便鉄道株式会社を設立した。国が民間鉄道を奨励したことで、全国的に鉄道敷設の機運が高まったとはいえ、三蟠軽便鉄道が驚異的なスピードで開業にこぎつけたことを説明しきれるものではない。住民たちがいかにこの地を誇りに想い、鉄道敷設に向け、連帯して立ち上がったからに他ならない。この恵まれた土壌と文化が根付いた歴史を紐解いてみたい。岡山県南には古代吉備の国の中心地、古くから卓越した人物がたびたび登場している。

神武天皇が立ち寄ったとされる高嶋

　昭和15年の皇紀2600年に建立した記念碑が高嶋の正面、港の桟橋を越えると大きく聳えているのが目に付く。今の三蟠沖には、神武天皇が東征の際、しばらくこの地にとどまったといわれる高嶋がある。時の文部省は、この島こそ、『古事記』『日本書紀』で紹介されている高嶋である。違いないとして、建立した碑の前での記念写真が残されている。

　現在でも吉備の国の名前の由来となった、

古墳時代前半の推定海岸線（徳田仁司氏提供の図）

黄色の蕨＝「キビ」の群生地があり、秦一族の磐座信仰の象徴ともいうべき、大きな磐座も残されている。

高嶋に石碑を建立したときの記念写真

沖新田の開墾で培った新田魂

　江戸期にはいり、食糧難と財政難の問題を抱えていた岡山藩は、池田光政、綱政二代に仕えていた津田永忠に打開するための対策として沖新田の開墾を命じた。血のに

じむような苦労の末、約12キロメートルの堤防を6カ月で完成、約1,900ヘクタールの新田開発を実現させるなどし数々の偉業を成し遂げた。

　綱政は三蟠港を重用し、この地を近江八景にも劣らないとして、優れた景勝地を河口八景（旭川河口付近から児島湾にかけての風景）として詠んだ。備前八景とも呼ばれ、自ら和歌をしたためた。綱政家臣の著した『備前名所記』に残されている。

　三蟠の河口風景は帆船が行き交う景色があり、当時の繁栄ぶりがうかがわれる。

　備前岡山藩では、常に全国に先駆けた先進的な動きがあった。倉安川の吉井川入口には今も残る、閘門式運河の史跡は有名である。倉安川は、吉井川の水の取入れ口から、旭川の水の取入れ口まで、20キロメートルほどの運河・灌漑用水路といわれているが、旭川からの倉安川の源流は池田藩主初代二代の菩提寺、国清寺近くであり、水の取り入れ口は現在でも樋門として残っている。

　近年元の倉安川は花畑地内では蓋掛けされていて、道路として利用されているため、川としては見えない。さらに後になって、

樋門のさらに下手に水の取り入れ口を設け、旭川の土手下の河原に新たな水路をつくり、蓋掛けしているので、上からは見えないものの、旭川の水を通し桜橋の下手で湧きだすように改修されている。田植え時期には岡山県庁下手に人が歩ける大きな堰を設けて東中島から東側に水流を誘導している。

　明治18年明治天皇が産業振興視察のため中国地方を行幸の折には、三蟠港に上陸されて、当時の旭川東岸の土手を二頭立ての馬車で後楽園まで進まれたが、そのときの様子を描いた屏風絵が岡山市立中央図書館にある。三蟠地区の住民たちは、この地を誇りに思い団結し、開拓者精神が根付いていた。この地を後に三蟠軽便鉄道が走ることになろうとは、予測できなかったであろう。

三蟠の名前の由来

　始発駅といわれた三蟠の名前の由来を考えてみた。

　後に明治6年に沖新田九番は九蟠村に、また、明治22年には沖新田三番は三蟠村となり、その二つに虫篇が付いているは何故か不思議だ。虫篇を付けた理由として次のような説があるようだ。

　①「わたしたちのふるさと九蟠」によると、池田家の菩提寺である曹源寺の裏山から干拓の状況を見たとき、各工区の作業小屋のカンテラに虫が止まっているように見えたという言い伝えがあると書かれている。広辞苑によると「蟠」は広大な土地を意味するようだ。

　②「上道郡沖新田」では、「三蟠・九蟠の蟠は明治に入って地名表示の上で「番」

では支障をきたすことから、「わだかまる」の意味を持つこの字が充てられた。三番、九番が幕末以降、湊を中心とした対外的な拠点として展開する中で、「バン」の音を残したのだろう。蟠（わだかま）るの意味は蛇などが蟠局（とぐろ）を巻くことや、くねりながら曲がることの意味があり、漢字の成り立ちから虫偏は蛇などを意味しているので、その説は理解できる。三蟠港の「蟠」は勢いを持つ意味でつけられたと思いたい。

商号を三蟠軽便鉄道とした経緯

　この鉄道は岡山市街地から三蟠港を結ぶ軽便鉄道として計画され、大正2年7月10日、当時の内閣総理大臣伯爵・山本権兵衛に対して、岡山軽便鉄道の名前で敷設免許願いを提出していた。この時の終点駅は三蟠駅であった。これを受けて大正3年2月1日岡山軽便鉄道として敷設免許が下付された経緯がある。しかしながら岡山市街地まで一挙に敷設工事を進めることはできないと判断したのか、直後の同年3月6日重役会議で、名称を「三蟠軽便鉄道株式会社」と変更することを決定した。初代社長藤原譲太郎は大正3年10月16日付の「残区間工事中止の件」を当時の岡山県知事を通じて、商号変更を含めて、内閣総理大臣伯爵・大隈重信宛に変更申請して、承認された。

　まず開通できたのは三蟠－桜橋間であったことから桜橋駅が始発駅とされた。しかし営業主体は岡山瓦斯株式会社や鐘渕紡績株式会社の岡山工場へ石炭を運ぶことだった。また三蟠地区民をはじめ上道郡内では

通勤列車として利用する女工さんも多かった。

三蟠地区の住民たちは三蟠港が、かつて岡山の海の玄関口といわれていて、三蟠軽便鉄道の名は三蟠地区の住民たちに受け入れ易かった。やがて鉄道沿線住民たちは、

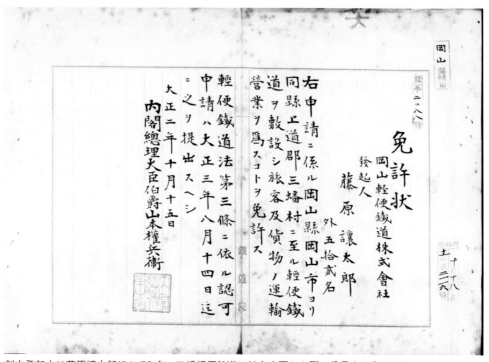

創立発起人は藤原譲太郎ほか52名。三蟠軽便鉄道に社名変更した際、役員を8名とした

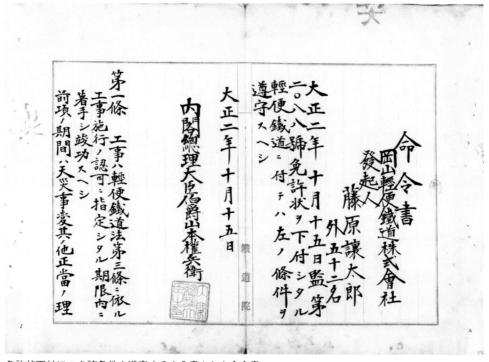

免許状下付につき諸条件を遵守するよう書かれた命令書

この地に誇りを持っていたことから三蟠駅を始発駅と考えるようになった。

沖新田東西之図

　三蟠鉄道の初代社長藤原譲太郎・三代目社長藤原知道を生んだ藤原家は旧上道郡藤崎村（江戸時代の沖新田三番、現在の中区藤崎）で大庄屋を務めた豪農であり、藤原家に伝わった約1,000点の古文書を昭和31年10月に岡山市立中央図書館へ寄贈された。藤原家が所蔵していた「沖新田東西之図」は岡山市指定重要文化財となっている。

「沖新田東西之図」（岡山市指定重要文化財）岡山市立中央図書館所蔵

世界で最初に空を飛んだ鳥人幸吉

　浮田氏は戦国大名だった宇喜多一族の末裔で浮田を名乗り、現在の玉野市八浜に生まれ、表具師として活躍。空を飛ぶ鳥に興味を持ち、翼をつければ人間も鳥と同じように空を飛べるはずだと表具師の技術を応用して竹の骨組みに紙と柿渋を塗って強度を持たせた翼を制作した。

　1785年の夏、旭川にかかる京橋の欄干からとび上がり、風に乗って数メートル滑空したといわれる。河原で夕涼みしていた町民は大騒ぎとなり、即座に岡山藩士によって取り押さえられ、時の池田治政は町民を

騒がせた罪をもって岡山所払いとなった。

　幸吉は全国各地を転々と移動して、静岡県で行き倒れになったともいわれる。また、晩年には再び空を飛んで見せ騒乱の廉で死罪になったともいわれる。後に航空業界が業界の先駆者探しをした結果、静岡県に幸吉の墓が見つかり、八浜にも分骨したとか。後に平成9年旧岡山藩主池田家当主・池田隆政氏によって、幸吉の所払いが許された。

京橋近くの河畔に祭られている幸吉の碑

幸吉が飛んだ時に使ったとされる翼のレプリカ（鳥人幸吉保存会）

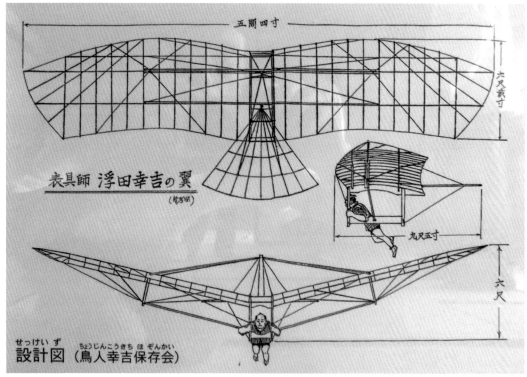

八浜記念館に展示されていた浮田幸吉が使った設計図（鳥人幸吉保存会）

山羽虎夫が日本初の自動車製作

　当時上道郡だった三蟠の資産家・森房造が発注し1904年岡山市天瀬で機械工業を営む山羽虎夫は、日本で最初の自動車を製造したとされている。森房造は前年に大阪で開催された第五回内国勧業博覧会で送迎バスとして運行された蒸気バスなどを見学

し、これに触発された房吉は友人の楠健太郎氏と共に、山羽氏に発注したのが日本で最初の純国産自動車だとされている。後に山羽式蒸気バスと言われるが、走行には成功したものの、天瀬から三蟠へ向かう途中、橋にかかる手前でゴムタイヤが未舗装の道路に耐えられないことが発覚し、実用化には至らなかった。

三蟠では見物客が騒ぎ、当時醤油醸造業者だった資産家の北村氏が（客寄せに）買い取ったという。当時の車体は解体されて現存しないものの、愛知県のトヨタ博物館にレプリカが展示されている。山羽式蒸気自動車は、蒸気は木炭で発した蒸気だと思える。

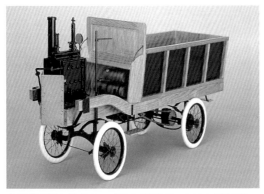

山羽式蒸気自動車のレプリカ（提供元：トヨタ博物館）

三蟠まで走った後の記念写真（三蟠村誌引用）

三蟠軽便鉄道の実相 ………………………………

三蟠鉄道株式会社の概要

　会社を設立したのは、大正3年2月1日であり、商業登記簿等にその経緯を以下の通り確認できる。

　本社：岡山市大字小橋町167番地

　商号：三蟠軽便鐵道株式会社

　営業目的：軽便鉄道を敷設し一般旅客貨物の運輸並びに附帯事業として桟橋業築港及び娯楽機関の設備兼営

　資本の総額18万円

　広告を為す方法：所轄区裁判所の商業登記を広告する新聞紙に掲載す

明治43年	岡山市の土屋峰吉氏が岡山市街と三蟠港を結ぶ岡山軽便鐵道を計画する
大正2年7月10日	土屋峰吉の三蟠港間鉄道計画を引き継いだのは藤原譲太郎ほか創立発起人13名で「岡山軽便鉄道敷設免許願」を提出
大正2年10月15日	三蟠軽便鉄道敷設許可を受け発起人総会で創立委員長藤原譲太郎選任
大正3年2月1日	会社創立、本社岡山市大字小橋町167番地。資本金18万円（払い込み97,560円） 岡山軽便鉄道に軽便免許下付され、資本金は18万円
大正3年2月3日	重役会議で藤原譲太郎が社長に選任された
大正3年3月6日	「岡山軽便鉄道株式会社」を「三蟠軽便鉄道株式会社」に改称承認
大正3年6月10日	三蟠－桜橋間の工事施工許可
大正3年12月7日	起工式。式典は宮道停車場の敷地内で実施された
大正4年1月	橋梁工事を始める
大正4年7月	鉄道線路工事竣工（土工4,000坪、橋梁23カ所、停車場は桜橋・宮道・三蟠の3カ所、建物89坪）
大正4年8月11日	三蟠から桜橋までが開通。開通記念式典は高嶋で執り行った
大正12年2月5日	湊－網浜（新設）－国清寺間開通。同時に桜橋駅廃止
	本社を岡山市門田屋敷8番地に移転 三蟠駅舎を国清寺駅舎に移設 桜橋駅舎を三蟠駅舎に移設
大正12年3月31日	「三蟠軽便鉄道」から「三蟠鉄道」改称承認
大正12年4月9日	三蟠鉄道株式会社に社名変更登記
大正13年	三蟠鉄道13号となるコッペルを増備
昭和6年5月	都市改造計画で路線の立退き契約書を岡山市と交わす
昭和6年6月15日	突然運行中止
昭和6年6月28日	三蟠鉄道株式会社営業廃止許可
昭和6年6月30日	営業廃止

営業廃止後の業務継承

昭和6年7月1日	三蟠乗合自動車㈱創立、バス営業に代替。市内栄町を起点とし、一日22便、運転開始
昭和10年10月	岡山バス株式会社設立、三蟠自動車に合併
昭和11年3月	両備バス株式会社設立
昭和29年5月	両備バスが岡山バスを合併

本店移転推移

大正3年2月1日	設立時 岡山市小橋町167番地	
大正5年1月13日	上道郡三蟠村江並堤塘第壹号地	
大正12年1月13日	岡山市門田屋敷8番地	
昭和7年8月8日	会社清算業務 岡山市内山下41番地	

資本金変遷

大正3年2月1日	18万円
大正5年12月2日	16万円（臨時株主総会大正5年9月24日）
大正13年6月13日	20万円

　三蟠軽便鉄道（「日本の軽便鉄道」にみる軽便鉄道要覧抜粋）

敷設の状況 （引用：日本の軽便鉄道）

軌間	762ミリ
動力	蒸気（昭和2年6月3日以降内燃動力併用に）
車両	機関車3両、客車6両、貨車9両
区間	桜橋－三蟠　6.1キロ　大正4年8月11日 国清寺－桜橋間　1.1キロ 大正12年2月5日

取締役の氏名住所

　上道郡三蟠村大字藤崎185番地
　　藤原譲太郎
　上道郡操陽村大字倉富11番地
　　佐藤槌太郎
　上道郡平井村大字湊1046番地
　　妹尾文七郎
　上道郡幡多村大字高屋246番地
　　長汐鐵太郎
　岡山市大字小橋町167番地
　　福田常次郎
　岡山市大字上西川町190番地
　　玉島謹
　児島郡八浜町大字八浜983番地
　　藤原元太郎
　会社を代表すべき取締役
　　藤原譲太郎

監査役の氏名住所

　岡山市大字紙屋町68番地
　　穂崎八郎兵衛
　上道郡三蟠村大字藤崎641番地
　　八田大三郎
　上道郡三蟠村大字江崎873番地
　　齋藤傳三郎
　大正4年3月3日取締役福田常次郎取締役を辞任。
　大正4年4月1日取締役玉島謹取締役を辞任。
　大正4年10月1日監査役穂崎八郎兵衛監査役を辞任。

開通に至った経緯

　大正4年8月11日三蟠軽便鉄道は、地域住民の大きな期待と夢を背負って、ついに開通することができた。

　三蟠軽便鉄道三蟠駅から桜橋駅までが開通した。当時の地方紙山陽新報と中国民報はトップページで開通を大きく報じている。

　山陽新報は三蟠軽鉄開通記念号として、大きく取り上げ、当日三蟠鉄道開通記念式典が児島湾上に浮かぶ高嶋の高嶋神社で、盛大に開催されたことや、沿線の勝地を具体的かつ詳細に紹介している。（資料編325頁参照）

　中国民報も、開通に至る経緯や将来の展望について、大きく取り上げており、概略以下の通り、開通までの経緯が記事に残されている。

　大正2年7月鉄道敷設の出願を為した。三蟠から網浜に至る四哩四鎖の距離である。（哩はマイルで約1609.344m）建設費は

約14万5,000円、発起人となったのは藤原譲太郎、齋藤傳三郎、妹尾文七郎、八田大三郎、石原富次郎外数名だった。

大正2年10月15日付にて鉄道敷設認可を得る。

大正3年2月会社設立と同時に線路の実測に着手した。大正3年6月工事施工の認可を得て、直ちに用地買収に着手した、主任技術者は石川鐵太郎氏、工事を請け負ったのは石原富次郎であった。

大正3年12月7日起工式を挙げて、直ちに土工、伏樋工事に着手した。

土工数量は約4,000立坪、橋梁は大小23カ所、停車場は三蟠、宮道、網浜の三カ所で停車場建物は89坪であった。

大正4年6月初旬軌條の敷設に着手し同7月下旬全部竣了した。その後、砂利撒布及び材料運搬を為し、大正4年8月1日線路は全部開通したが、諸準備のため大正4年8月11日開業となった。最初の予定では5月上旬の開通を目論んだものの、天候その他の事情もありこの日の開業となったものである。

旅客運賃は始発駅から終点まで全線乗車すると、一般的な3等車では11銭であり、別に通行税1銭であった。2等車の場合5割増、そして通行税は2銭であった。

鐵道院監察局に営業開始の報告

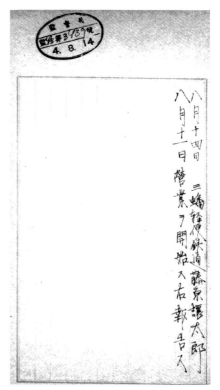

電報送達紙。大正4年8月11日に運輸開始を報告

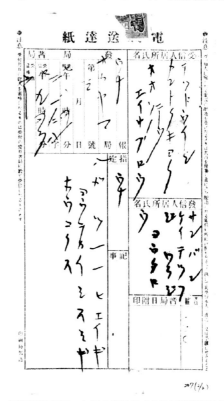

鐵道院監督局。大正4年8月14日に運輸開始届受領

上道郡図から見える鉄道沿線の古い地図

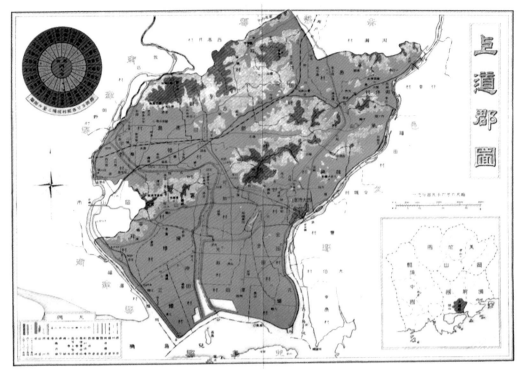

上道郡図より赤丸は各村役場の位置

「上道郡図」より（赤丸は郡内の村役場、赤線は鉄道路線）

赤線が線路を示す。後に国清寺駅まで延伸

上道郡図に見る路線図

　上道郡は現在の岡山市中区から東区に跨る広い区域だったが、呼び込む客はさらに児島湾を挟んで対岸の東児島にも及んでいた。そのため、三蟠軽便鉄道が兼営する渡し舟が対岸まで、通し切符で繋がっていた。

創業に至った背景

　明治43年6月12日宇野線開通に伴い、それまで岡山県の表玄関とされてきた三蟠港は、宇野港にその地位を奪われ、上道郡内の住民、特に旭川東岸住民は危機感を増すことになった。

　明治43年8月3日施行された軽便鉄道法と、続く軽便鉄道補助法により、国は民間鉄道を奨励することとなり、軽便鉄道敷設への機運が急速に高まった。上道郡内で

は平素郡内の各村長が定期的に郡役所に集い、コミュニケーションをとる場があり、沿線、周辺の村長たちが発起人となり、大正3年2月三蟠軽便鉄道を設立した。

　地域住民はこの地に誇りを持っていたため、開拓者精神と常に先覚的な取り組みをしてきた地域住民にとって、そのプライドを掛けての大事業を強い結束力と行動力を持って、驚異的なスピードで開業にこぎつけたのである。

三蟠ー桜橋間が開通

　開業当日、山陽新報・中国民報がトップニュースで報道し、住民がいかに期待と夢を持って、大正4年8月11日開通の日を待ったかがうかがえる。開業当初は三蟠駅を始発とし北上する路線で、濱中、宮道、

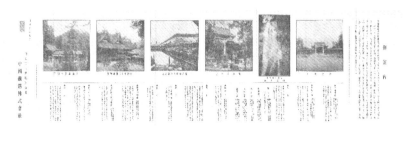

鳥瞰図に見る鉄道沿線と名勝地。図は三蟠鉄道と西大寺鉄道

平井（後に下平井駅と改称）、上屋敷（後に上平井駅と改称）、湊、桜橋が終点だった。後に大正12年、桜橋駅を廃して、手前で分岐し、網浜駅を新設、終点国清寺に至るルートになった。

開業当時の鉄道沿線の景色

　三蟠鉄道は開業当時、三蟠から桜橋まで約6キロあまりを7つの駅で結んでいた。貨物は主に三蟠港で陸揚げされた石炭を当時岡山瓦斯や鐘淵紡績岡山工場へ搬送するのが目的であり、八浜その他、近郊の魚類、海産物もあった。客車は女工さんなど通勤客が主流だったが、次第に観光客やつり客にも人気の的となった。

　鉄道の路線は、ほぼ全域のどかな田園地帯を通り、車窓からは、かつて池田藩主が詠んだ備前八景の和歌にある景色が全て眺望でき、時速20キロ程度とはいえ、当時は沿線住民に祝福されながら颯爽と駆け抜けたことだろう。

　「三蟠鐵道」も「西大寺鐵道」も絵図は金子常光と中田甚吉二人の合作。

　岡山県内の鉄道は当時、鳥瞰図を含む沿線の名所を紹介している。顧客に広く公報し、裏面の鉄道案内は、現在の手帳程度にコンパクトな折りたたみ式になっていた。

　この「鐵道沿線」を含む沿線案内の鳥観図は、ほとんどが大正末期で、かつ金子常光・中田甚吉の合作になっている。二人の師匠は当時、大正の安藤広重と称えられていた吉田初三郎で、大正末期には、全国的に「鐵道案内」が流行している。

	発行日	鳥瞰絵図作成者
三蟠鐵道	大正13年11月25日	金子常光・中田甚吉の合作
西大寺鐵道	大正13年10月10日	金子常光・中田甚吉の合作
片上鐵道	大正13年10月20日	金子常光・中田甚吉の合作
井笠鉄道	大正13年11月25日	金子常光・中田甚吉の合作
下津井鐵道	昭和3年9月28日	中田冨仙　甚吉と同一人物
中国鐵道	昭和2年7月	（絵図に記載なく不明）

中国鐵道は現在のJR津山線で、後に吉備線となる路線も経営した。

池田綱政の詠んだ備前八景

　池田藩主綱政公は、自らが指示して作らせた沖新田から見る景色は「琵琶湖の近江八景にも劣らない」として、備前八景を詠んでいる。

◎網濱夕照	夕つく日名残も遠くうつろふは塩や引くらん網の浜辺に
◎湊村清嵐	あまの住む里の外面にほす網をあへず吹きまく嵐はげしも
◎平井落雁	一つ羅は雲の絶間に見ゑ初めて平井の濱に落つる雁金
◎濱野夜雨	舟かけていく夜かなれぬ雨の中にうきねの枕苫のしづくに
◎常山暮雪	夕されば汐風までも寒くして尚常山にふれる白雪
◎上寺晩鐘	海越すのひらきやいつこ夕風の便を傳ふ入相の鐘
◎高嶋秋月	月はなほ松の梢に高嶋の波の玉にも影を宿して
◎北浦歸帆	追風にかへる浦和の漁り船けふのしわさのかひもあれはや

岡山県内の鉄道鳥瞰図表紙

三蟠鉄道沿線案内

西大寺鉄道沿線案内

片上鉄道沿線案内

井笠鉄道沿線案内

下津井鉄道名所図絵

中国鉄道沿線案内

三蟠鐵道沿線案内

國清寺驛　【起　點】
楼上に本社あり

【國清寺】驛前の道を隔てゝ西方にあり、舊藩主池田氏累世の香華院なり、臨濟宗妙心寺派の巨刹にして、境内の清泰院にある芋石塔は、其雄大なることと日本全國其比を見ずと云ふ

【東山公園】驛より東三丁、園内に岡山名士の石碑數基處々に散在せり、仰いで碑文を讀めば、市内に文人傑士少なからざりしを想見すべく、其東の縣社玉井宮には、神武天皇の母后玉依姫命を奉祀し、傍ら東照宮を併祀す

【奥市公園】驛より東六丁、園内に招魂社あり、其の山上の三敷神社には和気清麿、兒島高徳、楠正行の三霊を合祀せり（茲に小楠公を祀れるは池田氏其末裔なるに因る）

【五百羅漢】驛より東北八丁、少林寺境内にあり、羅漢の木像何れも稀代の名作にして優に國寶の烈に入るに足る

【第六高等学校】驛より北五丁、古京町を東へ入る一丁にあり、文部省の直轄にして規模宏大なり、生徒の成績全國高等學校中優秀の地位を占む、校内の運動場にては、中國四國の學生妻々來會して競技を演ず

網濱驛　【起点より　零哩五分】

【芭蕉天神】驛より東八丁、安産と學芸上達祈願の為賽者常に多し

【備前八景】池田綱政公旭川の沿岸及其遠望の勝地なれば、備前八景を選みて、掲げてこの案内の栞とせん、顧みて往事を追懐するも亦一興ならん、網濱は其八景の一なり

◎網濱夕照　夕附日なごりも遠くうつらふは汐や引くらん網の濱邊に

湊　驛　【基点より　一哩】

太古は此邊を吉備の穴の海と稱し、海岸に沿ひて航海せり、神功皇后征韓の時御船を繋がせ春の湊と命名し給ひしを、後世春を省きて単に湊と唱へしなり、湊も八景の一なり

◎湊村清嵐　あまの住む里の外面にほす網をあへず吹きまく風はげしも

平　井　驛　【基点より　一哩五分】

驛より南東三丁、境内に蜿蜒と蟠まれる老松あり、鴻儒西薇山命名して常山蛇勢松と云ふ、平井も八景の一なり

◎平井落雁　一つ羅は雲の絶間に見え初めて平井の濱に落つる雁金

下平井驛　【基点より　二哩一分】

驛より宮道驛に至る卑窓より西南に、法華寺の一宇老松と共に旭河畔に孤立せる赤捨て離き一景なり、是れ八景の一たる所以

◎濱野夜雨　舟かけていく夜かなれぬ雨の中にうきねの枕苫のしずくに

宮道驛　【基点より　二哩七分】

【縣社沖田神社】驛より東二十五丁、沖新田六箇村の鎮守にして、社殿荘厳自ら崇敬の念を生ぜしむ

【道通宮】沖田神社の傍らにあり、靈驗いやちこにして岡山市より賽者常に絶えず

【海水浴場】驛より西二丁、旭川の淺洲にあり、水底一帯砂白く水清く、婦人小児の水浴するに最も好適場なり

【住吉神社】驛より西八丁、對岸の福島にあり、泉州境の住吉に倣ひて、境内の池に鼓橋を架せり

【濱中驛】（基点より三哩六分）

【沙魚（釣）】驛より西一丁、旭川の河口に於て、春夏秋に亘りて、沙魚釣りの遊客多し

三蟠驛

（基点より四哩五分）

【三蟠港】明治天皇山陽御巡幸の際御上陸の港にして、汽車の發着毎に對岸の飽浦へ旅客貨物の輸送に往復する發動機船あり、又毎日西は八濱方面へ三回、東は小串及び番田方面へ二回連絡する發動機船あり、其他毎日一回香川縣の高松市及び小豆島の土ノ庄へ通ふ汽船と、牛窓方面へ往復する發動機船あり

【高島公園】近來岡山市直屬の公園となり、荒草を墾きて道路を通し、海水浴場、運動場、賣店等の設備あり、島に三小丘あり各々數奇を凝らしたる亭を建て、溪間に櫻楓を植込みて春秋の風致を添へり、羊腸の道を逍遙しつゝ、或はベンチに踞し、或は亭に憩ひて、兒島灣上を見渡せば、釣魚、投網、流網、四手網等指呼の間に見えて風光絶佳なり、高島も八景の一なり

【高島秋月】月はなほ松の梢に高島の玉にも影を宿して

【高島神社】神武天皇を奉祀せり、天皇御東征の時この島に行宮を造りせ給ひしなり（日本紀に乙卯の年三月六日天皇吉備の國に入り行宮を造り居給ふこと三とせ之を高島の宮と云ふとあり）天皇日向に坐します時も、鳥居を宮崎の一小嶼を選みしものならん、又向ひの兒島に宮浦と云ふところあり、宮の宇行宮に因みしなり、附近の古墳に考古の資となるもの多し

【汐干狩】附近の干潟にて、汐干狩をなせば蛤、灰貝、馬刀貝等をあさるべく、殊に馬刀貝等をあさるは顔る興味あり

【四季眺望】北の丘に登り停り海を隔てゝ、池田芳烈公の開墾になりたる上道新田を眺めは、春は田面花氈を敷くが如く、夏は青田清風に靡き、秋は金風熟稻を吹きて黄波に麾り、冬は雪景堤防に繁茂せる並木の松に積りて、一段の趣きあり眞に塵外の仙境なり、又東北に邑久の上寺を望む、上寺も八景の一なり

◎上寺晩鐘 海越すのひらきやいつ夕風の鐘

【稲荷神社】驛の對岸飽浦へ上陸し右方南三丁にあり、岡山市及び近郷よ〔り〕

り縁日に參拝する賽客多し、稲荷より西五丁にして漁村あり北浦と云ふ、北浦も八景の一なり

◎北浦歸帆、追風にかへる浦和の漁り船けふのしわさのかひもあれはや

【筆善寺】妙心寺派の禅寺なり、建武の昔兒島高德の建立なりと云ひ傳ふ、境内の庭園は金甲山を背景に、兒島灣に臨みて山水の美を盡せり、寺内に高德の肖像を藏せり

【金甲山】兒島灣の高峰なり、近來岡山市より學生登山して四方を眺め、或は山上に止宿して高山生活を試みるものあり、山上より瀬戸内海を展望すれば、數多の島嶼點々碁布し、其間を船の島隠れゆく風景は筆紙に盡し難し、外人が見て世界の公園なりと言ひしも宜なるかな、三蟠まで來遊の旅客は、必ず金甲山に登山せらるべし、尚遥かに南を望めば讃岐の五劍山、源平の古戦場たる屋島の奇勝、目睫の間にあり

【八濱町】兒島郡東部の要衝に位し、商業殷なる市街なり、西聯絡船の寄港地にして、宇野線八濱驛に聯絡す

【快神社】町の産土の神にして、舊藩主池田氏の崇敬篤く、維新前は秩禄を受領す、社殿壯嚴なり

【金剛寺】郡中三居刹の一にて眞言宗醍醐派の大寺なり

大正十三年十一月二十日印刷
大正十三年十一月二十五日發行

著作權者
兼發行者　　岡山市門田屋敷町八番地
　　　　　　三蟠鐵道株式會社
　　　　　　　　　　　吉田　茂

發行所　　　岡山市門田屋敷町八番地
　　　　　　三蟠鐵道株式會社

印刷者　　　大阪市東區今橋四丁目六番地
　　　　　　日本名所圖繪社
　　　　　　　　　　　小山　吉三

印刷所　　　大阪市東區今橋四丁目六番地
　　　　　　日本名所圖繪社

引割体團												
學生團體							普通團體					
三百人以上	二百人以上	二百人未満	百人以上	百人未満	五十人以上	五十人未満	三百人以上	二百人未満	二百人以上	百人以上	五十人以上	五十人未満
六割	五割	四割	二割	五分	二割		五割	四割	三割	二割	五分	一割

高松方面								
香川縣	高松方面	毎日	正午出発	犬島	土ノ庄	池田	下村	高松

牛窓方面							
牛窓方面	水門	久々井	寶傳	子父雁	西脇	鹿忍	牛窓

東児島沿岸

地名	海浬	経過時間
飽浦	一浬	十分
北浦	一浬半	二十分
郡浦	二浬	二十分
八濱	四浬	三十分
高島・宮浦	一浬半	二十分
阿津	二浬	三十分
小串	三浬	四十分
番田	四浬半	一時十分

かつての駅と周辺の景色

鉄道路線跡案内 RSK 記者に同行

左から記者、平田釣具店店長（三蟠駅駅長のご子孫）、三蟠鉄道研究会の内田会長

三蟠鉄道研究会の内田会長宅で合唱

立ち寄った平井の和食店「とれとれ」で

浜中・下平井間の路線を案内

高嶋の波止場

　大正4年8月11日この島で三蟠軽便鉄道の開通記念式典が執り行われた。

　『古事記』では、神武天皇が東征の折、

しばらくこの地にとどまったとされる地である。

三蟠軽便鉄道の客車・貨車を製造した内田鉄工所の刻印が見える。

始発駅だった三蟠駅と周辺の景色

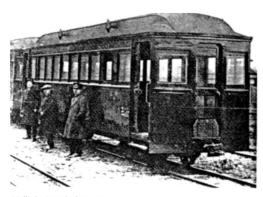

開業当時の客車ハ13、
左から吉田支配人、杉本技士長、平田駅長

旭川の土手側から見た三蟠駅駅舎

三蟠駅プラットホーム側の景色、機関車の煙が見える。

三蟠鉄道廃線後に一時期三蟠発電所ができていた。

発電所の上空からの写真

三蟠鉄道起点復元
平成6年5月18日

町おこしで看板設置

かつての三蟠駅前にある看板

三蟠鉄道の看板を設置したことを紹介する新聞記事
（山陽新聞平成7年3月5日）

明治天皇上陸記念碑

旭川河口部東岸の江並地区に明治18年8月、西日本を巡行中の明治天皇が岡山の地で第一歩を印したのが三蟠港であり、これを記念し、後に地元有志が三蟠聖跡保存会を結成し、記念碑を建立した。

碑文は当時枢密院副議長の平沼騏一郎氏の揮毫だった。

総高は約8.18メートル、碑高約5.91メートル、碑幅約2.42メートルの大きさで、現場に立つと圧倒される大きさである。現場は当時の岡山水上警察本署の跡地である。

碑文は漢文で書かれていて難解だが郷土史研究家の山崎泰二氏（桑野在住）が現代風に解読している。（以下の通り）

明治天皇の王政になり既に六州を巡幸され、各地の産業を視察し関係者を励まし、各地の先人の徳のある者を讃えておいでになり、天皇の御徳を国民すべてが感じ入るようになった。明治18年7月に山口・広島に行幸され、次いで8月4日廣島の宇品港を横浜号

にて出発し、春日・筑紫の軍艦が前後を護衛して岡山湾に入り、三蟠港にて上陸された。

陸軍少将能久親王や徳大寺侍従長・参議の伊藤博文がこれに従い、先の岡山藩主池田章政侯爵や千坂県令（今の県知事）らがお迎えした。当地の旅館小林家に休憩後、儀杖を整えた正装（2頭立ての馬車）にて後楽園に至る。当日は天気も良く海上（旭川河口部）では、歓迎の小舟900艘・陸路では数十万の県民が旭日の旗を振り花火を打ち上げ音楽での声援を贈る。高貴な天皇ではあるが実に簡素で実直な姿を拝して多くの国民は感動の涙で震えている。

翌日（6日）は県庁や裁判所、学校を視察され、行いの良い人物や80歳以上の者5300名が天皇から表彰された。また天皇の名代として能久親王には岡山病院に、そして徳大寺侍従長を閑谷校舎へ派遣された。

8月7日には専用の乗り物にて上道・邑久・和気三郡を巡行され、三石を経てお帰りになられた。今（昭和5年）から45年前の事ではあるが、県民がこぞって明治天皇を追慕し、この聖跡の三蟠に碑を建てて後世に顕彰するものである。明治天皇の巡幸は日本の国土全域を視察され、国民に親しく接していただいたことは、中世（後醍醐天皇の親政）以来、500年ものあいだ武家に政治の実権を欲しいままにされていたが、やっと王権が戻り、国の形が整い、益々国が盛り上がってきている。天子の恩徳が臣民の隅々まで照

明治天皇上陸地点の碑

り輝いて天皇の国民を思う気持ちは父子のごとく有難い。

この様に清楚で威儀正しいお姿は、古来中国の徳が栄えた時代と同じで、天皇の御旗は天を仰ぎ羽ばたき良いことが国中に広まっていく。瑞い輝きが国々に行き渡り国民は感涙して天子に従い益々発展する。この三蟠港は龍の足の蹄の謂れの地でもある。尊い天子の聖顔を拝して素晴らしいご恩が一杯で玉石のような厳かで大いなるものを仰ぐ。

かつての浜中駅周辺の景色

浜中は駅舎はなく、停留場だったこともあり、当時の画像は残されていない。

三蟠から浜中駅に向かう混合列車監査役の北村氏経営の山中醬油の看板が見える。

大正 10 年当時の画像

手前は旭川から見た三蟠始発駅

開通 100 周年記念事業で設置したはまなか駅駅名板

設置した浜中駅の看板

かつての宮道駅と周辺の景色

宮道駅に停車する三蟠鉄道の列車

かつての宮道駅の景色
－岡山日日新聞記事より抜粋－

雨の中を路線に群がる児童や保護者

当時の操南尋常小学校

操南尋常高等小学校と宮道駅

　明治期に誕生した尋常操南小学校が、大正14年、岡山県師範学校代用附属小学校となる。師範学校の最終学年となると実習と教生という教育実習期間があり、教生は3カ月間附属小学校のクラスの担任となって教壇に立つ。実習が終わり、つかの間の教え子であった小学生たちとの別れが、この宮道駅での光景である。線路の上で、実習学生を囲む小学生がいくつか見える。

　この画像を観て、三蟠軽便鉄道にとって宮道駅はとても重要なポイントであったと思われる。乗降客が多いのは、駅名が示す通り、沖田神社に通じる、参道が近くにあったこともあるが、一方で、旭川の河畔には三蟠軽便鉄道が直営の「宮道海水浴場」を開き、海水浴場客・貝拾い、釣り客などの呼び込みの拠点ともなっていたからである。

　したがって、駅舎やプラットホームも整備されていた。駅舎があったのは、始発駅の三蟠駅と宮道駅、桜橋駅そして後に始発駅となった国清寺駅だけで、その他の駅は駅というより、停留場であった。集客力が強く、三蟠鉄道が廃業後もこの位置は残され、「頓写講」が買い取り、ここに海水浴場にあった水野大明神の石碑や、赤い鳥居

が移設されている。

宮道駅の跡地に設置された宮道駅看板

宮道駅近くの宮道海水浴場

三蟠軽便鉄道が経営し飛び込み台や貸しボートも

　当時、宮道海水浴場沖で行われていた観光用水上飛行機の訓練

観光用水上飛行機

翼は木製。上下2枚の水上飛行機

宮道駅舎跡地にある水野大明神の碑

飛び立つ水上飛行機

かつての旧平井駅（後に下平井駅）

中央に見える電柱奥に駅があった

復元した宮道駅跡の駅名板

100周年記念事業で設置した宮道駅の看板

かつて海水浴場入り口にあった水野大明神の碑が赤い鳥居とともに安置されている。

正面の電柱の右手に白い塀が見えるが、そこを鉄道が横切っていた。そして、かつての平井駅があったが、現在民家とになって道路は行き止まりになっている。この道路はかつて、「駅前通り」と呼ばれ、手前約500メートルには道路脇に、かつて平井村役場があった。その場所は現在建物はなく、最近まで駐車場になっていた。

上道郡平井村が岡山市に編入

画像は前日まで平井村だった村役場前で昭和6年4月1日撮影されたもの

《画像提供：綾野价子氏》

三蟠軽便鉄道の取締役を務めた妹尾文七郎は長く村長を務められた。

元平井村役場の役職員、村会議員、常設委員たち

前列中央のネクタイ姿の男性が元村長妹尾文七郎、昨日まで役場職員、助役、村会議員、常設委員を務められた方たちだが、和服姿が多い中、背広姿も見られる。

かつての上屋敷駅（後に上平井駅）

駅舎はなかったが停留場跡には民家や納屋が建った

旧平井村役場の遠景

上平井停留場の跡に建った古民家の遠景

かつての湊駅周辺の景色

湊停留所があった位置は操山山系の西の鼻に聳える橋本幾治の墓所の前、現在の県道岡山玉野線の中央分離帯付近だった。停留場なので駅舎はないが、開通100周年記念事業で、平井元町町内会のごみステーション脇に駅名版が設置され復元されている。橋本氏の生家はかつて田町にある蓮昌寺の境内近くにあった豪邸だったといわれている。

一説には墓所の前に、橋本氏が自分の財力で停留場を誘致したといわれている。

尚、墓所の前には、橋本氏に雇われていた墓守が住まれていたが、現在専光寺になっている。祀られている墓所は長い階段の上に今もある。

橋本幾治の先祖の墓所

橋本家墓所に上がる長い階段

湊駅周辺のアバット跡倉安川と交差しており、県道旭東三蟠線敷設による改修で陸橋は崩された。

湊駅周辺の三蟠鉄道の陸橋跡（アバット跡）昭和48年

倉安川に架かる橋梁跡

倉安川鉄橋を下る蒸気機関車
舟が陸橋の下をくぐるところを、機関手が見ている

湊駅南の航空写真

中心部分倉安川が右下へとカーブしているのが見える。倉安川が折れ曲がった所を、三蟠軽便鉄道の路線跡がクロスして線路跡が伸びているのが、かすかに見える。折れ

旭東三蟠線の敷設工事の進む航空写真

曲がった部分通称産業道路が敷設されるため、すでに画像では左下へ向けて、線引きされた様子が確認できる。

かつての桜橋駅周辺の景色

開通当時の終点、桜橋駅付近停車中の混合列車、ガスタンクも見える。渡辺泰多氏提供

かつての網浜駅周辺

荒神社の左をかすめて網浜停車場へと延びていた

下の図には荒神社前にあった小さなアバットに蓋をした際の打ち釘の跡が今も残されている。

錆びた打ちアンカーボルトは歴史を感じる

前方右に僅かに見える荒神様から手前の方に線路は延びていたが、今ではなぜこんな場所にと思えるほど、かつての面影はない。

青い屋根の方向に線路は延びていた

下の画像の電信柱の右側付近を線路は北上していた。古老の記憶では、右手の方に、転車台があって、そこで遊んだ記憶があるそうだ。

かつての網浜駅、延伸で新設された網浜駅周辺の様子。電柱の右側をかすめて線路は北上していた。

かつて網浜駅のあった場所

延伸後に始点となった国清寺駅舎

国清寺駅舎は三蟠駅から移設した近代的な駅舎だった（岡山日日新聞の記事から）。

プラットフォーム側で機関車が見えている

日本勧業博覧会資料に見る交通アクセスと水族館

会期は昭和3年3月20日から5月18日。

会場は第一会場が練兵場、第二会場は東山公園、第三会場は鹿田駅跡であった。

練兵場は現在の運動公園であり、日韓併合の際は韓国軍との共同訓練の場所として活用された。東山公園は岡山電気軌道の車庫になっている。また、鹿田駅は現在の鹿田町に当時の宇野線の駅があったが、線路の付け替えで鹿田駅を廃して大元駅を新設して、西寄りのコースとなったことで、広い土地が空いた状態だった。

開催期間中は三蟠鉄道にとっては第二会場の東山公園へ見学に向かう乗客が、一時的には増えたようで、チラシなどでは帰りの交通アクセスの時刻表が組み込まれることで、顧客誘致には大きなメリットがあった。特に第二会場は途中から第一会場で展示された「水族館」が第二会場に移設され、竜宮城をイメージできる建物が大きな賑わいを見せた。

博覧会が終了すると、三蟠鉄道は岡山市から水族館を払い下げしてもらい、三蟠駅舎の南に移設した。しかし勝算ありとの見込みも結果は大失敗に終わった。三蟠鉄道にとって水族館経営はあまいものではなかった。魚は生き物で種類も多い。餌が大変、水温や清掃など水の管理も大変で、にわかに社員教育できる環境にはない。経営はますます苦しくなる一方だった。

博覧会案内の表紙

第二会場の配置図

竜宮城を模した水族館

博覧会、帰りの交通アクセス
三蟠鐵道　国清寺駅発　16便

山陽線上り

1.10	東　京	1.20	京　都
2.55	京　都	3.21	〃
4.14	〃	4.50	大　阪
5.42	東京 1,2等特急	5.25	東京 各等急行
6.07	〃 三等特急	6.53	〃 二三等急行
6.15	京　都	7.00	大　阪
7.46	大　阪	8.38	姫　路
8.45	京　都	11.25	京　都
10.27		11.50	
11.56	東　京		

山陽線下り

12.05	下關 一二特急	12.02	笠　岡
12.25	〃 三特急	1.32	下關 各急
1.33	〃	1.40	廣　島
3.06	〃	3.20	柳井津
5.07	備中川西關崎	4.36	糸崎關
5.20	下關崎	5.45	糸崎關
6.40	糸下	6.52	下關
8.16	下關國	8.00	下 〃
9.43	岩　島	9.50	
12.05	廣　島	11.05	鴨　方
11.54	下關(23特急)		

西大寺行 後樂園驛發

前6.50ヨリ
後6.05マデ
25分毎發車
後6.05ヨリ
8.03マデ
30分毎發車
9.02
10.10
11.00

宇野線

5.10	高　松
6.55	宇　野
8.20	高　松
9.51	宇　野
12.00	高　松
1.40	〃
3.30	宇　野
4.52	高　松
7.05	
9.55	宇　野

中口線　津山行

5.07
7.47
10.40
1.42
5.00
7.57

西總社行

6.18	西總社	1.40	西總社
7.35	〃	2.42	稻荷
8.47	〃	3.42	西總社
9.50	稻荷	4.52	〃
10.50	西總社	5.47	〃
12.10	〃	8.00	〃

三蟠行　國清寺驛發

4.40	12.30
5.50	1.40
6.50	2.30
7.40	3.20
8.25	4.30
9.31	5.31
10.20	6.30
11.10	7.30
	4月1日ヨリ

赤色字八午前

博覧会会場周辺地図

博覧会会場周辺地図（資料編311頁参照）

開業当時の運輸体制

　機関車、貨車、客車はどのように利用されたのか

機関車について

　開通当初は雨宮製作所製の蒸気機関車2両（社番11号12号でいずれもB型（＝駆動輪が二つ）が採用されていたが、続いて、大正13年ドイツのアーサー・コッペル社製のC型（＝駆動輪が三つ）蒸気機関車一両を13号車として導入、その後ガソリン車も導入された。

貨車と客車について

　いずれも、内田鉄工所製のものが採用されている。三蟠軽便鉄道開業当時は、内田鉄工所は個人経営だったが、大正15年株

式会社組織としている。株式会社内田鉄工所（本社：岡山市島田277番地）の三蟠軽便鉄道開通当時の絵葉書に、祝三蟠軽便鉄道開通の刻印が見える。三蟠鉄道は三蟠の対岸、東児島地区の住民は、渡し舟を利用して、三蟠港へ上陸後、三蟠軽便鉄道を利用して、岡山市内へと向かったが、当時の切符から渡し舟と通し切符になっていたことがわかる。

客車2等車室内

客車3等車室内

通し切符

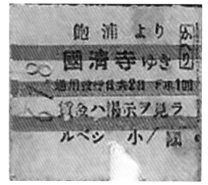

渡し舟との通し切符。飽浦は児島湾を挟んだ対岸の港

　会社設立の大きな目的は岡山瓦斯㈱岡山工場と、鐘淵紡績㈱岡山工場への石炭搬入であった。そのための石炭を運ぶ貨車が必要であり、さらに貨車だけでは効率が悪く、女工さんの通う客車も必要だった。当時としては貨物列車だけを走らせるような余裕はなく、桜橋駅に着いたら、貨車と客車は切り離し、貨車のみ工場内へと引き込み線でつながっていた。

幻の蒸気機関車と内田鉄工所

　内田鉄工所は三蟠軽軽便鉄道の客車、貨車を製造したことで知られているが、蒸気機関車も手掛けたという説がある。真相は解明できておらず、最初の蒸気機関車は雨宮製作所が製造したとされている。一説には内田鉄工所が手掛けたが、実用化できずに終わったという。三蟠軽便鉄道に最初に導入された雨宮製作所製の2両のB型蒸気機関車の車番が、なぜ1号車からではなく11号車、12号車だったのか？　さらに次に導入したドイツのアーサーコッペル社製のC型コッペルが、三蟠鉄道の13号車になったのか、解明できていない。

商業登記簿謄本

　会社設立（大正3年2月）当時の三蟠軽便鉄道株式会社法人登記簿謄本ほか、その後の編集の謄本が残されている。（詳細は資料編195頁参照）

三蟠軽便鉄道株式会社定款

　定款は第一章から、第六章まであり、条文は僅か30条に過ぎない。

第壱章総則

第一條　当會社ハ三蟠輕便鐵道株式會社ト称シ本店ヲ岡山縣上道郡三蟠村大字江並ニ設置ス但便宜ノ地ニ支店又ハ出張所ヲ設クル事アルヘシ

第二條　当會社ハ輕便鐵道ヲ敷設シ一般ノ旅客貨物運輸ノ業ヲ営ムヲ以テ目的トス

前項ノ附帯事業トシテ水運業桟橋業築港及ビ娯楽機関ノ設備ヲ兼営スルヲ得

第三條　当會社ノ資本金ハ金拾八萬圓トス

第四條　当會社ノ広告ハ所轄区裁判所ノ商業登記ヲ広告スル新聞ニ掲載ス

第貮章株式及び株主

第五條　当會社ノ株式ハ記名式ニシテ之レヲ参千六百株ニ分チ一株ノ金額ヲ金五拾圓トス

株券ハ一株券及ビ五株券ノ二種トス

第六條　株金第一回ノ拂込ハ壹株ニ付金五圓トシ第二回以後ハ必要ニ應シ取締役會ノ決議ヲ以テ之レヲ決定通知スヘシ

第七條　株金ノ拂込ヲ怠リタルモノハ其期日ノ翌日ヨリ現拂込日マテ百圓ニ付一日金四錢ノ割合ヲ以テ延滞利息ヲ支拂フヘシ

尚延滞ニ因リ生シタル會社の損失及費用ハ其株主ヲシテ之レヲ賠償セシム

第八條　株式ノ名義書換ヘ株券記載事項ノ變更株式ノ再渡並ビニ其手数料等ハ取締役會ノ定ムル株券取扱手續きニ拠ル

第九條　定時總会前参拾日以内ヲ限リ株式ノ名義書換ヲ停止ス

前項ノ外猶ホ停止ノ必要アルトキハ豫メコレヲ広告スヘシ

第十条　株主ハ其住所氏名及ヒ印鑑ヲ当會社ニ届出スベシ其變更シタルトキハ亦同シ

無能力者ノ法定代理人亦前項ノ手續キヲ為スノ外代理権ヲ證スル書面ヲ当會社ニ届出スヘシ其變更シタルトキ亦同シ

外国住居ノ株主ハ日本國内ニ仮住所又ハ代理人ヲ定メ当會社ニ届出スベシ

第三項ノ届出ナキ為メ生シタル事項ニ對シテハ当會社ハ其責ニ任セス

第参章株主総会

第十一條　定時株主總會ハ毎年六月及拾貳月ノ両度ニ之ヲ召集ス

臨時株主總會ハ必要ニ應シ之ヲ召集ス

第十二条　株主ノ議決権ハ一株ニ付一個トス株主ハ代理人ニ委任シテ議決権ヲ行使スルヲ得但当會社ノ株主ニアラサルモノ又ハ当會社ノ役員ヲ以テ代理人ト為スヲ得ス

第十三條　總會ノ議事ハ出席株主議決権ノ過半數ヲ以テ之レヲ決ス可否同數ナルトキハ議長之レヲ決ス

第十四條　株主總會ノ議長ハ社長之ニ任ス若シ社長事故アルトキハ専務取締役之ニ任ジ専務取締役事故アルトキハ他ノ取締役之ニ任ス取締役全員ノ事故アルトキハ出席株主中ヨリ之レヲ選任ス

第十五條　株主總會ノ議案カ当日議了ニ至ラサルトキハ議長ハ場所時日ヲ指定シ延会スルコトヲ得但延會ハ各株主ニ通知スルコトヲ要セス

第十六条　株主總會ノ議事ハ其概要及ヒ決議事項ヲ議事録ニ摘載シ議長及ヒ出席監査役記名捺印シテ当會社ニ保存ス

第四章役員

第十七条　当會社ノ取締役ハ七名以内トシ監査役ハ参名以内トス

第十八條　取締役ハ当會社ノ株式七十株以上監査役ハ五拾株以上ヲ所有スル株主中ヨリ株主總會ニ於テ之レヲ選任ス但得票同数ナルトキハ抽選ヲ以テ之レヲ定ム

第十九條　取締役ノ任期ハ満貳年トス但之ヲ再選スルコトヲ妨ゲズ補欠員ノ任期ハ前任者ノ残期トス

第二十條　役員ニ欠員ヲ生シタル場合ニ於テ法定実数ヲ欠サルトキハ次ノ株主總會マデ補欠選挙ヲ行ハザル事ヲ得

第二十一條　取締役ハ各自其所有株式七十株ヲ監査役ニ供託スヘシ

前項ノ株式ハ退任後ト雖モ株主總會ニ於イテ在任中ノ計算報告ヲ承認シタル後ニアラザレバ之ヲ返換セズ

第二十二條　取締役ハ互選ヲ以テ社長一名専務取締役一名ヲ選擧ス

社長ハ會社ヲ代表シ業務ヲ統括執行ス

第二十三條　当會社ノ重要ナル業務ハ総テ取締役會ノ決議ニヨリ之ヲ執行ス

第二十四條　取締役監査役ノ報酬ハ株主總會ノ決議ニ依リ之ヲ定ム

第五章計算

第二十五條　当會社ノ計算期ハ毎年拾貳月壹日ヨリ翌年五月参拾壹日迄ヲ上半期トシ六月壹日ヨリ拾壹月参拾日迄ヲ下半期トス

第二十六條　毎期総益金中ヨリ諸經費緒損失金及ヒ減價償却金ヲ控除シタル残額ヲ純益金トス

第二十七條　毎期ノ純益金中依リ左ノ割合ニヨリ分配シタル残額ヲ各株ニ付キ拂込ミタル金額ニ應シ其期末現在ノ株主ニ配当ス但利益金ノ一部ヲ次期ニ繰越ス事ヲ得

　総利益金ノ百分ノ五以上法定積立金

　全百分ノ拾以下　　　　　賞興金

株主總會ノ決議ニヨリ純益金中ヨリ特別積立金ト為ス事ヲ得

第六章附則

第二十八條　当會社ノ創立費用ハ金参千圓以内トス

第二十九條　当會社創立ノ際選任セラレタル取締役ノ任期ハ大正五年下半期定時株主總會終結ノ日迄監査役ノ任期ハ大正四年下半期定時株主總會終結ノ日迄トシ定款第拾九條ヲ適用セス

第三十條　当會社発起人ノ住所氏名左ノ如シ（畧ス）

…………………………………………

第壱章総則

　その後、会社設立時の定款は大正5年9月24日に以下、一部変更された。

　三蟠軽便鉄道株式会社は大正5年9月24日上道郡平井村大字平井妙廣寺に於いて午後3時30分臨時株主総会を開き資本金及び定款変更を決議した。

　当日の議題は次の通り

　第一条　議案資本金減少に付決議の件

　第二条　議案資本金減少に対する方法決議の件

　第三条　議案定款第三條第五條第壱項第九條を変更及び第二九條第三拾條追加

　以上は満場一致で可決された。

　これを受けて大正5年12月3日三蟠軽便鉄道株式会社は藤原讓太郎名で、内閣総理大臣伯爵寺田正毅宛に届出を為している。（国立公文書館所蔵）

役員たちの経歴と素顔

役職	氏名	就任	退職
社長	藤原讓太郎	大正3年2月1日	大正7年7月15日
	藤原元太郎	大正7年7月15日	大正14年1月29日
	藤原知道	大正14年1月29日	昭和6年8月10日
取締役	藤原元太郎	大正3年2月1日	大正7年7月15日
	藤原知道	大正12年1月6日	大正14年1月29日
	妹尾文七郎	大正3年2月1日	昭和6年8月10日
	長汐鐵太郎	大正3年2月1日	昭和6年8月10日
	佐藤槌太郎	大正3年2月1日	昭和4年4月7日
	石原富次郎	大正4年12月30日	大正14年12月29日
	福田常次郎	大正3年2月1日	大正4年3月30日
	玉島謹	大正3年2月1日	大正4年4月10日
	近藤敬次郎	大正6年10月28日	昭和6年8月10日
	角道有太郎	大正15年6月29日	昭和6年8月10日
	山崎定太郎	昭和4年6月28日	昭和6年8月10日
監査役	2代目齋藤傳三郎	大正3年2月1日	
	八田大三郎	大正3年2月1日	昭和6年8月10日
	穂崎八郎兵衛	大正3年2月1日	大正4年10月1日
	北村仲治	大正5年6月29日	大正7年2月13日
	三宅作五郎	大正9年12月29日	昭和6年8月10日
	小山美登四	昭和2年6月20日	昭和6年8月10日

藤原讓太郎

生年月日	明治4年3月11日
没年月日	大正9年9月2日
三蟠村収入役	明治28年5月～明治32年5月
三蟠村助役	明治32年5月～明治33年12月
4～9代三蟠村長	明治33年12月16日～大正9年5月19日
岡山県議会議員	明治44年9月26日～大正4年9月26日
岡山県議会副議長	明治44年10月9日～大正2年11月1日
三蟠軽便鉄道㈱社長	大正3年2月1日～大正7年7月15日

藤原元太郎

生年月日	慶応2年1月10日
没年月日	昭和8年3月6日
2～11代八浜町長	明治25年10月14日～大正14年2月10日（辞職）
	明治30年1月1日玉井村八浜村に明治34年2月6日町制施行
県会議員	明治31年2月～大正4年9月
県会議長	明治42年11月2日～明治44年10月9日
衆議院議員	大正4年3月25日～大正6年4月20日（辞職）
東児銀行専務	明治29年8月5日～大正7年1月1日
東児銀行頭取	大正7年1月1日～大正12年5月1日第一合同銀行に合併解散
備陽貯蓄銀行監査役	明治32年2月16日～明治38年1月1日
第一合同銀行取締役	大正12年7月25日～昭和5年12月31日中国銀行に合併
山陽商業銀行監査役	大正12年10月26日～大正15年9月1日第一合同銀行に合併
中国信託銀行取締役	昭和5年12月24日～昭和8年3月（死亡）
岡山農工銀行取締役	大正14年1月24日～大正15年1月24日
岡山農工銀行頭取	大正15年1月24日～昭和3年1月24日
児島養貝合資会社副社長	明治23年10月～明治37年5月
児島養貝株式会社社長	明治37年5月～
金一醤油合資会社社長	明治32年6月～大正12年6月15日
金−醤油株式会社社長	大正12年6月15日～
下野紡績株式会社監査役	明治28年11月～明治36年（倒産）
岡山県農会議員	明治32年4月21日～昭和5年3月

82

岡山県農会副会長	大正9年6月25日～昭和2年9月8日
三蟠軽便鉄道㈱取締役	大正3年2月1日～大正7年7月15日
三蟠軽便鉄道㈱社長	大正7年7月15日～大正14年1月29日
倉敷鉄道㈱発起人	（茶屋町～倉敷）
	藤原元太郎ら7名の発起人により、大正12.2.6蒸気軌道敷設免許される。同区間で競願となっていた山陽電気軌道を退けて免許。創立総会で原澄治を社長に選出し、測量までは順調に進んだが、両端の茶屋町、倉敷駅で接続について国鉄側の了承問題で数度の工事施行延期の後、昭和5年免許失効となった

藤原知道（譲太郎長男）

生年月日	明治28年3月6日
没年月日	昭和36年7月29日
10～11代三蟠村長	大正13年3月15日～昭和5年6月30日
岡山県議会議員	昭和2年9月26日～昭和6年9月26日
三蟠鉄道㈱取締役	大正12年1月6日～大正14年1月29日
三蟠鉄道㈱社長	大正14年1月29日～昭和6年8月10日（解散）
三蟠鉄道㈱清算人代表	昭和6年8月10日～昭和13年12月29日
三蟠乗合自動車	昭和6年6月30日～昭和12年3月
岡山バス㈱	昭和12年3月～昭和29年5月
岡山電気軌道㈱支配人	昭和18年5月30日～昭和30年3月
岡山電気軌道㈱取締役	昭和30年3月～昭和36年7月29日（死亡）

吉田茂（旧称長瀬）

生年月日	明治5年5月6日
没年月日	昭和26年11月21日
岡山師範学校卒業	明治30年3月
軽部小学校教諭	明治30年4月～
西大寺尋常高等小学校	明治38年6月20日～明治42年5月22日
岡山師範学校附属小学校（現富山小学校）	明治42年5月～大正2年4月（休職）
三蟠軽便鉄道㈱支配人	大正3年2月1日～昭和6年6月30日
14代光政村村長	昭和5年6月6日～昭和8年6月7日
16～19代光政村村長	昭和10年3月22日～昭和20年11月25日

石原富次郎

生年月日	不詳
没年月日	不詳
土木請負業	明治35年～
三蟠軽便鉄道㈱専務取締役	大正4年12月30日～大正14年12月29日
岡山市会議員	昭和4年7月5日～昭和8年7月4日

妹尾文七郎

生年月日	明治7年1月30日
没年月日	昭和18年8月20日
平井村書記	明治31年～明治38年7月11日
平井村助役	明治38年7月11日～明治39年8月
6～8代平井村村長	明治39年8月9日～昭和6年3月3日（岡山市へ合併）
三蟠軽便鉄道㈱取締役	大正3年2月1日～昭和6年8月10日

佐藤槌太郎（旧称岡本）

生年月日	明治3年3月21日
没年月日	昭和36年8月1日
鹿忍小学校	明治25年10月～明治26年12月
上道小学校	明治26年12月～明治33年4月

高島尋常高等小学校	明治33年4月～明治39年3月
青年団長	明治39年4月～明治43年5月
7～12代操陽村村長	明治45年5月13日～昭和8年3月31日
三蟠鉄道㈱取締役	大正3年2月1日～昭和6年8月10日

長汐鐵太郎（旧称則安）

生年月日	慶応元年
没年月日	昭和30年4月
幡多村村議会議員	
幡多村村議会副議長	大正元年8月21日～大正5年8月5日
幡多村村議会議長	大正8年1月～大正9年7月
9～13代幡多村村長	大正6年7月24日～昭和10年9月14日
三蟠軽便鉄道㈱取締役	大正3年2月1日～昭和6年8月10日

近藤敬次郎

生年月日	慶応元年9月7日
没年月日	昭和7年1月9日
玉龍、赤丸醤油醸造	
岡山県醤油醸造同業組合組長	大正元年10月
東児銀行取締役	大正9年7月21日～大正12年5月1日
鉾立村村会議員	
三蟠鉄道㈱取締役	大正6年10月28日～昭和6年8月10日

角道有太郎

生年月日	不詳
没年月日	不詳
岡山市市会議員	昭和8年7月5日～昭和12年5月11日（辞職）
三蟠鉄道㈱取締役	大正15年6月29日～昭和6年8月10日

山崎定太郎

生年月日	明治17年
没年月日	昭和27年1月27日
岡山酒造㈱社長	大正9年4月3日～
中国醸造㈱取締役	大正8年10月23日～昭和11年6月8日（解散）
山陽商業銀行取締役	大正12年1月16日～大正12年11月5日
岡山貯蓄銀行取締役	大正14年1月24日～大正15年10月1日（岡山合同貯蓄銀行へ合併）
岡山合同貯蓄銀行取締役	大正5年10月1日～昭和8年1月6日
三蟠鉄道㈱取締役	昭和4年6月28日～昭和6年8月10日
岡山市市会議員	大正14年7月7日～昭和3年7月19日

2代目齋藤傳三郎（本名軍平）

生年月日	明治11年9月1日
没年月日	昭和19年9月11日
三蟠村村会議員	
三蟠村助役	昭和2年6月～
12代目三蟠村村長	昭和5年7月3日～昭和7年7月15日
中国醸造㈱常務取締役	大正8年10月23日～昭和11年6月8日（解散）
三蟠軽便鉄道㈱監査役	大正3年2月1日～

八田大三郎

生年月日	安政6年11月19日
没年月日	昭和19年5月26日
三蟠村村会議員	
三蟠軽便鉄道㈱監査役	大正3年2月1日～昭和6年8月10日

北村仲治

生年月日	明治15年4月
没年月日	不詳
三蟠軽便鉄道㈱監査役	大正5年6月29日～大正9年2月17日
三蟠村助役	大正9年3月～大正12年3月
	昭和8年1月～昭和8年5月
吉備商業学校	大正12年4月～大正14年4月
	昭和2年3月～昭和6年4月
13～14代三蟠村村長	昭和8年6月4日～昭和14年12月7日
上道郡三蟠村外二個所排水乖離用事業に保住熊五郎（沖田村村長）、佐藤義一（操陽村村長）らと尽力する	

穂崎八郎兵衛

生年月日	不詳
没年月日	不詳
岡山証券㈱取締役	大正3年8月～大正6年4月
三蟠軽便鉄道㈱監査役	大正3年2月1日～大正4年10月1日
合資会社穂崎商店社長	大正6年4月20日～
岡山市紙屋町、有価証券売買	

株主名簿　株券から見えるもの

　三蟠軽便鉄道株式会社は設立時資本金18万円で発足した。開業を急ぐために発起人たちは、株式組織にしたものの、短期間に多くの株主を募集して、資金調達を図るには、安全策を考えたと思われる。役員に証券会社を営む穂崎八郎兵衛を監査役に据え、鉄道沿線の多くの篤志家に参加を呼びかけたに違いない。

　株券は2種類、1株券額面50円と、5株券額面250円の2種類だけで、鉄道沿線・周辺の多くの住民に出資を呼びかけている。まず多くの株主を集めることが、緊急課題であって、調達資金額よりも、地域住民に鉄道に関わる意識高揚を考えたに違いない。各村長が発起人であり、参加意識を鼓舞し、多くの株主を集めたことがまず、鉄道開業へ向けた大きな一歩になったことは間違いない。

　大正4年12月の営業報告書には全株主の名前が列記されていて、株主総数は627名、このうち1株株主は291名であり、多くの1株株主がいる。会社としては株主一人ひとりが鉄道営業する上での広告塔であり、多くの株主を募った結果だと思われる。

　また大口株主は筆頭株主130株を保有した福田常次郎であり、続いて101株が専務取締役の石原富次郎、そして100株保有の株主が役員を中心に7名、続いて85株以下の株主構成となっている。株主の住所を見ると大半が上道郡であり、続いて岡山、児島と続いている。

　株主を多く募ったものの、払い込みを容易にするために一度に額面額満額の払い込みではなく、6回に亘る分割払い込みを可能としたことは、そのことを物語っている。株券の裏面には6回の分割払い込みとする経緯が記録されていた。開業前の株券の裏面には、その記録を見ることができる。

　五株券で、その記録を検証してみると、大正3年6月25日発行の株主福田常次郎宛の株券の例では第2〜5回払い込みが同一日になっていて実質3回に分けて払い込んだことがわかる。

第一回大正3年2月1日金25円	
第二回大正5年3月10日金37円50銭	
第三回大正5年3月10日金37円50銭	
第四回大正5年3月10日金50円	
第五回大正5年3月10日金50円	
第六回大正6年3月1日金50円	

　また、齋藤傳三郎宛の株券の例では第3〜5回払い込みが同一日になっていて実質4回に分けて払い込んだことがわかる。

　ここで注目したいのは三蟠軽便鉄道に開通した大正4年8月11日には、いずれも全額払い込みなされているわけではなく、払込日も統一されていない。業務の進捗に合わせて、払い込んだことがわかる。

第一回大正3年2月1日金25円	
第二回大正3年11月4日金37円50銭	
第三回大正4年5月31日金37円50銭	
第四回大正4年5月31日金50円	
第五回大正4年5月31日金50円	
第六回大正6年9月15日金50円	

　また、三蟠軽便鉄道株式会社は軽便鉄道補助法により10年間、国の補助金を得たものの、その後は三蟠鉄道株式会社に商号を変更している。

　この時期新たな資金調達方法として、優先株式を発行している。当時は路線の延長に必要な資金調達が課題となっていたものの、業績が必ずしも上向くとは限らず、全株主一律の増資は難しかったに相違ない。

そこで優先株式という形をとったようだ。

優先株は10年後に発行されていて、同様に1株券額面50円と、5株券額面250円の2種類がある。

5株券で、株券裏面の記録を検証してみると、大正13年6月14日付け株主妹尾文七郎宛の株券の例では、以下の通り3回に分けて払い込んだとされている。

第一回大正13年5月15日金25円

第二回大正13年3月31日金125円

第三回大正13年3月31日金100円

しかし、第一回払い込みが5月15日であるに、第二回、第三回目がそれより早い日付で記録されていて不思議な感がある。第一回は払込日まで印刷されているのに比し、第二回、第三回目は筆で払込日が記されていて、資金的には逼迫していたために、5月を待たずに払い込みしなければならない何らかの事情があったのか、3月31日に額面金額250円を一括払い込みしたものと想定できる。

土地提供者の状況

大正4年3月起登記済権利証

土地売買契約に就いては、当然ではあるが、三蟠軽便鉄道開通日前の契約が多い。大正4年3月起の土地売買契約書綴りに所有権移転登記済み権利証書が綴られている。

（資料編208頁参照）

大正9年5月起土地売買契約書綴

これには鉄道路線が「みなと駅」から「終点桜橋駅」間で分岐され、新たに網浜駅をつくり、国清寺駅まで延伸する路線と停車場用地確保に必要となる用地買収に関わる所有権移転登記済み権利証書が綴られ保存されていた。三蟠軽便鉄道は大正4年8月11日に始点三蟠駅から終点櫻橋駅までの間を開通したものの、当時から岡山市内への進出を考えていたと思われる。

当面の目標としては、桜橋が岡山瓦斯や鐘渕紡績に必要な石炭の移送を視野にして、その先は次の段階として岡山市中心部への進出が課題になっていたに違いない。貨物だけではなく、業績は乗客収入に大きく左右されるからである。

それは新たな客層を確保して業績を安定させる必要があったためである。三蟠港が古くからの玄関口であったが、宇野線が敷設されているし、国鉄岡山駅への交通アクセスを容易にすることが、欠かせなかった。

そのためか三蟠―桜橋間の用地を優先して確保したものの、早い段階で桜橋以北の用地にも手をつけていたことがわかる。

まずは三蟠―桜橋間の用地は大正4年8月11日の開業以前に買収が完了している。（資料編214頁参照）

以下事例

• 既に岡山市大字門田1235番地売渡人円常寺のように大正4年6月1日付け土地売渡証書で岡山市大字網浜字小橋詰725番の2の土地を売渡したことを見ることができる。また、当初三蟠軽便鉄道株式会社の住所も岡山市大字小橋町167番地にあり、岡山電気軌道との接続が大きな課題になっていたことがうかがわれる。

そして登記申請書受付、登記済印として岡山区裁判所印が見える。当時は裁判所が直接登記の受け付けをしていた。

• 東京府南葛飾郡隅田村1612番地鐘淵紡績株式会社は専務取締役武藤山治名で岡山

市小橋町の三蟠軽便鉄道株式会社宛に岡山市大字網野濱字西畑ケ668番地の畑を売渡し、大正4年4月29日申請書受付、登記済印として岡山区裁判所印が見える。

• 岡山市小橋町178番地売主華山海應は大正9年5月1日付で上道郡三蟠村大字江並堤塘第一号地三蟠軽便鉄道株式会社取締役藤原元太郎宛に岡山市網濱字國富田542番ノ2の田を売渡し、登記済印として岡山区裁判所印が見える。

• 上道郡平井村大字平井1783番地売主内田金次郎は大正9年5月1日付で上道郡三蟠村大字江並堤塘第一号地三蟠軽便鉄道株式会社取締役藤原元太郎宛に岡山市網濱字栄田183番地ノ2の田を売渡し、登記済印として岡山区裁判所印が見える。

• 御津郡大野村大字大安寺2336番地売主富山金十郎は大正4年3月1日付で岡山市大字小橋町167番地三蟠軽便鉄道株式会社宛に岡山市網濱字唐戸1772番地ノ2の田を売渡し、登記済印として岡山区裁判所印が見える。

• 上道郡平井村大字平井1534番地売渡人内田槌次郎は大正4年6月1日付で岡山市小橋町167番地三蟠軽便鉄道株式会社取締役社長藤原讓太郎宛に上道郡平井村大字平井字出屋敷36番地ノ2、上道郡平井村大字平井字上屋敷156番ノ2、同所155番ノ3の三筆の田を売渡し、登記済印として岡山区裁判所西大寺出張所印が見える。（上道郡内の物件は当時郡役所が西大寺にあり、西大寺に裁判所の出張所が併設されていて、登記所が西大寺だったことがわかる。）

• 岡山市上片上町3番地売主三村常治は大正11年11月25日付で上道郡三蟠村大字江並堤塘第一号地三蟠軽便鉄道株式会社

取締役藤原元太郎宛に岡山市花畑247番ノ2の宅地を売渡し、登記済印として岡山区裁判所印が見える。

このように所有者の所在が膨大で、登記所が裁判所であったことから、鉄道敷設用地の確保に相当な苦労があったことと容易に想像できる。しかし、現実に短期間に、開通にこぎつけたこと、想像を絶する困難を克服できたのは、上道郡内の各村長が郡役所において、日頃からコミュニケーションをとっていたことが「いざ鎌倉」というときには、志を一にして結束できたことが大きな力になったことと思われる。また、それ以上に三蟠軽便鉄道の沿線住民は、郷土に誇りを持つとともに、郷土史に名を残した先人たちに習い、強い精神力を持ち合わせたからに違いない。

発起人でもある各村長の呼びかけで、鉄道敷設の用地となった地権者は、郷土の発展への理解を示し、進んで協力したと思われる。後に鉄道がなくなっても、後世に末永く語り継がれ、郷土の産業振興に貢献した諸氏は大いに顕彰に値する。

しかしながら路線延長には岡山市内の住宅地等密集の地も路線に含まれることとなり、岡山電気軌道株式会社路線との連結を考慮して迅速なる用地確保が至上命題であり、土地収用法の適用を国に申請している。
（株主名簿は資料編287頁参照）

路線の見える古い地図

大正11年市街地図には、国清寺までの路線延長計画が見える。

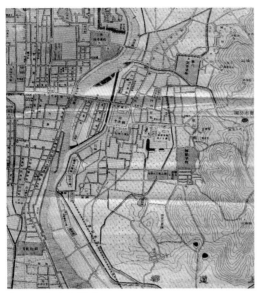

大正 11 年市街地図

この時期は大正 12 年 2 月 5 日桜橋駅を廃し、国清寺駅まで路線を延伸している。三蟠軽便鉄道としては、岡山駅への交通アクセスを容易にすることが、乗客増加に直結するとの思惑から、早い段階から路線延長を意図していた。貨物収入よりも旅客収入を増加させることが命題となっており、大正 11 年以降は路線延長に伴う用地買収工作に奔走していた時期になる。

土地取得の権利証を見るに、延長路線にかかる土地がこの時期三蟠鉄道に売渡されたことがわかる。

当時は登記済印が岡山区裁判所之印と表示されていることから、裁判所が直接登記事務を執行している。売渡不動産の地番は枝番になっているものが多く、土地買取の際といえども、必要な部分のみ測量分筆して取り引きしたことがうかがえる。

用地代金支払簿から見えるもの

不動産登記済み権利証が確認できない多くの地主からも線路用地、停車場用地の提供を受けていた。川溝付替用地が主なものだが、川溝付替用地代金支払いも相当件数あり、線路用地や停車場だけでなく、農業用水の付け替えを伴う用地買収が多く存在したことがうかがえる。多くの地権者から用地提供を受けるに際して、個別の土地売買契約書締結に至らないものが圧倒的に多かったと推測できる。

三蟠鉄道株式会社としては、国清寺を始発駅として市内電車と接続することを目論み、一日も早い路線延長を目指したようである。岡山市からは市内電車を京橋駅から小橋駅、中納言駅から東山駅へと直線コースを描いて路線延長を企画したものの、三蟠鉄道が国清寺駅をいち早く構えた結果、岡山市内電車は中納言駅でカーブして国清寺駅に進み迂回して東山まで続く路線を余儀なくされた。当時の新聞にそのことが掲載されていた。

このほか、大正 11 年 8 月土地収用審査会裁定申請書綴りが残されていた。鉄道用地買収に反対の立場ではなく、客観的な売買価格を確認するためだったようだ。

在りし日の鉄道切符

かつて三蟠軽便鉄道の切符（鉄道の乗車券）を作っていたのは、新興乗車券印刷㈱（現・シンコー印刷株式会社）だった。三蟠軽便鉄道だけではなく、岡山駅発着の国鉄をはじめ県下のほとんどの鉄道会社の切符を一手に引き受け製造し、日々各鉄道会社に納品していた。今は見られないが、シンコー印刷の正面玄関から入ると、画像の通り目の前に印刷機が置かれている。残念だが、当時の切符の現物は廃棄され、その

シンコー印刷に展示されている切符印刷機

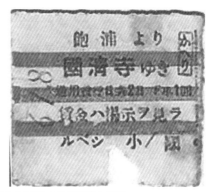

定期乗車券裏面

姿を見ることはできない。鉄道マニアの手元に残されているはずだが、なかなか貴重で手に入らない。わずかに確認できる切符から当時を偲ぶことができる。

　定期券では30歳の学生が1カ月の定期券を購入したことがわかる。

　当時向学心に燃えた学生の姿が想像できる。六高へ通ったと思われるが、定かではない。しかし1カ月の定期券ということは、決して裕福な家庭ではなく、苦学して勉学に励んだであろうと容易に想像できる。

飽浦から国清寺行き切符の表面

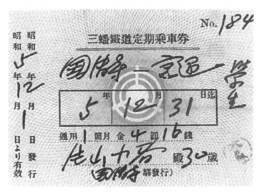

定期乗車券事例

裏面

六高校友会発行の往復乗車券　水上運動会限定

時刻表

　三蟠軽便鉄道の汽車時刻表をみると、国清寺駅まで路線延長後は、桜橋駅を廃し、国清寺駅から三蟠駅まで8つの駅を往復するダイヤになっている。国清寺駅が出来て、国清寺駅が表玄関、すなわち始点駅となったため、出発時刻は10分単位になっていることがわかる。終点の三蟠駅着は、時刻がまちまちである。

　当時は午前の時刻を赤書き、午後の時刻表を黒書表示しており、現在のように午後の時間帯を13時、14時、15時というような表示は一般化されていなかった。

　早朝から終便は夜遅くまで、しかし15便以上で往復していたことがわかる。

　上りは約25分で、下りは25〜35分となっている。

　汽車時刻表は現在でも、JRなど各企業で発行されているが、当時は交通地図の裏面や、新聞社の紙面にも時刻表改正の都度、掲載されていた。

　さらに、昭和3年に岡山市で開催された大日本万博博覧会でも、会場で配られた配置図などの案内に併記して、交通アクセスとして、帰りの鉄道便を時刻表で紹介して

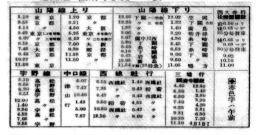

博覧会帰りの時刻表

いる。

安田銀行営業案内の時刻表

安田銀行営業案内（定清博幸氏提供）

　昭和4年1月現行と表示した、時刻表が安田銀行の岡山県内向け営業案内に見られる。

　当時の安田銀行は、岡山県内に岡山支店、京橋支店、味野支店、西大寺支店、牛窓支店、津山支店、倉敷支店、玉島支店、笠岡支店、井原支店の10店舗を展開していた。

　汽車時刻表を銀行の営業案内に載せる時代があったこと、すなわち当時の住民に鉄道がいかに、憧れの的であり、関心事であった。当時は早朝から深夜まで各19便の運行が確認でき、かなりな本数があった。

　大正から昭和初期には鉄道のもつ役割は現在より格段に大きかった。銀行や企業で

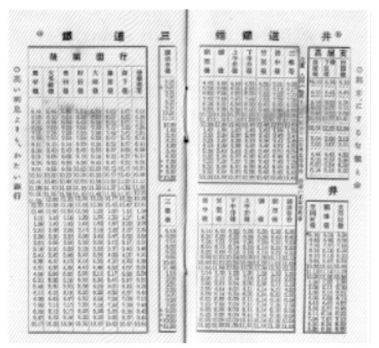

安田銀行営業案内に掲載の時刻表

は、積極的に営業案内に汽車時刻表を掲載し、企業のステータスを高める時代があった。乗客は鉄道に乗ることで大きな満足感を得るものであり、企業にとっては、顧客のニーズに応えることで、自らの営業を広く周知、広告することができるというメリットがあったようだ。

　これらの営業案内は三つ折り、四つ折りになどで、大きさは手帳サイズ以下で、現在のJR西日本が発行している時刻表と大差なかった。

　当時の三蟠軽便鉄道は上り線、下り線各20便の記載がある。（定清博幸氏提供）

天満屋営業案内の時刻表

　百貨店でも営業案内にはしばしば汽車時間表が使われていた。事例では伯備線全通記念と書かれているが、紀元2589年（昭和4年）当時のもので、三蟠鐵道も当時上下線各22便の運行がなされていたことがう

かがえる。

伯備線全通記念汽車時刻表（定清博幸氏提供）

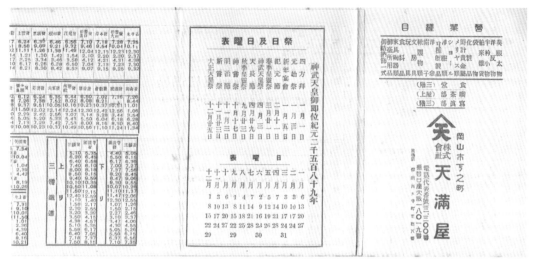

天満屋時刻表には伯備線と共に三蟠鉄道の時刻表が掲載されている

加島銀行営業案内の時刻表

　加島銀行の営業案内に使われた汽車時刻表によると、早朝午前4時40分始発、午前5時02分に三蟠駅着となるので、始点から終点まで26分となっている。

　信号はなかったと思われるので、列車の速度は概ね平均時速20キロメートル程度だ。

加島銀行汽車時刻表表紙（定清博幸氏提供）

大正15年8月改正の三輕鐵時刻表 加島銀行汽車時刻表冊子から							
國清寺発	網濱発	湊 発	上平井発	下平井発	宮道発	濱中発	三蟠着
4:40	4:43	4:46	4:49	4:53	4:56	5:01	5:06
5:50	5:53	5:56	6:01	6:05	6:09	6:13	6:17
6:50	6:52	6:54	6:57	6:59	7:02	7:05	7:09
7:40	7:42	7:44	7:47	7:48	7:52	7:55	7:59
8:25	8:28	8:31	8:34	8:36	8:41	8:45	8:50
9:31	9:33	9:36	9:39	9:40	9:43	9:46	9:51
10:20	10:22	10:24	10:27	10:29	10:32	10:33	10:38
11:10	11:13	11:16	11:19	11:23	11:26	11:31	11:35
12:30	12:33	12;38	12:41	12:45	12:46	12:53	12:57
1:40	1:42	1:44	1:47	1:49	1:52	1:55	1:58
2:30	2:32	2:34	2:37	2:39	2:42	2:45	2:48
3:20	3:23	3:26	3:29	3:33	3:36	3:41	3:45
4:30	4:33	4:36	4:39	4:43	4:46	4:51	4:55
5:35	5:38	5:40	5:43	5:45	5:48	5:51	5:54
6:30	6:32	6:34	6:37	6:39	6:42	6:45	6:48
7:30	7:32	7:34	7:37	7:39	7:42	7:45	7:48
8:30	8:32	8:34	8:37	8:39	8:42	8:45	8:48
9:30	9:32	9:34	9:37	9:39	9:42	9:45	9:48
10:30	10:32	10:34	10:37	10:39	10:42	10:45	10:48

三蟠鉄道時刻表（大正15年改定）

加島銀行の時刻表

山左樓營業案内の三蟠鉄道汽車時間表

旅館でも鉄道の時刻表は営業広告になった（定清博幸氏提供）

	高松着	宇野 着	宇野 発	八浜発	由加発	長崎発	茶屋町行	早島発	妹尾発	大元発	岡山着
宇野線 岡山行			6.12	6.25	6.32	6.40	6.47	6.53	7.00	7.11	7.16
			6.56	7.09	7.16	7.24	7.32	7.38	7.45	7.55	8.00
	7.50	8.50	8.58	9.09	9.15	9.22	9.28	9.33	9.39	9.48	9.53
			10.00	10.13	10.20	10.29	10.36	10.42	10.49	10.59	11.04
	10.25	11.25	11.33	11.45	11.54	12.02	12.08	12.14	12.23	12.32	12.37
	11.36	12.36	12.46	12.59	1.05	1.12	1.19	1.25	1.31	1.40	1.45
			2.05	2.18	2.25	2.33	2.41	2.47	2.54	3.04	3.09
	1.55	2.55	3.24	3.37	3.44	3.52	4.00	4.06	4.13	4.23	4.28
	4.15	5.15	5.28	5.41	5.48	5.56	6.03	6.09	6.16	6.25	6.30
	6.55	7.55	8.15	8.28	8.35	8.43	8.50	8.56	9.03	9.12	9.17
	9.10	10.10	10.25	10.38	10.47	10.55	11.02	11.08	11.15	11.24	11.29

	三蟠発上り	国清寺着	国清寺発トリ	三蟠着
三蟠鐵道	5.35	6.01	5.00	5.25
	6.10	6.36	5.30	5.55
	6.57	7.23	6.05	6.30
	7.35	8.06	6.50	7.17
	8.20	8.46	7.30	7.55
	8.55	9.21	8.15	8.40
	9.42	10.08	8.50	9.15
	10.20	10.51	9.35	10.02
	11.15	11.41	10.15	10.40
	11.55	12.21	11.10	11.35
	12.37	1.03	11.50	12.15
	1.15	1.46	12.30	12.57
	2.00	2.26	1.10	1.35
	2.35	3.01	1.50	2.15
	3.17	3.33	2.30	2.55
	3.55	4.26	3.10	3.37
	4.40	5.06	3.50	4.15
	5.20	5.46	4.35	5.00
	6.05	6.31	5.15	5.41
	6.45	7.11	6.00	6.25
	7.35	8.01	6.40	7.05
	8.05	8.30	7.30	7.55

②伯宇備前線

多角経営を模索

　鉄道業は乗客確保のため、当時の新聞には多くの広告を出しているが、宮道海水浴場を経営し、食堂も会社直営とし、洋食・和食の数種を提供、宮道自慢のシジミ汁もPRしている。また、高嶋への海水浴場経営にも手を伸ばそうとしたが実現していない。三蟠から飽浦への渡し舟も経営していたようで、国清寺から飽浦までの通し切符が使われていることからもわかる。自動車部を設立したり、サクラ自動車買収なども当時の新聞記事に見える。水族館の経営も手掛けたが、経費倒れになったようだ。

営業成績と営業報告書

　この第4回営業報告書は三蟠－桜橋間が開通した年の営業報告書であり、短期間に相当多くの事業を手掛けたことがわかる。

大正四年十二月

第四回営業報告書

三蟠軽便鉄道株式会社

第四回事業報告

岡山市大字小橋町百六拾七番地
三蟠軽便鐵道株式會社

大正四年六月一日ヨリ大正四年十一月二十日ニ至ル本期間當會社業務ノ概況ヲ報告スルコト左ノ如シ

第壹項　業務ノ概況

剏期末ニ於テ稍々勢力ヲ工事ニ留メシ日下建ニ富裏ヲ開始セント欲シ網景課設ノ準捗ヲ計リ七月末ニ至リ建設ノ大部分ヲ終リ八月一日其筋ニ監査ヲ申請ナシ全月十日監査ヲナシ其翌十一日開通式ヲ擧グルニ其ノ十一日開通式ヲ擧グルモ尚々其ノ設備ヲ逡ゲ進行ヲ計リ完璧ヲ類セントス而本輸ヲ開始シテ開刹第工ヲ二シテ來タ完成ヲ告ゲ力ルモノ々番々其ノ設備ヲ逡ゲ進行ヲ計リ完璧ヲ類セントス而本埠中仔細ノ事埠ニ付テハ左ニ敍述スペシ

第壹　株主總會

大正四年六月三十日上遇期平井村大字井妙開キ二於テ第三回定期總會ヲ開キ左記事項ノ承認ヲ得タリ

一　自大正三年十二月一日至大正四年五月二十一日　事商報告ノ承報ノ件

二　内豊報告會議之件

第壹　役員會議

当期間ニ於テ業務進行上役員會議ヲ開催セルコト二十四ナリ

第貳　商業登記

一　監査役鑛藤八郎兵衞辭任ニ依リ大正四年十月十三日監査役杯滿ノ發記手續ヲナシタリ

第參　庶務

本期間ニ於ケル庶務の重要事項左ノ如シ

【一】官公署關係事項

一　大正四年六月五日附ヲ以テ運輸従事員服挍税規程、鐵道保員服務規程、列車保安規程、列車運轉時刻表、賃金其佛割増及増率運賃及其徴収手續、鐵道係員職章、入場料金及聯名ニ關する諸件ヲ内閣總理大臣に提出シ全年六月三十日認可セル

一　大正四年六月十二日道路使用願ヲ岡山縣警察署長に提出セリ

一　大正四年六月十四日埋場道路（三蟠村字拾壹番）使用願ヲ岡山縣知事に提出セリ

一　大正四年六月十五日電話線支架ヲ件因遞信局長に提出セリ

一　大正四年六月六日附ヲ以テ上轉手工（岡山市大字網濱旭川内）許可願ヲ岡山縣知事ニ提出セリ

一　大正四年七月六日附ヲ以テ運輸上ノ件四創遞信局長に提出セリ

一　大正四年七月十六日三蟠村大字江並字拾壹番地道路占用願ヲ岡山縣知事ニ提出シ全年八月九日認可アリタリ

一　大正四年七月二十九日斜對客貨金壹更ノ件ヲ内閣總理大臣ニ提出シ全年八月九日銅認可アリタリ

一　大正四年七月二十一日第二回營業報告書ノ件ヲ内閣總理大臣ニ提出シタリ

一　大正四年八月二日附ヲ以テ車運轉時刻表變更ノ件ヲ内閣總理大臣ニ提出シタリ

一　大正四年八月二日附ヲ以テ電話機設置場所増加ノ件遞信大臣ニ提出シタリ

一　大正四年八月五日附ヲ以テ運轉開始ニ關スル件内閣總理大臣ニ提出シ八月十日附許可ノ拘令ニ接シタリ

一　大正四年八月十四日鐵道院總督長宛ニ開業開始ノ實報セリ

第４回営業報告書１

一、大正四年八月十五日附工事方法変更ノ件内閣総理大臣ニ提出シ全年九月十七日附認可アリタリ

一、大正四年八月二十日附鉄道院営業局長宛車両輸送事員陸軍陸員殺其他調査方ノ件報告セリ

一、大正四年八月二十日当会社線路停車場所在地方ノ件逓信大臣官房鉄道ニ報告セリ

一、大正四年九月二日第二期間川橋梁設計変更承認及申達開新設工事認之件岡山県知事ニ提出シ全年九月十...可アリタリ

一、大正四年九月七日船車連絡輸送ニ関スル件鉄道院営業局長ニ提出セリ

一、大正四年九月十七日八月分営業月報鉄道院ニ提出セリ

一、大正四年九月十七日八月分営業月報逓信省ニ提出セリ

一、大正四年九月十七日浅梅前川上堰堤増設願ヲ内閣総理大臣ニ提出シ全年九月...
日認可アリタリ

一、大正四年九月廿四日附岡山市大字網濱子新堤増堤増築願ヲ岡山市内長ニ提出セリ

一、大正四年九月廿四日附営業月報逓信省ニ提出セリ

一、大正四年十月六日附ニテ九分線道事故報ヲ鉄道院ニ提出セリ

一、大正四年十月六日附ニテ軽便鉄道補助ニ関スル件ヲ内閣総理大臣ニ提出セリ

一、大正四年十月十六日附列車運転時刻改正ノ件、内閣総理大臣ニ提出シ十月十六日附認可アリタル

一、大正四年十一月二日附私設電気軌道事中請書ヲ西部逓信局ニ提出セリ

一、大正四年十一月四日附十月分事故報告書ヲ鉄道院ニ提出セリ

一、大正四年十一月四日附溝橋變更ノ件内閣総理大臣ニ提出シ全年十一月十五日附許可セラル

一、大正四年十一月二十七日免租地成第十五号ヲ井大字平井ヲ西大寺税務署長ニ提出セリ

一、大正四年十一月六日免租地成第三号村大字江崎江ヲ西大寺税務署長ニ提出セリ

一、大正四年十一月八日当会社所有上地十道郡二蟠村大字江崎江辺ヲ合併届ヲ西大寺税務署長ニ提出セリ

一、大正四年十一月十六日附ニテ岡山市大字網濱子新湖土地建ヲ岡山税務署長ニ提出セリ

一、大正四年十一月十八日附免租地成願岡山市大字網濱ヲ岡山税務署長ニ提出セリ

【三】裁判事項

一、大正四年八月十一日間型悪航車代表者太田稜城ト鉄車連橋輸送契約ヲ締結シタリ

【三】株式

一、本期間ニ於テ名鉄番機械ヲ譲受タルモノ六件其料数二百五十四個失権十三名現在株主六百二十六名ニシテ前期末ニ比シ十四名ヲ減ス

第弐項　工事概況

前期ニ引続キ工事ヲ督動シ大正四年六月四日ヨリ戸道検閲ノ軌線数ヲ二番子シ全年七月ヨリ二蟠高田間ノ敷設ヲ始メ六月十六日迄工事ヲ竣了シ全年七月十七日竣業列車ノ武道輸ヲ終リ直チニバラスト撒布工事ヲナ...ス

今時ニ運輸開始ノ上工ヲ全ウ竣注シ全年...月十日其大部分ノ軌工ヲ二百...

憂夜牲行ニテ八月八日全部工監ヲ竣ダルノ期ヲ持ツニ至...一、停車場線路ハ...撒橋...

八上地ノ併川平積キ及地取ニ付以上ノ径ヲ物工事ヲ会平ニ影響シ多称案ニ短ツ...陸ハ来成ノ機関来ヌルニ至リ八月来蟠成シタリ依テ次ニ其工事成線ノ概要ヲ述ブレバ左ノ如シ

一、土工、線路ノ延長四哩四鍵分配ノ最急勾配ハ六十五分ノ一、曲線ノ最小半径ハ鋼二十鍵ニシテ施行基面ノ幅平均十四呎餘堤ノ最高五尺二寸五分ニシテ盛土ノ総坪数貳千参百五拾壹坪四合九勺取三六時七合一勺ナリ

二、橋梁及溝渠、八全線沖権架ナルヲ以テ地質軟弱ナレバ長九尺乃至六十八尺末山四十乃至六十ノ杭打ツナシテ上両ノ荷重工事ヲ施シ上二組石橋梁ハ全部花園ニ辺リヒ木橋及牌間二十呎ヲ倉安川外橋二ツ呎ナリト

三、伏樋、陶管八線渠外二十ヶ所ニシテ土字形鋼鐵桁ケ架設シ給延番堅六十八呎清樺九一呎ナリト

愛二ケ両線三呎ノ小軌清樺外二十ヶ所ニシテ土字形鋼鐵桁ヲ架設...ス

一、開通後ノ開知ハ六哩六哩ナリ

一、軌道　延長ハ哩二十哩二十四哩ヨリ以上ヲ使用シ阪本ハ軌條各開ニテ総面積白六十八坪六合ナリ、各線ニテ全線各開ニテ総面積白六十八坪六合ナリ、本日付十五本ヲ敷キ哩間ハ二哩六寸ニテ延長四、呼匹鋪ヨリ布シテ　ポイントヲロツシング二十四ケ所ヲ設ケ全線ニ約七百坪ノ砂利ヲ撒布セリ

一、停車場及停留場　各線中停車場四ケ所停留場一ケ所ヲ置キ乗降場総延長一千七十一哩資物積荷場三百二十四哩六寸ニテ宮道鐵ニ沼號鐵ニ両ヲ搭載シ、経吉乗降場総延長一千七十一哩資物積荷場

一、諸建物　停車場本家一棟北坪数各十五坪五合乗降場上家六坪建所一棟四十二坪物置三棟四坪五合建所一棟中ニ久線給用地五町三区　総九坪停車場用地　町二区　総九坪道路敷其他ニ久総廿四坪ナリシス

一、電話　電話線路所間三ケ各課事務所間ニ電話機七喜ヲ設置セリ

一、用地　買収地ノ総坪別ハ六町六段五畝十二歩ニ内ハ六町六段九畝廿七步宅地三畝八畝廿一歩官地三畝五坪ナリ、後八畝廿一歩宅地三畝

第参項　運輸

本期八月十一日ヨリ以テ各線路の営業ヲ開始シタルニ時ヨリ午前ニ始メ午後ニ終ヲ乗客并資ニ多ク相当ノ収益

ツ日タルモ順次各列モ病スベ全繁期ト西北風強ク渡航ノ困難十時期ニ回ヒタルヲ以テ多少収益ノ減少見ル二テリタルモ得白然ニ結果ニテ止ヲ得ザルナリ、短期間ナルモ會業後ノ状態ヨリ推察スル二今後ノ運絡ヲ一層完全ニスルトキハ本期三ケ月間ハ

旅客ノ減少ヲ見ルモ陽倉ヨリ献添一ヲ九九ケ月間ハ好成續ヲ學ダルヲ得ベシト信ズル二加フルニ荷物ハ次ヲ設備ヲナスト同時ニ市内小埠附近ニ線路延長ノ暁ハ其収入地ント倍加ス、又運論ノ認ムル二磯ナリ今左三萬物中連

輪ノ成續ヲ常ニ左表ノ如シ

二幡鐡便鐡道株式會社旅客貨物及運賃其他月別表

月別	旅客		少口貨物	貨物			荷物 運賃及収入			合計
	人員	運賃	運賃	噸數	運賃	運賃	賃率 料金	雑収入		
八月	一、一六七	一九七、四八		二一	五八、五〇					
九月	二、五八〇	二七六、二〇		六三	一四三、〇〇					
十月	二、六四九	二八八、六九		一〇五	二六五、〇〇					
十一月	二、二五六	二一九、九九		八〇	一八五、〇〇					
十二月	二、七四九	二三四、四三								
合計										

第四項　車輛

一、車輛

本期中車輛ヲ使用シタル箇所ニテ
本期中輪業別車輛運転ヲ終了シ第一號第二號ノ二喞關車ニ引修繕ヲ施セリ

客車　本期中使用ヲ始メタル箇所ニテ第一號第二號ノ二喞關車ニ引修繕ヲ施セリ

貨車　本期中有蓋貨車ノ修繕ヲ施シ無蓋貨車ノ建築中砂利搬布ニ使用シタル爲ノ終了未タ修繕ヲ施サ

現期末現存車輛數左ノ如シ

種類	車輛數	總重量	定員	積載重量
機關車	三	一六噸〇〇		廿噸
二等並参等車	二	七噸二五	七六人	四噸
参等客車	二	七噸二五	一〇〇人	
有蓋貨車	二	六噸二五		二噸
有蓋急車	六	四二噸三〇		廿四噸
郵敷貨庫	五	七二噸七〇	一七六人	廿噸
合計				

二、建設費

一、株金　前期中受入レタル株金六二万五千七百廿五圓ナリ

科目	前期末決算額	当期中決算額	合計
用地費	四、一九二・○五○	一、八○九・一五一	六、○○一・二○一
測量及監督費	二六九・○四○	二三二・三二○	五○一・三六○
土工費	二、六五八・二三七	五、八○九・一五四	八、四六七・三九一
橋梁費	一、六○○	一、六六六・○九五	三、二六六・○九五
伏樋費		五、八○一・三九○	五、八○一・三九○
軌道費		二、一四・○四四	二、一四・○四四
停車場費	二五○○	七、二三六・四二五	七、二三六・四二五
将機費		六、三七・一八○	六、三七・一八○
車両費	七、八二五・○○○	五、○二三・二六○	三、八四八・二六○

三、貯蔵物品

科目	前期末決算額	当期中決算額	合計
建築用具費	五○○	五○	五○
線路用通界木費	一、九七一・○○○	五一・四七○	一、○二三・四七○
畑垣及通界杭費	一、九七・五○○	七・三○	八・八○
電話架設費	五○○・五四○	五○・五○○	五○・五○○
連送費	六・九三○	八九・三六○	八・二三○
経保費	一、八四七・一○五	六、四八・三二○	一、○七・三五五
創立費	一、七三・二一○	○	一、七三・二一○
線路営業開始費（分担額）	一・七三・八二○	三五・二六	一・五二
合計	七一、九三○・六九○	八四、八四六・三二一	五七、七七六・九○一

四、仮出金

科目	前期末決算額	当期中決算額	合計
線路用品	六・二七九・三二六	六・二七九・七七六	六・二七九・七七六
運転用品	六七二・○○○	五・○○○	五・○○○
停車場用品		六・八五六・九○二	六・八五六・九○二
合計			

五ノ中車ダル モノハ用地費備金道費検査費保費其他

	前期繰越高	当期仮出高	当期決算額	差引残高
仮出金	七・六九・三○○	五・五九三・四九○	五・○二七・七四五	一・二八二・六四五

五、営業収支（営業日数百十二日）

款項目	金額
営業収入（小計）	四○・七五二・二四○
運輸収入	
旅客収入	三五・六○○
貨車収入	四・三二○
雑収入	一・二九・四○○
雑収入人（小計）	四・二三・三三○
雑費	一・二・六○○
預金利子	四六・○六○
延帰利子	四・五三○
株水募撥子散計	五・四○○
合計（小計）	四・六五二・五二○
営業費	四・六八二・五五五
営業費	八・九七九
線路保存費	一・○三・六五三
監督費	
修繕費	

第4回営業報告書4

合計	雑業営業雑費	小計	線保費	小計	運輸費	小計	汽車費
	本社費		監督費		列車費		停車場費 連轉費
三七三一 六九七	三二八 七四四	五七四 六五二	五七四 六五二	一〇五七 七八六	八〇二 七八〇	一四〇 五四〇	八五九 三六九／八五一 三六九／八八八 九八七

財産目録　（大正四年十一月二十日現在）

一金八万貳阡四百四拾圓也　払込未済資本金

一金八萬貳阡四百四拾圓也　払込未済資本金

一金五萬七百七拾六圓九拾錢壹厘也　建設費

一金六阡八百五拾六圓貳拾錢也　戸籍物品

一金壹百八拾壹圓六拾四錢五厘也　仮出金

一金四百五百参圓六拾貳錢也　未収入金

一金壹阡六百四拾圓四拾錢也　銀行当座預金

一金壹百四拾参圓六拾錢也　現金

合計金貳拾五萬千九百七拾九圓四拾八錢参厘也

貸借対照表　大正四年十一月二十日現在

借方　（資産之部）

貸方　（負債之部）

一金五萬七阡七百七拾六圓九拾錢壹厘也　建設費

一金壹阡貳百四拾八圓六拾四錢五厘也　仮出金

一金壹阡六百四拾圓六拾四錢也　銀行預金

一金壹百四拾参圓六拾錢也　現金

一金四百五拾参圓四拾錢五厘也　未収入金

一金六阡八百五拾六圓貳拾錢也　貯蔵物品

合計金貳拾五萬千九百七拾九圓四拾八錢参厘也

一金壹萬四阡七百拾壹圓四拾壹錢也　当期純益金

一金八萬五阡四百九圓拾五錢也　資本金

一金拾八万圓也　未拂代金

合計金貳拾五萬千九百七拾九圓四拾八錢参厘也

損益計算書

収入

一金四百貳拾参圓参拾貳錢也　連輸収入

一金七百貳拾九圓六拾八錢七厘也　雑収入

合計金貳拾五萬千九百七拾九圓四拾八錢壹錢也

支出

一金四百五拾参圓七拾錢九厘也　線路保存費

一金千五百七拾七圓四拾四錢九厘也　連輸費

一金八百五拾九圓参拾六錢九厘也　汽車費

第4回営業報告書6

廃線に至った経緯

　大正末期から旭川の浚渫工事が行われ、水深が深くなると、上流の岡山市内の京橋船着き場まで船が上がってくるようになった。岡山瓦斯㈱も専用ドックを設けて、運搬船が、直接ドックに着岸するようになり、乗客や貨物は次第に運賃の安い船便を選ぶようになった。

　大正12年2月5日湊－国清寺間1.6kmを延長開業したが、岡山電気軌道が終点の岡山市西大寺町から東山へ延長するのと歩調を合わせながら、乗り継いで国鉄岡山駅までの連絡をとるためだった。ところが岡山紡績へ通う女工さんは逆に不便となり、思惑に反し大きく乗客増とはならず、昭和初期の不況、自動車の普及も重なり、営業成績は不振をきわめた。

　コスト削減に気動車（内燃動力）2両の導入、など営業成績向上の企業努力も試みた。

　その矢先、昭和6年4月1日に平井村が岡山市に併合され、岡山市都市計画旭東線の都市計画に三蟠鉄道の路線敷きの一部も組み込まれることとなった。国清寺－網浜間の線路買収、立ち退きの話が出た際、岡山市から5万円の補助を受け取り、廃業の未認可のまま6月15日突然営業を中止、6月28日正式に営業廃止が認可された。6月30日に廃業した。

船便への移行進む

　明治期には治水技術に富むオランダ人技術者を招聘し、彼らの指導の下に、日本の主要河川はケレップ水制を取り入れ、水の流れを制御した。ケレップ水制とは流水の幅員を局限して船通りを深くして、水制部周辺に土砂の沈殿を促すオランダの伝統的な工法のこと。古今東西、川を制する者は国を制するといわれたように、国策としての河川整備は明治期の至上命題だったに違いない。

　オランダ水工技師団を高給で雇ったのは明治政府がオランダと特別な関係にあったことが想像されるが、ここでは触れない。この内、内務省土木局は1等工師のムルデルを岡山に配属している。

　ムルデルは①「岡山県下児島湾開墾復命書」《1881（明治14年）7.15》と②「岡山県下児島湾開墾工事説明書」《1889（明治22年）10.10》と二つの復命書を残している。

　一等治水工師としての大きな役割は粗朶沈床工事（ケレップ水制）であり、ムルデルが旭川の改修に尽くした功績は甚大なものだった。

　今に残る全国各地のケレップ水制の中で、旭川のケレップ水制は、最も設置当時の姿を留めている。

　旭川は左岸にケレップ水制がなされ、次いで船通しのため、大正末期から反対側の右岸側に浚渫工事を始めた。そして水深が増すと、上流の岡山市内の京橋の船着き場まで、発動機船があがって来るようになった。それまでは、水深も浅く、渇水期には歩いて渡れる状態だった。もともと旭川は人工的な川だから当然。水深が増し、石炭も三蟠港で陸揚げせずとも桜橋の岡山瓦斯株式会社のドックへ直接着岸できるようになり、瀬戸内海の魚介類も船便で京橋まで届くようになった。そして乗客や貨物は次第に運賃の安い船便に取って代わられるようになった。

　トラックなど車が不定期で走る時代になって、ますます厳しい状況となり、三蟠鉄道は生き残りを賭けての乗客の誘致に取り組んだ。それまでも夏は納涼列車や海水浴客など、新聞広告でもしきりにPRして、潜在需要の掘り起こしに取り組んではいたが、目に見えて業績を回復できるほどの効果はなかった。

　顧客誘致は三蟠鉄道にとって大きな課題で、早くから岡山市中心部との接続を考えていた。

　大正8年7月には、既に国清寺駅（現旭東小学校東側）までの延伸と、岡山電鉄（資料編333頁参照）との接続の構想を持って、既に用地買収交渉や接続のタイミングを計っていた。

　岡山市でも、岡山電鉄を京橋、小橋、中納言そして東山公園まで一直線で延伸する

三蟠軽便鉄道の営業履歴

	鉄道敷設許可	会社設立	営業開始	国清寺迄延長（湊－桜橋間廃止）	三蟠鉄道に社名変更	三蟠駅構内に水族館開館	運行中止	廃業認可、三蟠乗合自動車に移行	乗合自動車が岡山バスに合併	岡山バスが両備バスに合併
	T2.7.10	T3.2.1	T4.8.11	T12.2.5	T12.4.10	S4.4	S6.6.15	S6.6.28	S12.3	S29.7

計画があったが相当大きな設備投資であり、用地買収は難航した。

中納言駅は、将来西大寺軽便鉄道との連結も視野にあったようだが、森下駅から中納言にかけても用地買収は容易ではなく、頓挫したようだ。

大正12年4月9日三蟠軽便鉄道株式会社は社名を三蟠鉄道株式会社と商号変更した。そのこととの因果関係は不明だが、先に軌道を延ばしたのは三蟠鉄道の方で、大正12年2月5日湊－桜橋間に分岐点を設け、網浜停車場と国清寺駅を設置した軌道が完成した。

国清寺駅は当時としてはモダンな三蟠駅舎を国清寺駅舎として移築し、文字通り始発駅を国清寺駅とし、三蟠駅が終点になった。

少し遅れて大正12年7月9日岡山電鉄の方も東山までの旭東線を開業させたが、既に三蟠鉄道が国清寺駅を始点にしていたため、中納言駅から、いったん右にカーブしてから、三蟠鉄道の国清寺駅の前を通って東山に向かう軌道となった。

岡山電鉄との接続では、三蟠鉄道の軌道が762ミリであるのに比し、岡山電鉄は1,067ミリであり、軌間が違うので、乗り入れは無理としても、乗り継いで国鉄岡山駅への交通アクセスを容易にしようとの思惑は実現した。

乗客を増やすことは岡山電鉄にとっても、三蟠鉄道にとっても双方共に重要な命題だった。岡山電鉄側の構想としては、三蟠鉄道を電化させたいとの思いがあり、鉄道は将来必ず電化の時代が来るとの思いだった。

清算人会の議事録から見えるもの

清算業務の系譜

三蟠鉄道清算人會の議事録
清算業務の系譜　　以下骨子のみ
昭和六年八月起清算人会議綴に、清算業務の記録が残されている
昭和六年八月一七日　清算人会議　於：三蟠鉄道本社事務所
精算人及び清算人代表を決定、清算方針を決定、
昭和六年九月三日　清算人会議　於：三蟠鉄道本社事務所
軌條売却方針決定、国清寺駅跡処分方針について外
昭和六年十月八日　清算人会議　於：三蟠鉄道本社事務所
都市計画路線の収用代金、課税に対する方針決定の件、鉄道財産評価最低見積もりの件外　財産整理目録評価表提示して協議
昭和六年十一月二日　清算人会議　於：三蟠鉄道本社事務所
所得税課税問題　岡山税務署との協議経過説明　三蟠倉庫、宮道、網浜、自動客車、水族館売却価格決定外
昭和六年十一月五日　清算人会議　於：三蟠鉄道本社事務所
税務署への納税額承諾を決定　土地収用審査会での収用地に関し各地主との協議をなすことを決定
昭和六年十一月十一日　清算人会議　於：三蟠鉄道本社事務所
昭和六年十二月二一日　清算人会議　於：三蟠鉄道本社事務所
清算事務報告書の件承認決定
昭和七年四月二四日　清算人会議　於：三蟠鉄道本社事務所
収用土地買戻しの件　また事務所移転に関する件は、次回は内山下三蟠自動車待合所に移転を決す
昭和七年六月二八日　清算人会議　於：三蟠自動車棟上
藤原社長今期決算細部に就て報告承認する。次に未処分財産に就て概数報告し、海水浴場処分案　線路用地売却方針可決
昭和七年九月一六日　清算人会議　於：岡山市城下の禁酒会館
清算人の業務について、疑惑を持たれたことに対し、網浜鉄道線路跡一部売却に関する件今暫く延期を決定外
昭和八年二月二七日　清算人会議　於：岡山市内山下の禁酒会館
鉄道用地処分の件・特に国清寺については現場を確認して価格を決定すること等を決定
昭和八年三月二二日　清算人会議　於：岡山市内山下の禁酒会館
国清寺跡地電車通り角地を七五円以上　他は七十円以上にて売却すること　同四番の七は五十円以上にて売却すること
昭和八年六月三日　清算人会議　於：岡山市内山下の禁酒会館
清算人辞表提出に対する扱い　跡地処分の件　事務進行の件
昭和八年六月二九日　清算人会議　於：禁酒会館
第三回清算報告の件　精算人佐藤勉二の辞任了承
昭和八年一二月四日　清算人会議　於：精算事務所
三蟠村江並の土地売却の件　網浜地内用地売却に関する件　土地会社を創立して事務の継承する案が出され継続審議とする
昭和九年四月二五日　清算人会議　於：岡山城下禁酒会館
中国合同電気会社敷地として線路一部売却の件、宮道駅構内の頓写講元所有地に関する件、其他線路の処分に関する件・元所有者の買戻方の要求を待って処分する方針を決定、清算人会報告書決定
昭和九年六月一九日　精算人会　於：岡山城下禁酒会館
線路敷地一部売却に関する件・国清寺駅・中畑以南・浜中駅の一部
清算費決算に関する件、優先株に就いて時期を見て一部配当の件
昭和九年七月一九日　精算人会　於：岡山城下禁酒会館

線路売却に関する件、事務費決算に関する件、優先株一部払戻の件、株主総会開催期日延期の件外、元帳残高表・清算費内訳表
昭和九年八月二五日　　清算人会　　於：岡山城下禁酒会館
昭和七年六月一日〜昭和九年五月三一日決算の件、三蟠村大字江並字拾壹の割の処分最低価格の件
昭和九年十一月一日　　清算人会　　於：岡山城下禁酒会館
午前中別紙協議題配布して午後再開　江並地内線路売却に関する件、江崎地内線路処分に関する件、平井地内線路処分に関する件
昭和十年一月一五日　　清算人会　於：岡山市内山下四十一番本社清算事務所
土地処分に関する件、妹尾文七郎氏より清算に入り已に四年、一般株主より清算促進の要望と種々の風評を耳にするを以て、整理を早く片付けたしとの意見あり、長汐・岡両名の賛成から、やや価格を切下げて原案の通り売却することに決定、土地株式会社創立の件一時保留決定
昭和十年一月二九日　　清算人会　　於：岡山市城下禁酒会館
優先株主に配当する件決定
昭和十年四月八日　清算人会　　於：岡山市城下禁酒会館
平井地内土地売却に関する件議長から岡山土地株式会社に売却することに就いての提案に対し、種々意見あるも、価格外交渉方針を決定
昭和十年六月一六日　清算人会　　於：岡山市城下禁酒会館
収用土地和解に関する件、平井廃線地処分の件、三蟠地内の土地処分の件、清算事務報告の件、六月一六日協議題・元帳残高表。未処分地概況表外
昭和十一年九月四日　清算人会　於：岡山市城下禁酒会館
土地収用訴訟事件和解の件、小山弁護士へ謝礼の件、優先株配当に関する件
昭和一二年三月一四日　精算人会　　於：岡山市城下禁酒会館
一株五円一〇銭を配当すること、精算人報酬を二〇〇〇円とすること、二〇〇〇円の清算人報酬は長汐・吉田の三人を決定すること、而して其内容を公表せざること　右決定
昭和一二年七月三十日　精算人会　　於：岡山市城下禁酒会館
普通株に対し一株五円を第一回配当すること　清算人の費用弁償として九〇〇円を之に当つること、報酬は追って決定すること外を決定
資産現在高　　（昭和一二年七月三十日現在）
一金一万九千四百八円五十二銭　　銀行預金其の他
一金二千六拾六円二十五銭　　土地代金未収入
合計二万一千四百七十四円七十七銭内
一金一千円也　　優先株配当金二千株分
一金八百三十二円也　　三運会社配当金仮渡金
一金七百七十九円三十六銭　　未拂配当金
一金三百四十六円四十七銭　　未拂金
小計金二千九百五十七円八十三銭
残金一万八千五百十七円八十七銭
此処分
一金一万六千九百六十円也　　一株配当金五回三十箋
一金一千五百五十二円八十七銭　　清算諸費引当
以上
昭和一二年一二月二九日　精算人会　　於：岡山市上ノ町魚峰
一　　一株に付き二〇銭以上五〇銭を第二回より配当とすること
二　　報酬は従前の決議に依る
三　　宦官弁償は一日三円を支払うこと

三蟠鉄道の関係会社

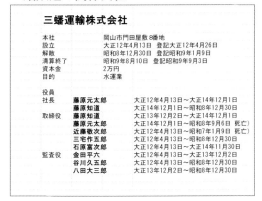

三蟠運輸株式会社

本社	岡山市門田屋敷8番地	
設立	大正12年4月13日	登記大正12年4月26日
解散	昭和8年12月30日	登記昭和9年1月9日
清算終了	昭和9年8月10日	登記昭和9年9月3日
資本金	2万円	
目的	水運業	
役員		
社長	藤原元太郎	大正12年4月13日〜大正14年12月1日
	藤原知道	大正14年12月1日〜昭和8年12月30日
取締役	藤原知道	大正13年12月2日〜大正14年12月1日
	藤原元太郎	大正14年12月1日〜昭和8年9月6日 死亡
	近藤敬次郎	大正12年4月13日〜昭和7年1月9日 死亡
	三宅作五郎	大正12年4月13日〜昭和8年12月30日
	石原富次郎	大正12年4月13日〜大正14年11月30日
監査役	金田平六	大正12年4月13日〜大正13年12月2日
	谷川久五郎	大正12年4月13日〜昭和8年12月30日
	八田大三郎	大正13年12月2日〜昭和8年12月30日

中国醸造株式会社

　関係会社には当たらないが、後の岡山瓦斯の役員となる役員の名が見えて、ここに記す。

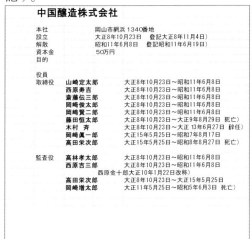

中国醸造株式会社

本社	岡山市網浜1340番地	
設立	大正8年10月23日	登記大正8年11月4日
解散	昭和11年6月8日	登記昭和11年6月19日
資本金	50万円	
目的		
役員		
取締役	山崎定太郎	大正8年10月23日〜昭和11年6月8日
	西原寿吉	大正8年10月23日〜昭和11年6月8日
	斎藤伝三郎	大正8年10月23日〜昭和11年6月8日
	岡崎俊太郎	大正8年10月23日〜昭和11年6月8日
	岡崎賢二郎	大正8年10月23日〜昭和11年6月8日
	藤田恒太郎	大正8年10月23日〜大正9年8月29日 死亡
	木村 斉	大正8年10月23日〜大正13年6月27日 辞任
	岡崎眞一郎	大正15年5月25日〜昭和7年8月17日
	高田栄次郎	大正15年5月25日〜昭和8年8月27日 死亡
監査役	高林孝太郎	大正8年10月23日〜昭和11年6月8日
	西原吉三郎	大正8年10月23日〜昭和11年6月8日
		(西原金十郎大正10年1月22日改称)
	高田栄次郎	大正8年10月23日〜大正15年5月25日
	岡崎増太郎	大正11年5月25日〜昭和5年6月3日 死亡

廃線後のバス事業の動き

　鉄道廃線後は、いち早く三蟠自動車（三蟠鉄道の後身）が土手を走った。

　上段は、当時発売された回数乗車券。裏表紙を見ると、小橋を経由して、岡山駅までアクセスできたことがわかる。

　下段は昭和33年頃、三蟠駅舎跡で発売された切符にも、天満屋まではアクセスできていた。

　現在のようにワンマンバスではなく、運転手のほか、車掌が車内で切符切りもしていた。

　次第に各駅でタバコ屋など売店で切符を発売するようになった。（資料提供：藤原春枝）

三菱自動車（三蟠鉄道の後身）の回数券

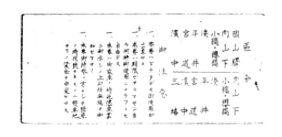

三蟠駅舎で昭和33年頃に売られていた両備バスの切符

開通当時の線路が見える地図

　大正4年9月発行、編集兼発行者：安井宇吉、印刷所：山陽新報社

　岡山市内地図から抜粋した地図によれば、開通したばかりの三蟠軽便鉄道の路線が、桜橋駅までくっきり見える。平井地区は当時、上道郡内の平井村なので平井から三蟠駅までの路線は見えない。しかし桜橋駅に向けてほぼ直線に線路が走っていることがわかる。（107〜110頁画像参照）

線路跡のわかる平井村と周辺地図

　軽便鉄道時代は、鉄道の持つイメージ、ステータスは現在では考えられないほど大きかった。鉄道に焦点を当てての地図は多くの住民に注目され、今に残る多くの地図があった。時の流れと共に、移りゆく路線や駅も変わっていて、歴史を感じることができる。（資料編305〜309頁も参照）
　地図上では駅名はひらがなになっている。

大正7年の地図

　三蟠軽便鉄道が大正4年開通から3年後、鉄道が中心の地図が残されていた。この地図は平井村のほぼ全域が含まれているが、終点「さくらばし駅」と「みなと駅」、「ひらい駅」の名前が見える。倉安川を跨ぐ橋梁北にあったのが、「みなと駅」だった。桜橋の名前は当時から桜並木があったため、倉安川にかかっていた橋につけられた名前。倉安川の改修工事で桜橋はなくなったが、その後旭川に架橋された橋に桜橋と名づけられ引き継がれている。

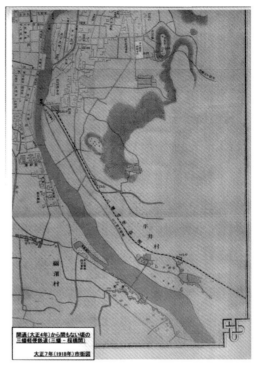

開通（大正4年）から間もない頃の
三蟠軽便鉄道（三蟠－桜橋間）

大正7年（1918年）市街図

大正7年

大正12年の地図

　この地図には、鉄道路線が赤く表示され、終点「さくらばし駅」や「みなと駅」、「かみやしき駅」の名が見える。倉安川を越えるとほぼ直線に終点「さくら橋駅」まで延びている。また、この時期は国清寺駅へと延びる路線計画が決定しており、予定線も見える。平井村内では地名として五軒家、四軒屋、西湊、上平井、下平井の名が見える。

昭和2年の地図

　この地図で三蟠鉄道が国清寺駅まで延伸していることがわかる。さくらばし駅の表示はなく、かつての桜橋駅はなくなっている。みなと駅は北に100メートルほど移設していることがわかる。一説には地元の名士で大富豪の「橋本幾治」が山側から見える目の前に誘致したという説もあるが定かではない。「みなと駅」から、「さくらばし

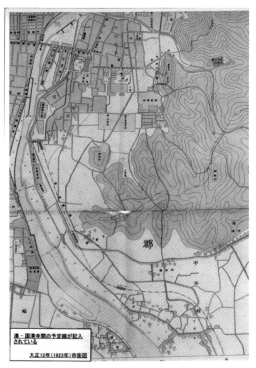

大正 12 年

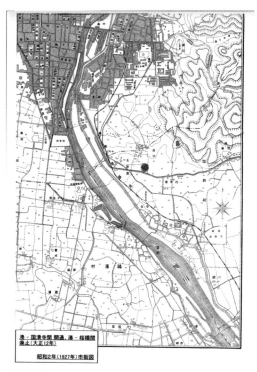

昭和 2 年

駅」間に分岐点を設けて、大きくカーブし
「あみのはま駅」を経由して「こくせいじ
駅」へと延びている。この位置は当時の国
清寺（小橋町）東に位置していた。平井村
内には、「みなと駅」や「かみひらひ駅」、
「しもひらひ駅」の名が見える。集落のある
上平井には妙楽寺が、下平井には妙廣寺も
あり、線路は大きくカーブしていることが
わかる。

昭和初期の地図

　地図は白黒画像だが、線路はくっきり見
える。平井村内の地名としては「五軒屋」
「西山」「四軒屋」「西湊」「川崎」の名前が
見える。旭川東岸には、当時としては珍し
い「セメント工場」もあった。また川下に
は「福島」という島があったが、名前の由
来はわかっていない。旭川の川幅と河川敷
は細く太くと、かなり変化が大きく見える。

昭和5年の地図

　鉄道線路は赤く表示されている。岡山電
鉄（資料編 333 頁参照）も中納言で南下し、
三蟠鉄道と接続できる位置で東山まで延び
ている。西大寺町から京橋を経由して直線
コースで東山へ向かう予定だったが、1年
前に三蟠鉄道が国清寺駅を設置したためで
ある。この図では倉安川と地蔵川（祇園用
水）が青く表示されていて、倉安川の源流
の位置も見える。また岡山市の都市計画道
路として、旭東線の予定線も表示されてい
る。完成したばかりの「岡山放送局」、そ
して「第二中学校」や「第一、第二商業学
校」（現在の岡山県立岡山東商業高等学校）
も見える。さらには倉安川を跨がる路線と
倉安川との間にあった町内会所有の精米倉
庫など、複数の建物まで見える。昭和6年
3月末を以て上道郡平井村は岡山市に併合
されたので、1年前のことだ。妙光寺（現、

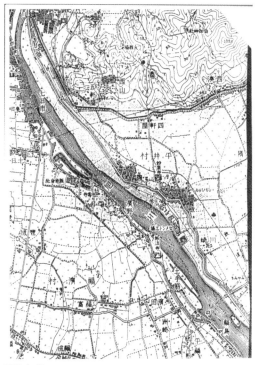

昭和初期

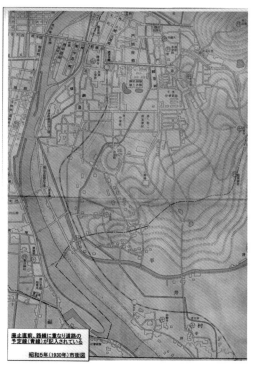

廃止直前、路線に重なり道路の
予定線（青線）が記入されている

昭和5年(1930年)市街図

昭和5年

妙廣寺）と妙楽寺は大きく表示されている。

昭和14年の地図

　この地図には鉄道が昭和6年6月末で廃業しており、三蟠鉄道の路線は見られない。平井村は昭和6年3月31日までで、翌日から岡山市に併合されている。網浜駅以北の線路敷は道路に飲み込まれている。廃業の翌月から清算業務に入っている。岡山市による線路用地買収は、清算業務に伴う大きな財源にもなった。後に三蟠の工業地帯まで伸びる産業道路（通称）には取り掛かっていない。かつての鉄道沿線地域には、平井で「五軒屋」「西山」や「平井山」の名も見える。また、網浜地区では「一軒茶屋」「二軒屋」「三軒家」「六本松」などの地名、また「寶珠山」の名が残されている。また、市内電車の番町線も見える。

鉄道引き込み線と蒸気機関車

　岡山瓦斯株式会社の社史には、鉄道引き込み線の見える地図と煙を吐く機関車の画像が残されていた。地図には、湊駅から桜橋駅跡に向けた線路跡が残っている。三蟠鉄道は昭和6年6月末廃業したことから、鉄道にとって最後の景色である。廃業直前までは、石炭を運ぶ貨物は引き込み線により運ばれていたようだ。ガス会社や鐘渕紡績岡山工場に通う乗客は網浜駅で下車しなければならず、歩いて会社に通うので不便になったと嘆いていたとの証言もある。

　地図を見ると、網浜駅から桜橋駅にかけて線路が見える。設置された時期は定かでなく、貨車が通るために設置されたのか、客車も走ったのか不思議。しかし地元の古老の話では、網浜駅の東側に小さな転車台が残っていたという。三蟠鉄道の線路は単

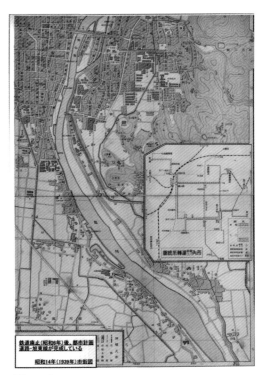

昭和14年

貨車を押して工場に入る蒸気機関車

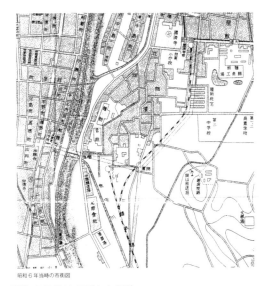

昭和6年当時の市街図

昭和6年当時の岡山市街地

線であり、始点や終点でない桜橋駅に転車
台があったという話と符合する。また地図
には、前年に完工した岡山放送局も表示さ
れている。岡山放送局の大きなアンテナは
見えない。当時はラジオ放送だけでテレビ
のない時代。しかし高いところから見下ろ
す位置に網浜駅や転車台、車両の姿も見え
ていたはずだが、NHKには写真や記録は
見つかっていない。

（注）三蟠鉄道が廃業した昭和6年の地
図には、早くも後に産業道路と呼ばれる都
市計画道路が南の平井方面へと延びている
のが表示されている。この地図では、線路
と計画道路は並行し重なっていないが、あ
くまで計画であり、現在の国清寺交差点か
ら南も少しずつ整備されてきた。網浜駅か
ら北は相当部分が道路敷きとなることから
相応の補償金をもらうことで廃業に踏み切
っている。

岡山瓦斯への鉄道引き込み線

この平面図は昭和12年当時の図面なの
で、既に三蟠鉄道が廃業してから久しい。
しかし、引き込み線は三蟠鉄道廃業後も、
しばらくは残されていたようだ。ガスタン
クの位置もわかるが、旭川にガス会社が専
用のドックを設けて石炭陸揚げする様子や、
土手の上を跨いで、ベルトコンベアで工場
内に石炭を運んでいる景色はバスからも見
えていたのが懐かしい。

引き込み線のレールは機関車に頼れない
が、トロッコを人力でも円筒形タンク近く
まで移動させることもできたようだ。石炭
から液化天然ガスに交替し、タンクが球形
になってから、いつの間にか、レールは見

えなくなった。この平面図で引き込み線が倉安川を斜めに横切っていることがわかる。かつての桜橋駅からの引き込み線は、直角には入れず、引き込み線は弓なりに迂回しながら工場内に入っていた名残だ。

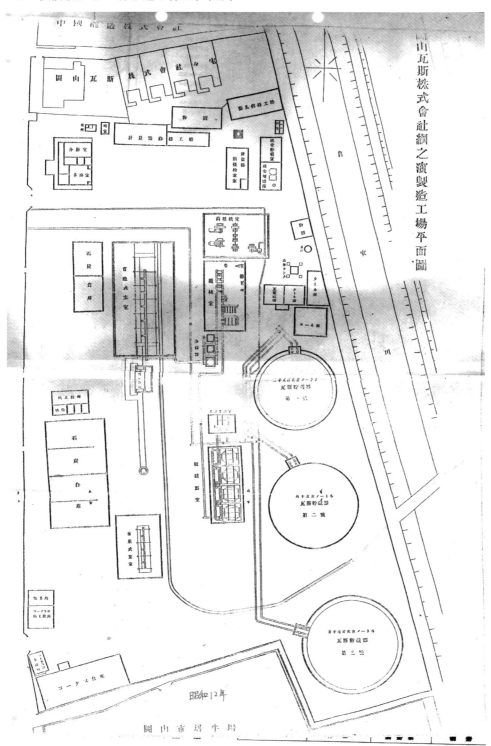

岡山瓦斯株式会社網之浜工場引き込み線が見える。提供：岡山ガス（株）

開通100周年記念事業の足跡………………

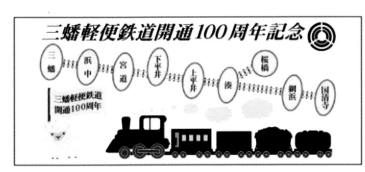
短命に終わったものの9つの駅があった

100周年記念事業の実施決定

東山公民館で勉強会を続けている三蟠鉄道研究会では、平成26年10月18日の勉強会の際、会員の意見を集約して記念事業を決定した。大正4年8月11日に三蟠港から桜橋を結ぶ三蟠軽便鉄道が開通（後に国清寺まで延伸）しており、既に廃線して久しいが、平井の地に蒸気機関車が走った時代があることを知る人も少なくなった今、先人たちの偉業を学び、後世に伝えるには、翌平成27年8月11日が開通100周年記念日を迎えることになることから、これを機に、記念事業をやることの意義を共有できた。

会員は日頃から地域の歴史に興味を持ち、今日があるのは鉄道事業に取り組まれた先人たちの熱い思いがなせる業に違いないとの思いだった。

その上で、鉄道は沿線、周辺地域の熱い想いと、強い絆があったればこそ、しかも民間鉄道として何故開業できたのか、しかも開業から開通まで驚異的なスピードでこぎつけた理由を突き止めたいとの思いがあり、単に平井地区のみならず、鉄道沿線や三蟠鉄道を利用した周辺住民と一体で活動することが、効果的であるとの思いからで、平成27年は一年間をかけて、様々な行事を執り行うこととした。

しかし、具体的な記念事業の内容が定められたわけではなく、何度もスタッフミーティングを重ねて、また会員に諮りながら事業の中身を決定していくこととなった。とにかく、形あるものを作ることで多数の住民が関わって記念事業を盛り上げること。また「記憶ではなく記録に残す活動を意識して取り組もう」が合い言葉だったと思う。

しかし目前に迫った平成27年をどのように運営していくか、多くの方に記念事業の意義を訴えるか、また、活動資金をいかに工面するかという課題が山積しており、また色々と前向きな提案があり、うれしい中でも生みの苦しみとの葛藤の日々を過ごすこととなった。

とにかく時間が足らないとの緊迫した中で、スタッフ一同、日々走りながら考える毎日だった。平井の歴史を再確認するところから始まった。

かつては平井は古くは荒野庄と呼ばれ、旭川対岸に位置する鹿田庄とともに、藤原氏の荘園という古い歴史がある。

現、岡山市中区平井の地は旭川の東岸、操山の南麓に位置し、昭和6年3月31日

まで上道郡平井村だった。平井村は明治21年12月小さな村が合併して平井村と称して誕生、翌明治22年6月1日湊村との合併で新平井村が誕生した。平井地域は江戸期までは漁村として発展、旭川の「湊しじみ」は全国的に名を馳せ、「しらうお」を献上物として池田の殿様に差し出すなどで、備前岡山藩からは手厚い庇護もあった。平井の南には江戸期に、池田光政、綱政の時代に、沖新田など広大な新田が開拓された田園地帯が広がり、平井の地からも南は児島半島を見渡せる風光明媚な田園地帯であった。

江戸期は沖新田地域と岡山城下への通過地点という地の利もあり、歴代の岡山藩主が、三蟠港を岡山の表玄関として重要視したようで、平井地区の人口は次第に増加、岡山城下と三蟠とを結ぶ重要な結節点として道路網も随時、整備されてきた。

平井村の歴代村長は吉岡惣太（明治22年7月～明治39年4月）及び妹尾文七郎（明治39年8月～昭和6年3月）であった。

乗車体験者への取材活動

三蟠鉄道を見たことのある方を各地で探したもののほとんどなく、ましてや乗車経験がある方を探すのは困難を極めたが、これまで4名の取材を得ることができ、それぞれDVDに収録することができた。昭和6年6月末を以て廃業した三蟠鉄道であり、それぞれご高齢であるし、またご健康でなければお話をお聞きすることはできないのでとても貴重な経験となった。

三蟠鉄道はどんな方が乗られたのか

取材の結果判明したことは、既に述べたように客車は、岡山瓦斯㈱、鐘渕紡績岡山工場の両社で働く、女工さんなど通勤客が中心で、釣り客や観光客にも利用されている。また小豆島観光にも利用されていた。開通当時、貨車と客車は別々に運行されていたわけでなく、混合列車としての運行だったので国清寺駅までの延長は、取材した結果、岡山瓦斯、鐘淵紡績に通う女工さんにとっては不評だった。新たにできた網浜駅で下車することになるからで、職場までの歩経路が長くなったからだった。

国清寺駅ができてからは、一時期には四国に渡る、お遍路さんが多く利用され、門田屋敷付近には複数の旅館が建ち、前夜に宿泊し、翌朝の一番列車は満席という時代もあったそうだ。また、犬養毅や竹久夢二も、この鉄道を利用したのではないかという話もでたが、文献にそのような記述は見つかっていない。

また、第六高等学校の生徒も水上運動会（水泳大会）などに、三蟠軽便鉄道の往復切符を使って利用したことも判明した。三蟠軽便鉄道は、釣り客や、車窓から見える風光明媚な景色を売り物に、盛んに新聞広告をして、鉄道の利用をPRしている。三蟠軽便鉄道の鳥瞰図の裏面には、支配人吉田茂が書いた「鉄道沿線案内」にはいかに多くの客層をターゲットにして、乗客誘致に懸命な営業努力をしたかがうかがえる。

三蟠軽便鉄道に乗車経験のある、古老から聞いた話の中を紹介する。

（注、以下年齢は取材時期によって違う）
平井学区住人男性斎本厳海さん93歳

湊駅から乗車したが、通勤時間帯と重な

り、当時女工さんがた
くさん椅子に腰掛けて
おられ、座ることはで
きなかった。時速20
キロぐらいだったが、
特に遅いとは思わなか

斎本厳海様

った。ピーッという汽笛の音が耳について
離れない。その後「ゴットン」という大き
な音と共に横揺れするので、大きな兄ちゃ
んにしがみついていた。

当時三蟠に住んでいた男性Hさん

三蟠には当時、水道がなかったので、門
田にあった叔母が経営する風呂に鉄道を利
用して行くのが楽しみだった。

操明学区住民女性Iさん

清輝橋に檀那寺があり、桜橋まで鉄道を
利用して、渡し舟で対岸に渡った。

操明学区住民女性北村治子さん

当時三蟠方面には歯
医者が居らず、歯が痛
くなると、国清寺駅前
にあった伏屋歯科によ
く通った。また表町の
誓文払いの時期には、

北村治子様

母親にしがみつくと、「袖がちぎれる」とし
かられたのが懐かしい。

幡多学区住民女性の長塩久重さん

国清寺駅につくと、
プラットホームには多
くの乗降客がいて、屋
台のようなものを引い
てきて、移動式の店舗
で「西洋料理」という

長塩久重様

ふれこみで、「ながしやき」なるものを売っ
ていたのを覚えている。今のお好み焼きの
前身と聞いていて、お好み焼きは岡山発祥

だと思っている。

幡多学区在住の馬場久子さん96歳

鉄道を利用して国清
寺駅から湊駅まで子ど
もの頃に出かけ、潮干
狩りをした。黄しじみ
は健康によいと、好ん
で採取したが、楽しか

馬場久子様

った。旭川の「湊しじみ」は当時全国に名
をなして有名だった。宮道海水浴場の浜で
も貝拾いしたと思う。

岡山市立旭東小学校から父兄も伴って宮
道海水浴場へ潮干狩りに出かけたときの写
真が、岡山市立中央図書館に飾られている。
（かつては旭東小学校の八角園舎に飾られ
ていたという）

レール・トロッコ復元

復元への序曲、枕木調達平成26年12月
26日提供：岡山電気軌道㈱

大きなトラックで直接、現場まで届けてくれた

待ち受けた枕木はとても重たい

枕木を並べる前に思案することしきり

枕木は重量があり、安全第一を呼びかける

道床改良工事　平成27年2月5日

三鉄仲間が重機を提供

畑だった場所なので重機で地ならし

枕木敷設工事2月14日

用意した犬釘とメジャー

枕木を並べるためにメジャーで計測

レールの敷設をなんとか完了

長さ5mのレール4本をネットで購入

機関車のゲージ762mm を再確認

山土入れて犬釘打ち込み（2月28日）

スコップでレールの高低差を微妙に調整

レールの長さは変えられないので、枕木を外そうと試案する

枕木が1本余る

枕木の間隔を微調整

レールの固定に犬釘を槌で打って固定

トロッコを据えるために樹木を除去

トロッコ搬入敷設工事 3 月 7 日

発注先の小寺鉄工からトロッコが届く

高低差や枕木の間隔を再度微調整

トロッコはかなりの重量となった

トロッコはレールの幅ぴったりを確認

トロッコのお披露目

（平成 27 年 5 月 9 日）

山陽学園大学の学生たちと共同製作した段ボール模型も展示

レールの幅ピッタリでトロッコを設置

在りし日のコッペル 13 号イメージ

トロッコの設置を完了して記念写真

ダンボールで復元した機関車から顔を出す子ども

あいにくの雨の中をれんげ畑から見上げる仲間

5〜6人は乗れると確認

石炭を燃やしてかつての雰囲気を再現

機関手の制服で盛り上がる

かつての三蟠駅駅長のご子孫がトロッコ乗車体験。

開通100周年記念歌、応援歌

　三蟠軽便鉄道のイメージソングとして、開通100周年記念歌「三蟠軽便列車は行く」を、また開通100周年応援歌として「おかやまいまやかお」「不老少年少女の歌」を作曲した。作詩したのは歌う作詩家として活動されている地元の貴船たゞし氏（本名河野忠男：岡山市中区倉田在住）。貴船氏は作詞ではなく、作詩したと、こだわりがあった。

　「おかやまいまやかお」と「不老少年少女の歌」の作曲は西優氏（倉敷市玉島在住）が軽快なリズムで親しみやすい曲に仕上げた。

　「おかやまいまやかお」は岡山県南、特

通りがかりの子どもが乗車体験。

に三蟠軽便鉄道沿線では古くから伝わる方言を取り入れた歌詞で、デュエット曲とした。三蟠軽便鉄道のみならず、岡山県を応援する応援歌ともなった。

　方言の監修を青山融氏（岡山市中区海吉）にお願いし、平成27年1月18日収録（電通商事スタジオ2000・倉敷市中庄）し、記念歌、応援歌セットのCD1000枚を製作すると共に、同4月1日から発売した。

　歌われたのは貴船たゞしさんと長谷川みゆきさんのデュエット、そしてお囃子は「御津童謡唱歌を歌う会」メンバーである。

　「おかやまいまやかお」の曲は三蟠鉄道の応援歌のタイトルなるも、同時に岡山の今を全国に認識していただこうとの思いで、回文にしたのは、広く全国のアンテナショップでこの曲を流してもらおうとの意図であった。

スタジオで詠う貴船たゞしさん長谷川みゆきさん

御津童謡唱歌を歌う会のメンバー

「おかやまいまやかお」商標登録

　三蟠鉄道の100周年記念に作った「おかやまいまやかお」の応援歌は、ただ単に三蟠鉄道研究会の物ではないので、岡山県の応援歌という意味で作詩したと言われていた。作詩家の故「貴船たゞし」（本名河野忠男）さんの遺志を継いでほしいと言われた奥様から、商標登録証を譲っていただいた。

商標登録証（故河野忠男氏の妻が所蔵）

三蟠鉄道研究会メンバーへの譲渡状

井笠鉄道記念館を表敬訪問

（平成27年4月9日）

井笠鉄道資料館　前列左は井笠鉄道新山駅最後の駅長
田中春夫氏

井笠鉄道資料館の玄関。左は前館長の田中氏

　平成27年4月9日井笠鉄道記念館を表敬訪問した。この記念館はかつて井笠鉄道が走っていた当時の新山駅跡を資料館としているものだが、現在は笠岡市所有の記念館になっており、館長も市の観光課長が兼務している。そこで笠岡市観光課職員に立ち会ってもらい、現地では近隣にお住まいの田中春夫前館長と面談することができた。田中氏は最後の新山駅長を務められ、井笠鉄道にとっては生き字引ともいうべき方で、これまで何度も視察訪問していたが、引退されたものの、我々訪問団を歓待してくださった。

　資料館には三蟠鉄道にまつわる写真や資料も多く残されていて、三蟠鉄道廃線後は使われなくなった貨車や客車が井笠鉄道に移籍した経緯も改めて確認できた。今年、三蟠鉄道開通100周年を迎えたことに感慨ひとしお、記念大会では三蟠鉄道研究会にとっても顕彰するに値する方であり、当日にはぜひともと、ご列席をお願いした。

館長に記念品と感謝状贈呈

　記念大会にはご臨席が難しく、この日にお届けした。

平成27年9月8日

展示されている当時の列車

新山駅の看板

記念グッズと駅弁

　当時はまだ駅弁はなかったが、イベントを盛り上げるために、岡山の海の幸、山の幸を取り入れての具材を使い、駅弁を作ってくれた。協力：㈱三好野本店

駅弁の見本

100周年記念Tシャツ製作

　このTシャツは活動期間中スタッフが着用すると共に、記念大会では記念品として販売する。

出来上がったTシャツを乾燥

Tシャツにアイロンがけをする会員

駅名案内板の製作、設置

　岡山県立聾学校生徒によるみなと駅、はまなか駅平成27年7月6日製作現場

工具を上手く使う生徒さん

生徒さんが描くみなと駅の看板

案内板に足をセットして組み立てる

　学生たちが、授業の中で立派な駅名板に仕上げてくれた。

マスコミによる取材

作業する学生

設置したはまなか駅の駅名板

平井のアバット跡へ設置の史跡案内板除幕式　平成27年11月10日

　東岡山工業高校の生徒たちが除幕してくれ、地域と一体感となり、マスコミにも注目された。

現場を案内する三蟠鉄道研究会会長

　岡山県立東岡山工業高校生徒による三蟠駅、宮道駅同8月4日製作現場

学生たちがあれこれと試行錯誤

除幕式にはマスコミが取材

岡山県立東岡山工業高校の生徒たちも除幕式に参加

湊駅の駅名板の制作にかかわった教員と生徒

除幕式の集合写真

駅名版の裏面には、作製にあたってくれた学生たちの名前が刻まれている。

制作した生徒の名前が書かれたプレート

湊駅跡に設置した湊駅駅名板の除幕式
平成27年8月21日

　当時は右から左に駅名が書かれていた。制作に関わった岡山県立岡山聾学校の生徒たちも参加した。

意気をそろえてテープカット

蒸気機関車を神輿として復元

　蒸気機関車模型作りを決定、その後「子ども神輿」とすることを決定。

　平成26年12月27日のスタッフミーティングにおいて、蒸気機関車の模型作りと、それを神輿にして、鉄道沿線周辺の小学校を子どもたちが主役となって、各小学校をリレーで走破して盛り上げようとの意見が採択された。作業場として操山山系にある岡山市中区今谷にある笠井山の一角に教育施設、「就実・森の学校」があり、就実・森の学校のご理解を得て、ここを作業場と

して使わせていただくこととした。この場所は過去にも竹細工等でいろいろ形あるもの作っており、周囲は真竹も孟宗竹もあり、古墳も多く点在する清閑な場所であり、工具や材料も揃っていて申し分ない施設で感謝に堪えない誠にありがたいことであった。

就実・森の学校で神輿づくり

年末の寒い日が続く中、翌日からは材料となる竹を切り出して、竹割り作業が始まる。

年が明け、就実・森の学校で課題確認や各工程について意見交換し、作業経験豊富な平島省三氏の作成した車輪等全ての部材の原寸大図面（洋裁でいう型紙）をもとに段ボール切りの共同作業を開始した。

神輿として担ぐには軽量で丈夫なものに仕上げねばならない。材料として骨格は垂木や胴ぶちではあるが、真竹を小刀や鉈で削り、煙突など円形部分は竹細工で形を作り、全体にダンボールや和紙で覆った上で、塗装するという工程が確立できるまでには幾度となく思考錯誤を繰り返してきた。

蒸気機関車模型は三蟠鉄道で使われたドイツ・アーサーコッペル社製のC型蒸気機関車をモデルとすることに決定した。コッペルC型蒸気機関車は三蟠鉄道廃線後に福島県の猪苗代町を始発とする沼尻鉄道に引き取られた経緯がある。三蟠鉄道研究会は、これまで猪苗代町の「沼尻鉱山と軽便鉄道を語り継ぐ会」と民間同士が交流しており、写真集に画像や要目表が見つかった。画像から車体の大きさを計測しその測量図面に基づき、概ね実物大の三分の一ではあるが、軽四トラックに積み込み可能な大きさにしたレプリカを目指すこととした。

平成27年3月3日これまで蒸気機関車模型（以下「お神輿」）作りと称していたが、以後名称を「子ども神輿づくり」と変更している。

同年4月7日「お神輿」の骨組みがほぼ完成し、神輿のリレーは10月とするものの、幻といわれていた鉄道を顕彰する良い機会なので9月5日〜6日の100周年記念大会には展示することを目指し、作業を加速させることと決定した。

平島省三氏が神輿制作に必要な設計図面を用意してくれたこと、日ごろの作業は、実際の蒸気機関車の単純な縮尺にはならないが、軽トラに載せる大きさとするために、運転席など子どもが乗れるように修正した独自の設計図だった。

ここでは制輪子構造図、駆体構造図、蒸気筒構造図のみを紹介する。

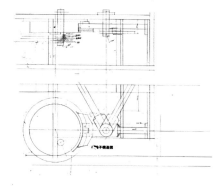

制輪子構造図

駆体構造図

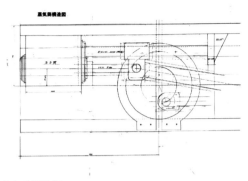

蒸気筒構造図

子ども神輿づくり現場
平成27年1月以降

神輿づくり現場1月12日

就実・森の学校で神輿づくりの打ち合わせ

　現場では、平島先生による指導を受けながら、いつも楽しく、和やかに作業に励んだ。参加いただいた主要メンバーは、以下の通り。

　平島省三氏、石田省三氏、徳田仁司氏、中島芳夫氏、山崎泰二氏、片山高年氏、中川高志氏、永井喬子氏、瀬尾利夫氏、金澤隆城氏、金澤俊子氏、揚野正行氏、内田武宏、内田育子（順不同）

神輿づくり現場5月19日

　平島さんの原寸大の設計図を基に、暑い日も寒い日も、雨の日も風の日も作業を続

けてくれた。車輪の上に大きな三角形のトラスを組んで補強に努めたことで、一段落した。

ほぼ形が出来上がり外へ搬出

次の段取りをする棟梁格の中島さん

ダンボールを重ねて作った車輪

軽くて丈夫な子ども神輿の骨組み

三角形トラスは軽くても丈夫

骨組み完成

神輿づくりの現場 5月26日

平島先生の指導を受ける

車輪を仮枠

竹は性質上曲げやすい

神輿づくりの現場 6 月 30 日

竹を何本も通しているところ

黒い塗料を塗った車輪

運転台の大きさに注目

ボイラー支える技法に一苦労

ボイラー部分の竹細工

神輿づくり現場 7 月 7 日

　煙突も少しずつ大きさを変えて、作っていく。

強度が増す和紙貼り

全体の骨格ができる

見事にできたボイラーの開閉ハンドル

機関車の塗装が始まる

上にいくほど輪が大きくなっている煙突

細かい作業も多い

黒く塗った車輪が映える

手間のかかるボイラー部分

ボイラーはとても細工が難しい

神輿づくり現場 8 月 20 日

下張りは新聞紙、和紙の順に貼る

神輿づくり現場 8 月 28 日

ボイラーの形が出来る

紐で強度を上げる

神輿づくり現場 8 月 29 日

塗料を運ぶ

ボイラーは丈夫な紐で巻いていく

完成後の勇姿が見えてきた。

神輿づくり現場 8 月 31 日

三蟠鉄道の文字が描かれた

全体の形が出来上がる

最後の仕上げ

材料の吟味が重要

神輿づくり現場９月３日

　気が遠くなるような長い工程を経て、見ごたえのある蒸気機関車神輿が現れた。

本物のような出来映え

神輿づくり現場９月１日

棟梁格の中島さんが入念にチェック

車輌の後部

機関車全体が黒で塗られた

コッペルの車番がくっきり

大会会場への神輿搬入9月4日

当日は軽トラで会場の山陽学園大学に運び込む

大学構内に運び込んだスタッフ

これまで足かけ1年近くに及ぶ工程、そして実働100日近くかけて見事な神輿ができ、形があるものになり、大願成就であった。

100周年記念の旗を掲げている。

記念幟旗設置

国清寺駅のあった付近

子ども神輿の鉄道沿線が4小学校区を跨っている。子どもたちが担いでリレーするとの大きな目標が決まったことで、安全を第一にしながら、子どもたちに記憶に残る形にできるかが大きな課題となった。そのためにお神輿を通すルートを確認、道路使用許可は岡山県警の承認を取り付けることも必要であった。また大会を盛り上げるために、4学区の子どもたち、そして大人たちも揃いの法被を身に着け、ルート沿道の随所に、幟旗を設置し、各学区の役員、小学校などへの協力を呼び掛けた結果、無事成功裏にこの行事を終えることができ、100周年記念行事の目玉となり、末永く語り継がれることだろう。

お神輿リレールート確認

ルート決定に向け危険個所など平成27年5月から8月にかけて事前にチェックした。

地元のコミュニティ協議会会長案内
国清寺駅と周辺を散策

地元の安原さん案内平成 27 年 5 月 3 日

左から 2 番目が案内役の安原喜子さん

三蟠鉄道の開通当時からあった伏屋歯科医院

平成 27 年 5 月 3 日

道路の幅を気にする安原さん

路線跡が道路になっている

この道は子ども神輿が通る

弁柄色の屋敷前を通るコース

平成 27 年 6 月 14 日

近くにある公園

トイレ休憩も可能な児童福祉施設

休憩で使うトイレのある公園

平成 27 年 9 月 18 日

当時を知る地元の古老佐藤邦彦さんに出会う

平井学区に入る　平成 27 年 8 月 14 日

平井に入るこの歩道は使えないとわかる

100 周年記念の旗がたなびく公園

東町から東中央病院へ向かう用水を渡る

平成 27 年 5 月 28 日

住民にルートの説明

平井学区で最大の難関となる欄干

岡山市立東山中学校教員・辻政宏氏の作品

この歩道を通るのは無理、車道を通るしかない

100周年記念スタンプラリー

9つの駅を結びスタンプラリー実施期間：平成27年7月1日から8月31日

チェックポイントとなるお店に使っていただくゴム印。紛失に備えて9駅分2ケースを用意した。

9駅周辺の店舗などに協力を求めて募集した結果、以下の通り決定した。

チェックポイントは下記の通り。

駅名	店舗名
三蟠駅	平田釣具店
浜中駅	大野たばこ店
宮道駅	福岡製菓
下平井駅	ツタヤ
上平井駅	和食の店とれとれ
湊駅	古道具店フランク
桜橋駅	藤堂酒店
網浜駅	コンビニセブンイレブン
国清寺駅	広榮堂中納言店

以下、和食のお店上平井駅のチェックポイント「とれとれ」そして浜中駅のチェックポイント「大野たばこ店」100周年記念事業の幟旗がはためいている。

和食の店「とれとれ」

大野たばこ店

各駅の名前を入れたチラシ

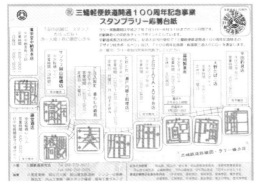

各駅のゴム印が入ったチラシ

三蟠軽便鉄道のイメージアート

　岡山ガス株式会社のご協力を得て岡山工場外壁に制作に関わってくださったのは岡山県立岡山東商業高等学校の生徒さんたち。

アート制作予定現場周辺　平成27年3月13日

倉安川を見回り、安全確認。

かつての桜橋の石碑。現在の桜橋はこの名前から。

アート制作活動予定現場にスポット

　岡山県立岡山東商業高校の生徒に描いていただくには、かつて石炭を運ぶ引き込み線が入っていたブロック塀が最もふさわしいとして決断した場所である。当時の円筒形タンクは、LNG（液化天然ガス）に替わったのでタンクは球形となっている。
6月12日

引き込み線は倉安川を斜めに渡っていた

アート制作活動現場　7月22日

三蟠鉄道の絵を描いてもらうことになったブロック塀

養生テープで準備

生徒にキャンパスの説明

アート制作活動現場 7月23日

下書き処理を完成

作品の下絵

色付けも始まる

壁の状態に応じ清掃

ブルーシートを敷いて作業

空の色塗りで機関車がクッキリ

機関車に色が入る

アート制作活動現場 7 月 27 日

作業現場にマスコミの取材

アート制作活動現場 7 月 31 日

煙の色も付けていく

細かく色付けしていく

岡山東商業高校の生徒たちが多数参加

最終チェック

副校長延原良明先生の挨拶

完成した姿 8月5日
アート完成

夏休みを利用して作業し、完成できた

除幕の前に挨拶する三蟠鉄道研究会会長

イメージアート除幕式

アート制作活動現場

除幕式当日　8月24日

三蟠鉄道研究会スタッフの小山博道氏挨拶

引き込み線とタンクが目の前に見える最適の場所

関係者にお礼の言葉を話す三蟠鉄道研究会会長

関係者代表たち

制作に関わった学生の皆さんと中央の背広姿は岡山ガ
ス荒田専務

天満屋岡山店地下の展示

　平成27年6月3日から8日まで天満屋
岡山店地下で三蟠鉄道開通100周年の展示
をした。

看板はカトー工芸社

展示された室内看板

三蟠鉄道の定期券と切符

鉄道沿線の案内に見入る来場者

これまでの活動をパネルにして展示

鉄道沿線の説明パネル

見物客は絶え間なく来場

鉄道沿線周辺のハザードマップ

鳥瞰図に見入る来場者

左の二人はカトー工芸社役員

珍しい画像にうっとり

100周年記念のイメージ看板

手前の前列左から3名は、三蟠郵便局長の牛尾由香利氏、岡山長岡郵便局長の三宅慶征氏、平井郵便局長の石井啓氏

記念切手発売認可伝達式

平成27年9月1日

会長宅には三蟠郵便局、平井郵便局ほか多数の郵便局長がお越しになり、記念切手の認可伝達式があった。

近隣の郵便局長たち

内田会長宅で伝達式

開通100周年記念大会開催 ....

記念大会の広報活動

（1）岡山市内の定期路線バス、電車で吊り下げ広告

　平成27年2月21日岡山電気軌道株式会社の協力を得て、同社が運行する岡山市内の電車及び定期路線バス全車両で三蟠軽便鉄道開通100周年をPRする吊り下げ広告を実施した。広告の内容は地域に夢と希望を与えた三蟠軽便鉄道の開通100周年を記念する大会を平成27年9月5〜6日の二日間中区平井の山陽学園大学、短期大学の施設をお借りして盛大に開催する案内で、結果として多くの乗客の関心を集めることができた。三蟠軽便鉄道の路線跡の地域を結ぶ交通手段は現在同社の路線がカバーしていて、吊り下げ広告はとても有効なPR手段だった。

（2）山陽新聞折込み広告

　株式会社山陽折込広告センターにお願いし、元鉄道沿線周辺地域《平井東、平井西、福島、幡多、三勲、光政、旭南、郡（八浜）等》に平成27年8月4日及び8月9日2回に亘り、各11,000枚のちらしをご家庭に届けた。

　記念大会直前の同年9月3日には記念大会の催し、展示物について同じ地域に11,000枚を配布した。

大会案内チラシ各種

新聞折り込みで配布したチラシ

会場案内図
会場内の名称および展示・イベント場所

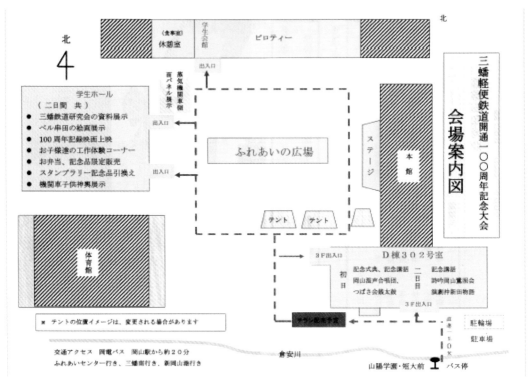

記念大会のスケジュール案内チラシ

記念式典、記念講話とアトラクション

会場案内チラシ

子ども向け案内チラシ

記念大会の概要

記念式典

場所：山陽学園大学短期大学

月日：平成27年9月4日～5日の二日間

協賛：八晃産業㈱、岡山ガス㈱、岡山電気軌道㈱、㈱名玄、シンコー印刷㈱、内山工業㈱、岡南ギャラリー、㈱エポック備南・備南工業グループ、蜂谷工業㈱、テレビせとうち、内田屋、㈱小野工業、平井郵便局

後援：岡山県、岡山県教育委員会、岡山市、岡山市教育委員会、総社市、玉野市教育委員会、㈱山陽新聞社、RSK山陽放送、OHK岡山放送、TBSテレビせとうち、岡山歴史研究会、就実・森の学校

学生アルバイトも含めた受付のスタッフ

大会会場来賓受付

早朝から多数の来賓が到着

記念式典の模様

大会会長那須和夫挨拶

来賓ご挨拶

岡山県副知事足羽憲治氏

岡山市教育長山脇健氏

　那須大会会長挨拶に続き山陽学園大学・短期大学實成文彦学長に、記念すべき、100周年記念大会の会場をお借りしたことに対する感謝状贈呈があった。

山陽学園大学・短期大学学長實成文彦氏

蒸気機関車神輿贈呈

　三蟠鉄道研究会会長から、挨拶があったのち、壇上において、サプライズで、平田釣具店の平田竹二様に、子ども神輿の贈呈があった。現物は大きいので、象徴としてのタブレットを手渡した。

　元三蟠駅駅長のご子孫で、駅舎跡を現在まで守ってこられた平田竹二氏。

三蟠駅の駅長だった平田高二氏のご子息

功労者への顕彰状の贈呈

　那須会長から三蟠鉄道の歴史伝承などの貢献があった方々に対して、顕彰状の授与があった。多数なので、壇上には福島からお越しいただいた、「沼尻鉱山と軽便鉄道を語り継ぐ会」代表の出口陽子様に授与された。他の方々には会場内に顕彰状の写しを掲示していることを以て、皆様にご披露申し上げた。

三蟠軽便鉄道役員等の遺族

　三蟠軽便鉄道創業に際し、最大の大株主として資金面と共に、本社の用地の提供もされた福田常次郎の子孫・福田巴子氏。

　三蟠鉄道廃業後、貨車、客車を引き取っていただいた井笠鉄道の新山駅で最後の駅長を務められ、井笠鉄道廃業後は新山駅跡を資料館として保存され、三蟠鉄道の関連資料も記録保存された田中春夫館長。

　三蟠鉄道廃業後、蒸気機関車のコッペル１両を引き取られた沼尻軽便鉄道の保存会で、多くに画像や資料を残してくれた、保存会の出口陽子会長と安部なか事務局長でご来賓としてお招きして授与した。

　三蟠鉄道の取締役として開業から廃業まで会社を支えてこられた妹尾文七郎のご子孫の妹尾文人氏。

　三蟠鉄道の取締役として開業から廃業まで会社を支えてこられた長汐鉄太郎のご子孫の長汐誠一郎氏。

　三蟠鉄道の元監査役として貢献された斎藤伝三郎のご子孫として、三蟠鉄道の資料保存に尽力された北村治子氏。

　三蟠鉄道二代目社長・藤原元太郎のご子孫として、三蟠鉄道の資料保存にも貢献さ

れた藤原亮子氏。

　三蟠鉄道初代社長藤原譲太郎氏、3代目
社長・藤原知道氏のご子孫として、三蟠鉄
道の資料保存にも貢献された藤原春枝氏。

　元三蟠鉄道取締役として会社を支えてこ
られた山崎定太郎のご子孫の山崎文隆氏。

　元三蟠鉄道取締役として、会社を支えて
こられた近藤敬次郎のご子孫・近藤暢男氏。

　元三蟠鉄道取締役として会社を支えてこ
られた佐藤槌太郎のご子孫・佐藤絢子氏。

　三蟠港の対岸、宮浦にあって元三蟠鉄道
操業時、客集めや工法などに多面的な貢献
があった井上家のご子孫・井上幸十郎氏。

初日安部なか氏

感謝状の贈呈

　大会支援者への感謝状と贈呈先紹介
　協賛いただいた企業や篤志家贈呈先

大会支援者への感謝状と贈呈先紹介
協賛いただいた企業や篤志家贈呈先
山陽学園大学・短期大学学長……………實成文彦殿
就実大学・就実短期大学学長……………片岡洋行殿
岡山県自然保護センター友の会副会長……… 平島省三殿
岡山県立岡山東商業高等学校校長…………吉田信殿
岡山県立東岡山工業高等学校校長…………難波宏明殿
岡山県立岡山聾学校校長……………………岡本由美殿
岡山市立東山中学校美術工芸顧問…………辻政宏殿
郷土史家………………………………………徳田仁司殿
シンコー印刷株式会社社長………………藤村百三殿

記念講演初日

　一限講師：安部なか様
　沼尻鉱山と軽便鉄道を語り継ぐ会事務局
長

　二限講師：太田健一様
　山陽学園大学名誉教授

太田健一氏

　三限講師：岡将男様
　NPO法人公共の交通ラクダ会長

岡將男氏

記念講演二日目

　一限講師：渡辺泰多様
　郷土の歴史写真家

渡辺泰多氏

二限講師：定兼学様

岡山県立記録資料館館長

定兼学氏

三限講師：井上敏志様

宮浦出身郷土歴史研究家

井上敏志氏

平井小学校スマイルバンド

平井小学校スマイルバンド

平井小学校スマイルバンド

記念アトラクション

　大会を盛り上げていただいたのは、子どもたちや、地域の歴史を伝承しようとする方々であり、それぞれに趣向を凝らしてのパフォーマンスを見せてくれた。

平井小学校スマイルバンド

　初日は平井小学校のスマイルバンドが出場した。

「うらじゃ」出演5グループ

　陽輝、咲楽、鈴蘭水仙、多々楽、輝星天結。陽輝グループは山陽学園大学短期大学のグループ。

うらじゃ踊り

輝星天結グループ

咲楽グループ

陽輝グループと輝星天結グループ1

多々楽グループ

陽輝グループと輝星天結グループ2

鈴蘭水仙グループ1

鈴蘭水仙グループ2

貴船たゞし先生追悼ライブ

　作曲者の西優グループ（亀山謙二・参鍋玉恵デュエット）。お囃子は御津童謡唱歌を歌う会大村由美子ほか。

追悼ライブで熱唱

和太鼓演奏

　宰田卓児

会場の隅々まで響いた和太鼓演奏

平井保育園児和太鼓演奏

　二日目は岡山市立平井保育園園児による和太鼓が演奏された。

園長の号令で園児の演奏がスタート

平井保育園児たちの和太鼓演奏

多数の応援、見学者あり

園児の演奏に見入る観客

記念コンサート（鉄道唱歌ほか）

　岡山混声合唱団（団長片山康雄）

岡山混声合唱団

（吟）岡山鷺照会（舞）菊水流

吟者と息を合わせた扇舞

銭太鼓と傘踊り
つばさ会

岡山銭太鼓つばさ会の演奏

扇舞は動きがあり、皆さんが注目

備前八景詩吟と舞

備前八景の和歌八題を吟じた公益社団法人関西吟詩文化協会岡山鷺照会の皆様と菊水流の皆様

吟は八題とも独吟

演劇・沖新田物語

　沖新田一座（座長：箕輪利一氏）

堤防を築く場面。石を積んでも崩れ、途方に暮れる住民たち

人柱として海に身を投げる沖田姫の場面

岡山県警音楽隊の演奏

　この日、記念大会を一層盛り上げてくれたのは県警音楽隊だった。岡山県警の歌姫の声が体育館館内に響くと、会場の家族連れなど観客は多数カメラに収めていた。

演奏する岡山県警音楽隊

記念品販売コーナー

　記念大会は二日間あり、大勢の参加が期待されることから、記念品販売コーナーは必要だと計画していたが、スタッフの確保は難しく、しかも9つの駅を踏破した方には、景品をお渡しするについて、どんな形が好ましいか思案することしきり。記念冊子（資料編356頁参照）は部数もたくさん用意していることから、無料配布にすることにした。

　また、質問を受けた際には、どうするか、交代要員はどうするかなど悩みぬいたうえで決定したが、展示コーナーが忙しい場合は、応用動作を考えなくてはならないと身構えたが、絶えず笑顔を絶やさないとして情報を共有することを徹底した。

　（初日、二日目とも）

販売コーナー100周年記念品発売（於・学生ホール）
スタンプラリーの景品引き換えコーナー……………三蟠鉄道研究会
記念切手発売………平井郵便局出店
記念冊子（無料贈）………三蟠鉄道研究会
三蟠鉄道駅弁（三好野製）………三蟠鉄道研究会
その他記念………三蟠鉄道研究会
100周年記念DVDRSK プロビジョン作製………三蟠鉄道研究会

記念グッズ

・記念Tシャツ会社マーク入りほか各種

・記念歌・応援歌CD

・記念ローリングボールペン

・記念の煎餅（三蟠鉄道の焼き印）

・記念クリアファイル

・（マーマレード　平井のめぐみ）

受付スタッフ

学生会館内の案内スタッフ

女性スタッフが神輿前で　おそろいのTシャツ姿が映える

開会直前待機するスタッフ
販売部門スタッフ記念写真

多くの方に関心の高かった記念グッズ

神輿制作に関わったスタッフ

三蟠郵便局と平井郵便局職員が記念切手販売

記念切手発売コーナー

　100周年という大きな節目であり、記念切手を作ってはどうかと鉄道沿線の三蟠郵便局、平井郵便局などから提案を受けて、何とか記念大会に間に合わせてもらった。提案を受けた直後は、三蟠軽便鉄道株式会社が短命に終わり存続していないことや、記念大会が会社の主催でもなく、三蟠鉄道研究会は単に後世に語り継ぎたい一心で集まった会であり、三蟠鉄道のOB会でもないと躊躇したものの、「他の鉄道会社でも事例がある」と言われて、会に諮って結論出したが大会までにあまり時間の余裕はなかった。切手に使う三蟠鉄道の関係画像を選ぶのも忙しくして、何とか間に合いほっとしている。

　また、三蟠軽便鉄道は小さな地方鉄道であったが岡山県をはじめとする中国管内の多くの郵便局で発売されることとなった。100周年記念事業を盛り上げるための記念切手は、結果としてとてもふさわしい記念グッズになった。大会は2日間だったが、2日間とも三蟠、平井の2郵便局が中心となり、出張販売してくれた。

記念切手の見本

三蟠鉄道駅弁販売

三蟠鉄道沿線の食材で作った三蟠鉄道駅弁当

工作体験コーナー

　マグネットや折り紙などでの鉄道関係（平井学区老人クラブ）

　100周年記念資料展示（初日、二日目とも）

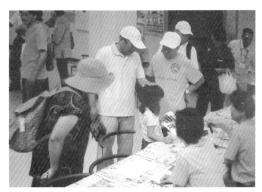

親子連れが次々と立ち寄られ賑わった

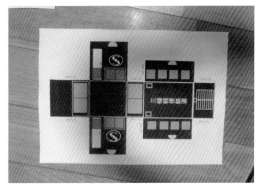

客車を作ることができる折り紙

関係資料展示コーナー

　ここでは三蟠鉄道の運行当時の様子などを詳しく展示した。

工作に夢中で取り組む子供たち

展示物を熱心に見る来場者

様々なマグネットを使った工作を紹介

若い人たちにも注目を浴びる

子ども神輿展示協力

　神輿づくりに携わってくれたメンバーが中心になって説明に追われた。

各種シール

神輿展示グループ

ボイラーの部分の説明を考えるスタッフ

神輿の説明にみんなが注目

ベル串田の絵画展示コーナー

　ベル串田氏は三蟠軽便鉄道開通当時の監査役を務められた八田大三郎のご子孫であり絵画を展示して、来られた方の関心を引いた。これまで記念館から門外不出だったために、一般にはあまり知られていなかった絵画が、ここに日の目を見ることになり、注目された。彼の絵は国会やユネスコにも保管されていることも、あまり知られていない。

（ベル串田記念館出張展示）

子ども神輿リレー
（平成27年10月3日）

· ·

旭東小学校での出発式の模様

沖田神社宮司による安全祈願

子ども神輿のお祓い

玉串奉奠する三蟠鉄道研究会会長

供えられた海の幸、山の幸

旭東小学校から出発

　お揃いの市松模様の法被を300着用意して、4つの小学校に事前に配布したので、明るく元気な子どもたちが、「ワッショイ、ワッショイ」の掛け声とともに出発した。

旭東学区を通過する神輿

子どもたちが主役。大人はサポート役

旭東学区を通る神輿

平井小学校区へのバトンタッチ

平井小学校区を通過する子ども神輿

桜並木を抜けて平井学区へバトンタッチするところ

平井元町地内

交通整理に万全の注意

排水センター脇を通過する子ども神輿

あすなろ町内に入った神輿

東山公民館に立ち寄る神輿

平井から操南小学校区へ

岡山東中央病院入り口で

平井小学校区から操南小学校区へバトンを渡す

操南小学校から操明小学校へ引き継ぐ

操南小学校から操明小学校へ

操南小学校へ向かう子ども神輿

倉田を抜けて藤崎地区を目ざす

操南小学校を出発すると三蟠用水を南下

　三蟠軽便鉄道の元社長藤原家の住宅脇を鐘を鳴らしながら通過した。

操南小学校に向かう神輿

大きな楠の茂るかつての大庄屋宅

操南小学校で引継式

操明小学校へ到着

　「ワッショイ、ワッショイ」（「来たよ、来たよ」の意）の勇ましいかけ声に、道行

く人たちは手を振って応えてくれた。

操明小学校へ到着

長蛇の列になった神輿の行列

　お昼の休憩時間。校門前の広場で待機していた。

操明小学校の出発を待つ子どもたち

　操明小学校で昼食休憩の後、一路三蟠駅へ向かう。

三蟠駅に向かう神輿

　操明小学校区では子どもたちが大勢参加して長蛇の列となった。

三蟠駅まであと少し

　三蟠駅で子ども神輿を迎える地元民。大人も子どもも。

もうすぐ三蟠駅に到着

操明小学校を出発

　学区の青バトが、励ましてくれた。

平田釣具店の前で出迎える住民

三蟠鉄道研究会会長からタブレットを渡す神輿引渡式

三蟠駅にゴール

子ども神輿の制作を指導した平島省三氏がゴール

　終着点旧三蟠駅舎だった平田釣具店前へ到着。ここでゴール。

　子ども神輿リレー閉会式と神輿引渡式。

ハンドマイクを持って到着の挨拶

100周年記念事業を終えて……………

高嶋神社へ参拝

高嶋神社参拝者名簿
　高嶋神社宮司筒井貞明氏奥様の筒井満須
　美氏
　高嶋神社総代長山崎和正氏
　高嶋神社総代森川博志氏

　以下会員（順不動）
　井上敏志、井上幸十郎、揚野正行、上森
　陽子、内田武宏、内田育子、岡﨑巌、金
　谷啓紀、金澤隆城、金澤俊子、木村紀代
　美、小山博道、瀬尾利夫、関米子、永井
　喬子、野崎博通、宮下樹芳、山崎泰二、
　和気健

　多彩なイベントを繰り広げた記念事業だ
ったが、大きな事故もなく無事にこの記念
事業が終了できたのは、高嶋神社の神様の
ご加護があったからこそなので、海の幸、
山の幸を供えて、感謝の誠を捧げた。
　高嶋神社の宮司の祝詞に始まり、奥様が
巫女となって、玉串奉奠もスムーズに進み、
この一年を象徴するかのようだった。記念
写真の後は、健脚の皆さんが山頂の磐座へ
もお参りできて一同満足した。

高嶋神社にお礼参り

高嶋神社にお礼参り、正式参拝

報告会兼ビデオ試写会

於：岡山国際ホテル　平成27年12月7日
　この日は三蟠鉄道研究会として、記念事
業を総括する意味での反省会であり、来賓
招待はなかった。一年間の活動の疲れを癒
し、将来の展望など自由に発言いただく会
とした。
　会場都合もあり、定員50名で募集した
ところ、応募者全員が出席し満席に。マイ
クを持ちたい方はマイクを持って、各自が
感じた思いを自由に発言された。また、ビ

当日参加した50人の集合写真

デオを視聴して、一年間を振り返り、いろいろあったことを懐かしく思い出し、子どもたちにも記憶に残るイベントが沢山あったことが再確認された。参加者の多くは、とても有意義な一年だったと語り、記憶だけでなく、記録に残せないものかと前向きな意見も出された。

資料館開館記念式典

於：元三蟠駅舎　平成28年3月5日

　当日は天候も良く、地元民や三蟠鉄道仲間が多数参加され、紅白の幕の中で盛大に記念式典が滞りなく進められ、一同資料館の完成を祝った。ここでは資料館の館長は平田竹二氏、また、神輿づくりに深くかかわられた山崎泰二さんには、「三蟠鉄道友の会会長」として活動いただくこととなった。平田館長は挨拶の中で、「100周年記念事業」の締めくくりに資料館が出来上がったことの喜びと、新田魂のすばらしさについて詳細に語られ、会場の皆はうなずき、全員が意識を共有した。

　振り返ってみると、平成27年は年間を通じて、多彩な事業展開を繰り広げたもの

の、三蟠駅舎跡の平田釣具店の一角に子ども神輿を格納するには釣具店の中を仕切って改造しなければならないとしていた。ところが難題が持ち上がり、土手下が国土交通省の管轄下にあり、この場所は無断では改造できないと店主は対応に困っておられた。そこで国土交通省中国地方整備局岡山河川事務所へ請願に出向き、歴史的な遺産を展示する場所としての必要性を訴えた。そこでは改造するについて、目的と構造について聴かれ、大きな面積ではなく、木造で改造することを条件に許可された。

　改造工事は翌年に引き継がれ、神輿づくりに関わったスタッフが改造工事に携わった。神輿がメインではあるが、展示物は画像等も選んで展示している。記念式典には地元の協力もあり、三蟠鉄道研究会の仲間が多数駆けつけた。神輿作りを指導いただいた平島省三氏ともに、神輿は展示するだけでなく、鉄道沿線の諸行事の際には、出張展示や、祭りの際に子どもたちに担いでもらい、有効に活用しようとの意見にまとまった。

資料館に納める神輿を支援者が担いでくれた

神輿作りの指導をいただいた平島省三氏

三蟠駅長を務めた平田高一氏（大正5年）

三蟠鉄道研究会会長内田夫妻挨拶

三蟠鉄道友の会　平田竹二会長ご夫妻挨拶され、現在
は資料館館長になられた

操明学区連合町内会長保住弘昭氏挨拶

三蟠鉄道資料館看板

岡山市立操南公民館館長萩原正彦氏挨拶

関係者多数が資料館オープンを祝った

設置工事に立ち会う三鉄スタッフ

　三蟠軽便鉄道開通100周年記念事業の反省と軌跡収録のDVDが完成。

　RSKプロビジョンに委託して大会だけでなく、記念事業の全体像がわかる内容のビデオに仕上げてくれた。振り返ってみるとこの一年余り、大きな事故もなく、多彩なイベントができ、子どもたちや若い世代に確かな手ごたえを感じスタッフ一同安堵している次第である。

岡山歴史のまちしるべ看板設置

　設置場所　　　　岡山市中区平井六丁目倉安川交差点南付近

　設置完了日　　　令和4年3月17日

　岡山市では市内の様々な歴史や文化の由来などを現地で紹介する説明看板設置を進めてこられ、令和3年度事業として三蟠軽便鉄道ゆかりの鉄道跡を記録する看板が設置された。平井学区住民はもとより、鉄道沿線住民や、通行人には目につく場所に設置されたことから、学区の新名所として新たな文化遺産に加わった思いである。歩道を歩く方には、目を留めていただけるので、ご注目いただきたい。

設置完了後集合写真岡山市立東山公民館の江口峰男館長（後列の左から2番目）

　この看板では道行く人の目に触れるように工夫し、復元しているレール、トロッコを見ながら説明文を読んでいただくことができる。看板のデザインには画像が2枚並んでおり、北側の倉安川を渡る当時の機関車と解体直前のアバットの画像を載せている。背景の笹は、レールとトロッコの位置を少々南に移動させる際、撤去することとしている。

三蟠軽便鉄道線路跡

さんばんけえべんてつどうせんろあと

三蟠軽便鉄道西線図　（三蟠村誌より）

倉安川を渡る三蟠軽便鉄道：山陽新報（大正4年8月11日）より

取り壊された鉄橋（昭和48年頃）　写真提供：内田武宏氏

　三蟠軽便鉄道は大正4年(1915)8月11日に運行が開始されました。かつて、倉安川交差点内に倉安川にかかる鉄橋があり、左下の写真は鉄橋を渡る三蟠軽便鉄道を撮影したものです。

　最初は、海の玄関口と呼ばれていた児島湾に面した三蟠港から桜橋を結び、主に工場へ石炭や女工さんを運ぶために貨車と客車の混合列車を走らせていました。さらに、大正12年(1923)2月5日に国清寺まで延伸され、次第に観光客や釣り客にも人気となりました。一時は年間10万人を超える人々の生活の足として利用されていたそうです。

　しかし、昭和6年(1931)に鉄道用地の主要部分が岡山市の都市計画道路（現在の岡山玉野線）に飲み込まれることとなり、同年6月30日に三蟠軽便鉄道は幕を閉じ、わずか15年10カ月余りの短命に終わりました。

　右下の写真は、昭和48年頃に倉安川交差点付近を撮影したもので、取り壊された鉄橋の橋台が写っています。

参考文献：三蟠鉄道研究会『三蟠軽便鉄道　開通100周年記念』

（看板提案：三蟠鉄道研究会）
岡山市

岡山歴史のまちしるべ看板

三蟠鉄道をモデルにした木版画や鉛筆画

倉安川鉄橋を越える蒸気機関車版画：石原健三氏作

櫻橋駅周辺の風景画：牧野俊介氏作

宮道駅の風景画：牧野俊介氏作

三蟠軽便鉄道起点復元記念式典 …………

　平成6年5月18日に、起点復元の記念
式典が開催された。起点等の表示板の模様
が設置され、記念品（168頁参照）が配布
された。施主は平田竹二氏、設計施工は塩
田葭次氏、実行委員は藤原深蔵氏。

　この行事は三蟠地区の「まちおこし」で、
看板設置やレール復元なども実施されてい
る。《資料提供：藤原春枝》

テープカットする

起点等表示板設置

ご挨拶

今般三蟠軽便鉄道起点復元に
さいしましては関係皆様方に多大なご
支援ご協力をいただき誠に有難うご
ざいました厚くお礼申上げます
なんとか本日完成を祝うことができま
した引続き手直し等おこない完全な
をしますので今後共宜敷くご支援ご協
力いただくことを再度お願い申上げま
して誠に簡単でございますがご挨拶
とさせていただきます。

　なを　　　　　復元を記念いたし
三蟠鉄道開通時に全線使用
されていた貴重なアメリカ、カネギー製鉄
所において明治40年頃約90年前に
製造された12㎏のレールを切断トロフィー
を作成いたしましたのでご笑納下さい。
　　　　　　　　　　　　　平成6年5月18日
　施主　　平田竹二
　設計施工者　塩田葭次　　実行委員　藤原深蔵

ご挨拶

式典に参加のメンバー

起点復元記念のレールレプリカ

（所蔵：塩田葭次）

起点復元記念品（正面から）

起点復元記念品（上から）

三蟠軽便鉄道の初代社長

　三蟠軽便鉄道起点復元記念式典で実行委員を務められた藤原深蔵の先祖は、かつて藤崎で代々大庄屋を務められた名家で、庭には大きな楠の木がある。深蔵の祖父は三蟠軽便鉄道の初代社長・藤原譲太郎であり、三代目社長藤原知道が父という家系だ。深蔵は代々襲名されていて、初代の深蔵は元治2年池田家最後の殿様池田章政の時代に80歳代で他界されたようだ。藤原家が沖新田に入植したのは古く、沖新田が開墾された池田綱政の時代。綱政から三蟠用水を頼むと言われたのが入植の理由。その前は現在の和気町田原地区の山中に100年以上住んでいて、そこへ移り住んだのは高松城水攻めの時代だった。

　襲名5代目藤原深蔵は、「沖新田東西之図」を岡山市立中央図書館に寄贈され、現在、岡山市指定重要文化財となっている。藤原家はこれまで学者や県会議員など地域で活躍する人物を多く輩出している。初代藤原深蔵は通称「操南」と号していた。藤原譲太郎の長男知道は東京帝国大学法学部を卒業し、県会議員や教育振興の面でも活躍した。三蟠軽便鉄道・岡山バス株式会社などの社長を歴任し、岡山電気軌道株式会社取締役支配人となり、戦前戦後の岡山県の交通業界に大きな業績を残した。

「沼尻鉱山と軽便鉄道を語り継ぐ会」との交流

三蟠鉄道研究会は使われなくなったコッペルＣ型蒸気機関車が沼尻鉄道に移籍した経緯があり「沼尻鉱山と軽便鉄道を語り継ぐ会」と民間同士の交流を続けている。その沼尻鉄道は三蟠鉄道より２年前に開通100周年記念行事をされ、三蟠軽便鉄道開通100周年行事にも強い関心を持っていただいた。

平成27年2月16日〜18日三蟠鉄道研究会スタッフは福島県庁へ、続いて猪苗代町役場を表敬訪問し、町長前後 公 氏（福島県耶麻郡猪苗代町）から歓迎を受け庁舎内に「沼尻鉱山と軽便鉄道を語り継ぐ会」との交流会の場を提供いただいた。

沼尻軽便鉄道も既に昭和43年10月廃線となった鉄道だが、廃線30年を記念した行事の一環として「写真でつづる懐かしの沼尻軽便鉄道」を発刊されている。とても勉強になった。

第１回福島県訪問

猪苗代町表敬訪問と来賓招待平成27年2月17日

沼尻鉄道は三蟠鉄道の蒸気機関車が沼尻軽便鉄道に引き取られたご縁があり、平成27年は、三蟠軽便鉄道が開通100周年を迎えることから、記念事業の目玉となる記念大会に沼尻軽便鉄道の関係者を招待するためだった。

沼尻軽便鉄道を末永く後世へ語り継ごうという会の日頃の活動は、とても崇高な目的を持ち、会長出口陽子氏、事務局長安部なか氏共に、これまでに素晴らしい活動実績を持たれ、訪問前から我々三蟠鉄道研究会のお手本になることが多分にあるとの思いだった。

訪問してみて、こちらが想像していた以上の歓迎を受け、猪苗代町では教育委員会（担当は生涯学習課）をはじめ、猪苗代町長が軽便鉄道の歴史に重大な関心を持たれ、町を挙げての活動がなされていることを知った。

前日に福島県庁を訪問、文化振興課課長にご挨拶し、訪問の趣旨も伝えて満を持しての訪問だったが、JR猪苗代町駅には多数のお出迎えをいただき、町長室において、町長前後 公 氏、副町長大河原久夫氏が丁重に温かく迎えてくださった。

さらに想定していなかった交流会の部屋を用意していただき、司会をしていただいたのは、商工観光課課長野矢実氏で、窓からの会津磐梯山や硫黄の鉱石を積みだした沼尻鉄道の舞台だった安達太良山を望む眺望はとても印象的だった。当日は和やかに三蟠鉄道と沼尻鉄道のご縁を互いに語り合い、絆を深めることができた。目的の三蟠軽便鉄道開通100周年記念式典にご臨席いただくことを快諾いただいた。

画像は当日の猪苗代町役場訪問と猪苗代湖で迎えてくれた白鳥や鴨の乱舞する景色だった。

途中一般財団法人猪苗代町振興公社総務課課長小野秀男氏、猪苗代町教育委員会生

涯学習課鈴木元氏を紹介していただき、当日の宿泊も事務局長が手配していただき、夜にも温かい交流の場を用意していただいた。

　ありがたいことで明日も会津地方の案内をしていただけることとなった。

交流会会場の案内板

中央は猪苗代町長の前後氏

観光案内された会津城で

福島市の駅前にあるピアノを弾く古関裕而像

白鳥を模した猪苗代湖観光船

第2回福島県訪問

　沼尻鉱山と軽便鉄道を語り継ぐ会に100周年記念大会への協力お礼のために訪問
　平成29年1月30日〜2月1日
　今回は三蟠軽便鐵道開通100周年記念大会においでいただいた答礼訪問だった。

猪苗代湖に鴨に交じって渡り鳥の白鳥が乱舞

餌を与える三蟠鉄道会員

若いころの江川三郎八が会津戦争後に修復に加わった栄螺堂

手品を披露した三蟠鉄道研究会会長夫婦

第3回福島訪問

今回は廃線から50年を迎えた記念大会に招待受ける。

大会前夜、迎えてくれた出口会長の配慮でホテルでの会食交流

訪問団の岡﨑巌、照美さんご夫婦

三蟠鉄道研究会内田武宏会長祝辞

踊りを指導してくれた沼尻の出口陽子会長

三蟠鉄道会員みんな満足の笑顔

終点沼尻駅で記念写真。一番右が案内してくれた星さん

明治天皇時代の迎賓館。特別な許可いただき見学できた

迎賓館でのお茶は特別おいしかった

記念式典当日出口会長挨拶

50年前の最後まで走った電車への乗車体験。車内では歌や動画が流れていた

福島が生んだ名工、江川三郎八 ……………

江川三郎八の人物像

　会津藩士江川宗之進廣伴の三男として生まれた江川三郎八（1860~1939）は幼少から堂宮大工の道に進み、明治から昭和にかけて福島県と岡山県の建築界で活躍した。設計あるいは技師として建造に取り組み、多くの重要文化財級の建造物を残した。

　長兄を戊辰戦争で失った三郎八は、幼いころから名工山岸喜右衛門に師事した。焼かれた飯森山栄螺堂（さざえどう）の修復に師匠とともに取り組み（画像は171頁建物と内部の階段）、若い頃から才能を認められ瞬く間に、業界で頭角を現している。明治20年には福島県職員の建築工事補助員となり、橋梁建築工事を担当。同年山口半六（やまぐちはんろく）に、又明治31年には妻木頼黄（つまきよりなか）の指導を受け、そして明治34年には久留正道（くるまさみち）から学校建築の指導を受けた。

江川三郎八の関わる岡山県内の建造物

　江川三郎八の関わった岡山県内の建造物太枠内は現存、あるいは文化財として周知されている。

	名　称	旧名称	所在地	建築年代	指定
1	金光学園中学高等学校記念講堂	金光中学校講堂	浅口市	明治37年	国登録
2	閑谷学校資料館	閑谷學本館	備前市	明治38年	国登録
3	旧遷喬尋常小学校校舎	遷喬小学校本館	真庭市	明治40年	国重文
4	旭東幼稚園旧園舎「八角園舎」	旭東小学校附属幼稚園舎	岡山市	明治41年	国重文
5	萬歳山國清寺清光苑	旭東小学校校舎	岡山市	明治41年	
6	旧吹屋小学校本館	旧吹屋尋常高等小学校本館	高梁市	明治42年	県指定
7	作州民芸館	土居銀行津山支店行舎	津山市	明治42年	国登録
8	総社市まちかど郷土館	総社警察署庁舎	総社市	明治43年	国登録
9	蛍學舎	赤坂尋常高等小学校舎（旧誕生寺小学校管理棟並びに講堂）	赤磐市	明治43年	国登録
10	旧勝央町郷土美術館	旧勝田郡役所庁舎	勝央町	明治45年	国登録
11	姫井家住宅	姫井医院	浅口市	大正3年	国登録
12	倉敷市歴史民俗資料館	倉敷小学校附設幼稚園舎	倉敷市	大正4年	国登録
13	県立矢掛高等学校明治記念館	矢掛中学校明治記念館	矢掛町	大正4年	
14	定兼家住宅主屋	定兼歯科医院	浅口市	大正6年	国登録
15	木山神社拝殿及び善覚稲荷神社		真庭市	大正8年	国登録
16	金光教徒社		浅口市	大正10年	国登録
17	中山神社拝殿		津山市	大正11年	
18	金光教修徳殿	金光教仮神殿	浅口市	大正15年	
19	金光教学研究所客殿等	金光教教義講究所客殿等	浅口市	昭和5年	国登録
20	三勲神社本殿	三勲神社御霊屋	岡山市	昭和7年	
21	岡山県庁		岡山市北区天神町	不詳	
22	岡山県立工業高校		岡山市	明治36年	
23	岡山高等女学校			明治35年	
24	津山高等女学校			明治35年	
25	豊岡警察署			明治36年	
26	石井警察署			明治37年	
27	岡山警察署			明治38年	

28	岡山県水産試験場			明治39年	
29	宇野築港事務所			明治39年	
30	津山警察署			明治40年	
31	岡山県戦捷記念図書館			明治41年	
32	旭東尋常小学校			明治41年	
33	岡山県教育会			明治41年	
34	加美尋常小学校			明治41年	
35	笠岡町立商業学校			明治41年	
36	勝山警察署			明治41年	
37	八浜尋常高等小学校			明治41年	
38	岡山県農会			明治42年	
39	岡山県会議事堂			明治42年	
40	児島郡立商船学校			明治42年	
41	清輝尋常小学校校舎			明治43年	
42	清輝尋常小学校附属幼稚園			明治43年	
43	大本営御在所			明治43年	
44	岡山県師範学校			明治43年	
45	岡山水上警察署			明治43年	
46	大日本武徳会岡山支部武徳殿・事務所			明治44年	
47	天城中学校			大正2年	
48	井原幼稚園			大正3年	
49	岡山県官祭招魂社			大正3年	
50	中国六県連合畜産馬匹共進会仮建築			大正4年	
51	英田郡役所			大正5年	
52	興譲館中学校			大正5年	
53	旧倉敷町役場		倉敷市	大正5年	
54	西大寺町役場・公会堂			大正6年	
55	津山商業学校			大正9年	
56	岡山県病院			大正10年	
57	中山神社御仮殿			大正10年	
58	金光教大教会所本殿・祖霊殿			大正11年	
59	岡山県立図書館			大正12年	
60	勝山中学校			大正12年	
61	天満屋店舗を洋風3階に改造		岡山市	大正13年	
62	岡山県農事試験場			大正14年	
63	天満屋本館等			大正14年	
64	旧金光教仮神殿			大正15年	
65	金光教修徳殿移設し教義講究所に改造		浅口市	昭和3年	
66	旧中備素麺同業組合事務所		笠岡市	昭和5年	

このほかにも江川自身が設計したか、影響を受けた可能性のある建築物が、岡山県下に多く存在している。

「江川三郎八と江川式建築について」江川三郎八研究会編を参照。

江川三郎八と江川式建築

三蟠軽便鉄道の始発駅だった三蟠駅舎の設計にも関わったと思える江川三郎八は、岡山県内の多くの建物に関係している。『福島・岡山県技師と江川三郎八と江川式建築－トラスが繋ぐ、福島・岡山県近代建築群の世界－』でも紹介されている。

福島県内の建物

江川三郎八の関わった福島県内の建造物

	名　称	旧名称	所在地	建築年代	指定
1	丹羽家御霊屋		二本松市	明治23年	
2	旧亀岡家住宅	亀岡家住宅	伊達市	明治37年	国重文
3	安達郡役所			明治22年	
4	福島県庁		福島市杉妻町		
5	福島県師範学校			明治21年	
6	須賀川橋			明治25年	
7	会津中学校			明治27年	
8	郡山金透小学校			明治27年	
9	藤橋			明治28年	
10	信夫橋			明治29年	
11	河沼郡役所			明治32年	
12	坂下警察署			明治32年	
13	福島県会議事堂			明治32年	
14	伊佐須美神社			明治33年	
15	宮城大林区署	福島大林区署		明治34年	
16	種馬飼養場			明治34年	
17	磐城中学校			明治34年	
18	本宮小学校			明治34年	
19	大日本武徳会福島県支部武徳殿			明治35年	
20	日本赤十字社福島支部			明治35年	
21	福島高等女学校			明治36年	

岡山の地に残した建築遺産

　江川三郎八が堂宮大工から始まり、福島県に多くの重要文化財級の建造物を残した。それは師匠に恵まれ、福島県の職員となって、さらに洋風建築にも取り組み、卓越した才能と技能を開花させたことと、擬洋風建築を政府が奨励したという大きな時代背景があった。

　また、福島県の職員となり、橋梁や学校建築などの指導も受けて建築技師として多様な経験を積んだことは十分に理解できるが、何故岡山の地なのか。

　岡山で、なぜこれほどまでに多くの建築物としての文化的遺産を残すことができたのか。

　そこには、極めて重要な幸運があったことも忘れてはならない。

　そうでなければ岡山県内各地にこれほど多くの、建築文化遺産を残すことはできな

かった。

　当時岡山県知事だったのは檜垣直右、彼の存在があったからこそ、江川が岡山県に移住することになったのである。当時の県知事は明治政府から派遣されていたので、岡山県内在住者ではない。

　檜垣直右の経歴を見ると嘉永4年（1851）11月長州藩士の二男として生まれ、東京師範学校を卒業している。その後愛媛県讃岐師範学校長、愛媛県師範学校長、石川県尋常師範学校長を歴任、明治20年（1887）文部省に転じ、視学官となり、普通学務局第三課長兼第二課長などを歴任した。明治26年（1893）内務省に転じ、秋田県書記官に就任後、福島県書記官を経て明治33年（1900）1月富山県知事に就任し、明治35年（1902）2月岡山県知事に転じている。

　岡山県知事となった檜垣直右にとって、

取り組むべき大きな優先課題は、文明開化のシンボルとして政府が取り組む擬洋風建築推進と、前知事吉原三郎が進めていた宇野築港計画の推進だった。

着任直後の明治35年5月、笠岡湾築港に伴う汚職事件が発覚し、土木課長配下の技師や職員が複数解雇処分となり、当時の新聞は大きく汚職事件を報道した。そこで岡山県職員に建築技師がいない状況が発生した。

檜垣知事は、過去の教育経験や行政経験を生かして、精力的な活動を続けていたが、明治33年に時の文部省が定めた「小学校設備規則」で岡山県も小学校の校舎は擬洋風建築推進を優先課題として取り込む必要があるにもかかわらず異常な事態だ。文明開化は政府の標榜するところで、形があるもので民心をつかむ必要があった。檜垣直右知事にとって擬洋風建築を広めるために、頭をよぎったのは過去に福島県書記官を務めた経験から、江川三郎八を招聘することだった。しかし福島県との折衝は容易ではなかったようで、再三に亘って福島県に江川転職の要請をしている。江川三郎八は福島県職員として、既に堂宮大工として柱や梁の継手、仕口、木材の性質にも精通して伝統的工法を習得しているばかりか、中央省庁の建築講習会に参加していて、洋風建築についても学んでいた。福島県にとっては誰にも代えがたい存在ながら、岡山県でも建築業界に新風を吹き込んでもらうためには、彼以上の人はいなかった。重ねての要請の結果、転職が実現した。

一方で宇野港の築港は、膨大な県費を伴うことから反対運動が日を追って高まり明治39年（1906）8月の起工式直前に檜垣知事は休職し，退任に至っている。

高崎五六県令について

檜垣県知事からさかのぼること4代前に、高崎五六がいた。県知事ではなく県令と称した。在任期間も9年2カ月余りと長く、多くの改革を成し遂げている。

高崎五六県令

明治8年岡山県令として薩摩出身の高崎五六が政府から派遣された。当時の岡山県庁は旧岡山藩の士族や地主豪農層が実権を握っており、県令となった高崎は県庁の役人を一斉に罷免し、県令の命令を守ることを誓わせて、大部分を再採用した。県庁を掌握した高崎は、県下の区戸長・改正惣代を呼び集めて政府案の受諾を強要した。明治7年から始まった地租改正が、まだ浸透しておらず、県下各地で地租の不当を訴えて一揆も起きていた。高崎は強引にこれを押し切った。

しかし明治11年9月に郡長制が施行され、高崎県政への批判が強まった。郡長制は美作豪農層にとって、かつての伝統を真っ向から否定するものであり、かつての大庄屋こそが、新しい支配体制の中でも中心的位置に就くべきはずと思っていた。高崎県政の郡長人事は、彼ら豪農層の心を逆なでするものであり、鬼県令とも呼ばれた。

彼らの抗議にもかかわらず県令の話は薩摩弁丸出しの説明で言葉が通じない。また高崎県政人事は他府県人士を採用して、僅かに在地出身者を官吏として採用するも、俸給ほかの待遇も、到底受け入れ難いようなものであった。

こうした中で、美作豪農層が、これら郡長や高崎県令に対して対抗する格好の場が、明治12年に開会された岡山県会であった。西々条郡（現鏡野町の大部分）からは最初は立石岐が、次に中島衛が県会議員に選出されて、府知事県令と郡区長の公選、府県議会の権限拡充及び国会開設を求めて奮闘してきていた。明治14年10月12日の国会開設は、その一つの到達点だった。しかし、「自由民権」へ邁進しようという姿勢も生まれた。

明治政府が西洋列強の圧力に押されて、キリスト教解禁に踏み切ったのは明治6年でありそれまでは江戸幕府の禁圧政策を受け継いで、明治2年の九州浦上信徒大検挙は有名であるが、このとき2800余人の信徒の配流が行われ、岡山藩もこのうち100名を受け取り、日生の鶴島に収容所を作って閉じ込めた歴史を持っている。この信徒たちは明治6年3月に釈放されたが、それまでの厳しい生活や拷問などで18名が死んでいる。

明治以降のキリスト教は外国人宣教師による伝導で始まっていた。明治5年には横浜に日本基督協会が設立され、解禁以降は続々と宣教師が訪れ高崎五六の岡山における伝道は、明治8年4月に中川横太郎が神戸にいた医師兼宣教師テーラーを招いて自宅で説教会を開いたことに始まる。これをきっかけに県令高崎五六から招かれて4人

の医療、宣教師が次々と訪れ東山にベリー邸ほか洋風の邸宅が建設された。現在それらの建物は解体され残っていないが、その地は門田文化町と名前がついている。

東山にあったベリー邸

明治9年岡山県内の日蓮宗不受不施派が公許される。高崎五六が理解を示したからだ。

そして明治13年10月同志社の新島襄夫妻らも馳せつける中、高崎五六県令宅を仮の教会堂として、岡山基督協会が設立され、金森通倫がその牧師となった。その後、県下に基督協会が広がっていった。

高崎五六は全国に先駆けて「国会開設嘆願書」を元老院に提出していて民主化への意欲も見せている。

また、岡山県知事として高崎五六は終始、殖産興業や公共的な建物の擬洋風建築を推奨してきた。明治17年12月22日高崎は引退し後任となった米沢藩士出身の千坂高雅は任期途中の明治19年7月19日から県知事千坂高雅となる。

江川の「生い立ちの記」

近年、江川三郎八が現役引退後に記した「生い立ちの記」が見つかり、江川のルーツが明るみになった。岡山市内に居住の江

川三郎八の孫にあたる方がいたからだが、亡くなられ、現在は曾孫にあたる方が岡山市内に在住されている。きっかけは旧久世町が江川三郎八のルーツを探そうとしたものの、なかなか見つからず、毎日新聞がその記事を掲載したところ、江川の遠縁にあたる方が見つかり、その方の情報から岡山市内に江川三郎八の孫にあたる方がいたからだ。

「生い立ちの記」によれば明治35年（1902）福島県土木課長の林技師が岡山県へ転勤。自分（江川三郎八）にも岡山県より転任依頼再々あり許可される。岡山県知事は、元福島県書記官の檜垣だ。

明治35年9月17日午後7時に岡山駅到着、その日は錦園に宿泊している。翌9月18日午後、岡山県庁に先に福島県職員から転職している先輩格の林土木課長を訪問とある。（一足早く土木課長が岡山県に転勤しているため）

辞令は「岡山県技手給5級俸」「岡山県工手を命ず月俸十円を給す」とあった。（時に43歳）

早速翌9月19日から勤務、まず疑獄当時の残員を指揮監督。第一着手として岡山県高等女学校の講堂と雨天体操場に江川式小屋組みを用いる。（天井なし）・・とある。

明治42年、子供6人を残して妻逝去

明治43年、金光教大教会並びに付属神舎顧問、工事監督

大正3年12月5日「岡山県技師叙高等官8等11号級俸下賜」祖先の家の再興を喜ぶ

同年12月24日健康を理由に依願退職するも、工師級として職務を継続

大正12年12月21日、庁内最高年齢の64歳となり、依願退職

大正13年天満屋店舗を洋風3階に改造

昭和3年2月20日金光教復興造営部技師。修徳殿移転改造し教義講究所とする。カズヤ谷を改造し、第二校舎1棟、女子部自習室3棟、食堂、炊事場、浴室等の工事

昭和4年古稀を祝う

昭和14年1月17日三郎八逝去（80歳）

江川が師事した建築家

当時、地方の重要な公共建築物は、中央政府の各省庁の技師の設計で工事監理を各県に任せていたようである。そのため江川は、機会あるごとに中央に赴き工部省造家学科

（現東京大学建築科）を卒業した一流の建築家に師事することができた。

文部省3等技師　山田半六

安政5年（1858）松江藩主の家に誕生

明治9年（1876）フランスのパリ工業中央専門学校に留学

明治14年（1881）帰国

明治18年（1885）文部省書記官文部省技師

明治25年（1892）非職を命じられる

大蔵省建築部長　妻木頼黄（つまきよりなか）

工部省工部大学校第6期生（中退）

安政6年（1859）妻木家の長男として江戸で誕生

明治9年（1876）家屋敷を売却して渡米するが帰国

明治11年（1878）工部大学校造家学科に入学コンドルに学ぶ辰野金吾の後輩

明治15年（1882）中退してアメリカ留学コネール大で博士号

再度ドイツ留学大蔵省で港湾、税関、煙草塩専売などの施設建設

大正6年（1916）逝去

内部省技師　伊藤忠太

慶応3年（1867）米沢で誕生

明治25年（1892）帝国大学工科大学卒業造家学科を建築科に訂正

明治30年（1897）帝国大学工科大学講師

明治35年（1902）中国、インド、トルコに留学

明治38年（1905）帰国、東京帝国大学教授

昭和29年（1954）逝去

文部省建築課長　久留正道（くるまさみち）

工部省工部大学校第3期生

安政2年（1855）江戸で誕生

明治14年（1881）工部省工部大学造家学科卒業工部省技手を経て、明治19年文部属となり翌年技師山口半六が退官した後の2代目指導者

明治28年（1895）明治後期の学校建設の基本として利用された『学校建築図説明及び設計大要』を著した

大正3年（1914）逝去

江川式建築の特徴

江川式建築の外観の特徴は、講堂を中心とした左右対称なファサードデザインがあげられる。丸目地を用いたレンガ、または石積みの基礎、その上に目板羽目板張り、窓の両側は、下見板張り、そして漆喰にハーフティンバー風の化粧筋交い、コーニス（胴蛇腹）へと続く。内部の講堂は、美しい花弁模様の天井または和洋折衷の豪華な

二重折り上げ格天井が組まれている。また、装飾を兼ねたハンマービーム状方づえを多用している。

ハンマービーム状の方杖

集成閣

こうした豪華な装飾に目を奪われがちであるが、機能的な平面計画と福島県時代に熟慮に熟慮を重ね、自ら『江川式小屋組』と呼ぶ和洋折衷の木造小屋組みに特徴がある。

平面計画について

高梁市立吹屋小学校は明治42年に竣工した中央本館と明治13年に竣工した両翼部分からなる。本館部分を見ると、教室の北側に多目的スペースとして3間幅の廊下が付属し、西側には4間半×10間の木造体育館がある。これは冬の運動スペースとして考慮されたようだ。

また体育館の入り口上部には変わった表示があり、地域の公民館的な機能を持たせ

たのではなかろうか。だとすれば当時、オープンスクール、コミュニティスクール的発想があったことになる。

　明治41年竣工の旧旭東幼稚園の園舎を見てみよう。平面形状から「梅鉢型幼稚園」と呼ばれた。一辺5.46mの正八角形遊戯室の4辺には保育室と保母室が直結し、建具一枚で仕切られていた。当然、各保護室の独立性は乏しくなるが、当時の幼児教育は、屋外保育より屋内保育が重視され、遊戯中心の保育がなされた。

旧旭東幼稚園園舎

公的発想らしい表示

同上模型

　保育室から屋外への出入り口はなく、常に園児を保母の目の届く範囲においておくためである。

　遊戯室の中央に屋根の小屋梁を支える柱があり、遊戯室の邪魔になった。卒園者のお孫様によると、柱を登り棒代わりにして遊んだという。八角園舎と呼ばれ、教育機能を重視した設計が行われたことで、全国から見学者が絶えなかったといわれている。この幼稚園と同じ年に開館した戦捷記念県立図書館がある。明治25年に岡山市内の

亜公園に建てられた7階建ての「集成館」の上部4階をカットして移築改修されたものである。写真を見ると中央部八角形の4辺に3間×4間の平屋建てが付属している。

旭東小学校（絵葉書）

　旧旭東幼稚園と非常によく似ている。子供、図書の管理という面では共通するのだろう。また、理由はわからぬが、この時代に建物の再生利用を図っているのには驚かされる。

　同じ八角形の遊戯室をもつ幼稚園園舎に井原幼稚園（大正3年）と倉敷幼稚園（大正4年）がある。平面図で見ると保育室は遊戯室より切り離されて、各室とも南面し、独立性が高められている。また、旭東幼稚園では、遊戯室の中央にあった独立柱がなくなり遊戯室がより一層使いやすくなり、構造上の工夫がなされている。その他に岡山市内には旧清輝小学校、岡山県女子師範学校附属幼稚園（岡山大学付属）、旧深柢幼稚園にも八角型の遊戯室が設置されていたが、岡山大空襲で焼失してしまった。

　江川が岡山県退職後の昭和10年に、総社幼稚園に旧旭東幼稚園舎と同じ「梅鉢型」が設計される。こちらは平面図を見ると遊戯室に保育室が直結ではなく、間に一間の開放廊下を挟み、保育室の独立性を高めている。このような平面系にしたのは敷

地との関係だろうか。

江川式小屋組みについて

　まず、前記の八角園舎遊戯室の屋根を支える小屋組みについて観察してみたい。旧旭東幼稚園、旧倉敷幼稚園園舎共に解体移築されているために、実測図面が存在した。

　旧旭東保育園遊戯室は、遊戯室のコーナーから向けて４本の交差梁が中央独立柱で支えられ、その上に八角形の太鼓楼を構成する束（梁と棟木との間に建てる短い柱）が立ち、その束に向かって遊戯室の８隅より合掌が取り付く構造となっていて非常に和風色の濃い小屋組みとなっている。

　旧倉敷幼稚園舎の骨組模型では八角形の遊戯室から玄関にかけてマンサードの大屋根が架けてある。約13.3メートルのスパンに陸梁を架け、その上に対束が立つ。対束は、マンサード屋根頂部まで伸びる。そして、外壁上部敷桁から対束に向かって合掌が架かっている。また、トラス二重梁と陸梁は、ボルトで緊結されている。旧総社幼稚園の解体時に撮影された遊戯室の小屋組みでは４組の対束小屋組みが交差したように構成されている。もちろん中央に柱はなかったといわれている。次に２階に講堂を持つ校舎についてみてみたい。現存する講堂の大きさは以下の通り。

- ・旧誕生寺小学校６間×10間
- ・旧吹屋小学校７間×10間
- ・旧遷喬小学校７間×10間
- ・旧興譲館高校７間×11間
　　（平成25年３月解体）
- ・金光学園５間×８間
- ・旧高松農高本館６間×10間
- ・旧津山高校本館６間×７間

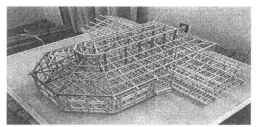

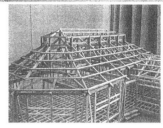

旧倉敷幼稚園園舎小屋組模型

　真束と対束の違いは下図を。

真束　　　　　　　　　　対束

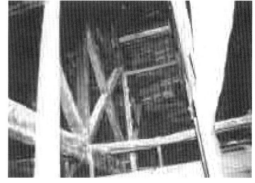

遷喬小学校の事例

　旧津山高校本館（明治33年竣工）は、江川が岡山県に着任以前の建物である。共に梁間は６間である。旧高松農高の移築図面によると、講堂の屋根を支える小屋組みは真束小屋組みが組んである。

　一方江川は、大きな空間を生み出すことに苦心した。吹屋小学校校舎小屋組みについては、高梁市教育委員会の『高梁市立吹屋小学校調査報告書』によると、「福島県時代に橋梁設計からヒントを得て、対束小

屋組の変形、すなわちダブルワーレントラスを架け渡した上に、真束小屋組を載せた効果をもつ形式となっている」とある。

久世町の旧遷喬小学校も対束小屋組の変形である小屋組みが組んである。旧吹屋小学校の小屋組と同じであることがわかる。

その他に江川の設計した建物には様々な工夫がなされ、随所に美的感覚、機能面、安全面を兼ね備えた工夫が施されていて、現在のようにクレーンのない時代に、どのようにして小屋組みなど組んだのか、解体に立ち会って観察した難波好幸氏（江川三郎八研究会代表）は仕口、継手、造作などの仕事の丁寧さに驚いている。

三蟠軽便鉄道開通当時の始発駅三蟠駅舎

三蟠軽便鉄道は大正3年2月1日会社創立から大正4年8月11日には三蟠・桜橋間で開通したが、約1年半という短期間で開通にこぎつけたことは、実に驚異的なスピードだった。始発駅を三蟠港入り口としたことは、明治18年明治天皇が行幸の折り、岡山に立ち寄られるに際し、三蟠港から上陸されたことから、地元住民たちはこの地を誇りに思っていたこともあり、ここを発着点として、立派な駅舎を建造した。

開通当時は対岸の児島地区から幟旗を掲げた渡し船による視察団が来られたことが当時の絵葉書の中に、その

模様が画像として残っている。

この三蟠軽便鉄道は大正12年2月5日湊・桜橋間に分岐点を設け、網浜駅、そして国清寺駅まで延長され、桜橋駅は廃止された。これは岡山駅までの交通アクセスを考えて、岡山電気軌道との乗り継ぎを考えてのことであった。

当時岡山電気軌道は西大寺町付近まで来ていたが、この岡山電気軌道電車を東山まで延伸する計画に呼応する形で、旭東小学校東側に国清寺駅を設けることで乗り継ぎすれば岡山市中心部へのアクセスを容易にし、これを機に始発駅だった三蟠駅は終点となり、国清寺が始発駅にと変わっていった。そこでこれまで始発駅だった三蟠駅舎を国清寺駅舎として移築し、廃止された桜橋駅舎を三蟠駅に移築した。いかに元の三蟠駅舎が当時注目されていたかがうかがえれる。

当時はまだ珍しい擬洋風建築は、ある意味、三蟠軽便鉄道のシンボル的な存在だった。擬洋風建築であったから、いったん解体して、組み立てることが可能だったよう

江川三郎八が関わったとされる開業当時の三蟠駅舎

国清寺駅へ移築された駅舎

だ。国清寺駅舎が、プラットホームや機関車とともに岡山日日新聞に掲載されている。

岡山県と福島県の不思議なご縁

　長州生まれの檜垣直右は福島県で書記官を務めた経験を持つが、その後に富山県知事、次いで岡山県知事として明治政府から派遣された。また岡山県において、福島県在職当時知り合った技師江川三郎八を岡山県に招聘できたことで、岡山県の擬洋風建築が一挙に広まった。岡山県にとって必要で欠かせない人材を得たことは、とても幸運なことだった。

　しかしこのことは単なる偶然ではないと思われる。何故長州生まれなのか、さらにその前に岡山県令として赴任した高崎五六は薩摩藩士の出身。明治維新に貢献した薩長が重要なポストを占めたことは、ある程度うなずけるものの、何故岡山県に薩摩と長州から県令、県知事と相次いで赴任したのか。

　明治政府は文明開化を標榜し、殖産興業、

富国強兵、廃藩置県と、矢継ぎ早に改革を断行したが、戊辰戦争で分断した日本人の疲弊した心を早く収束させ、明治政府として盤石な礎を築く必要があった。戊辰戦争で幕府方として最後まで戦った会津などとの、しこりを早く修復するには、適材適所で全国に県令を派遣し、また知事と名前は変わっても、国民の融和を優先しなければならないと考えるのが自然であろう。

　岡山の三蟠軽便鉄道にとっては廃業後に必要がなくなったドイツ製のコッペル蒸気機関車を福島に引き取ってもらったのは何故か。猪苗代町の沼尻軽便鉄道が硫黄の鉱山から鉱石を運び出すには当時牽引力の強いドイツ製のC型コッペルは必要だったが、それも沼尻鉱山から運び出した硫黄の鉱石を岡山市の犬島諸島にある「犬の島」で精錬していたことで岡山と福島とはご縁があった。

　さらには江川三郎八が、三蟠駅舎や国清寺駅前に位置する旭東小学校校舎、同付属幼稚園の八角園舎に深く関わったことは、さらに不思議なご縁を感じざるを得ない。

福島に移籍したコッペル

　沼尻軽便鉄道では、車番11号として脚光を浴びたのは蒸気機関車であった。

　蒸気機関車コッペル13号は、三蟠鉄道廃業後の昭和11年4月、福島県の沼尻軽

便鉄道に引き取られた。沼尻軽便鉄道は福島県猪苗代湖の北に位置する鉄道で、日本硫黄株式会社が採掘する硫黄の鉱石を積み出し、搬送するのが目的の鉄道であった。牽引力に優れたコッペル蒸気機関車は、地域の人たちに愛され、ここで大活躍した。鉄道沿線には温泉が多く、客車の方はスキー客や湯治客、観光客そして住民の足として大変親しまれ、沼尻鉄道には、大ヒット曲誕生の秘話がある。

　温泉通いした丘灯至夫が作詞、福島市出身の古関裕而が作曲し、昭和29年、岡本敦朗が歌って大ヒットした「高原列車は行く」の舞台となった。コッペル蒸気機関車は沼尻鉄道では車番11号（C911）となったが、岡山から遠く離れた福島へ移籍されたのは日本硫黄株式会社の岡山工場がご縁だった。採掘された硫黄の鉱石は、当時岡山県の犬島諸島の中でも西に位置する「犬の島」にあった日本硫黄株式会社岡山工場へ運ばれ、そこで精錬していた。

　（注）沼尻軽便鉄道は大正2年5月10日開通し、三蟠軽便鉄道より2年余り先輩。開通当日の地元紙、福島民報が、開通記念式典を挙行すると、大きく報道している。

　地元猪苗代町の「沼尻鉱山と軽便鉄道を語り継ぐ会」では「懐かしの沼尻軽便鉄道」を発行し、在りし日の沼尻鉄道を記録に残している。三蟠軽便鉄道で活躍したコッペル蒸気機関車も、その姿は三蟠軽便鉄道での記録にはなく、沼尻軽便鉄道での記録にしか残っていない。

コッペルC型蒸気機関車の雄姿

日本硫黄沼尻鉄道
（川桁―沼尻．廃止）
沼尻に産出する硫黄の輸送を目的として開通したこの鉄道も、道路の発達や硫黄鉱山の閉山で打撃を受け、最後は磐梯急行電鉄という妙な社名にかわって、1969年その姿を消した。写真は蒸機C911けん引の沼尻行き急行で、乗客はデッキにあふれていた。1951年8月。（E.I.）

沼尻軽便鐵道で脚光浴びたコッペル　朝日新聞社発行「蒸気機関車100年」より

184

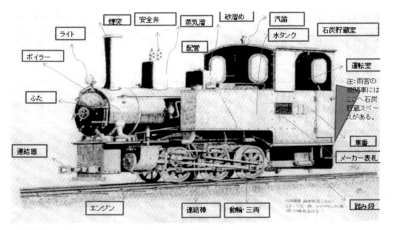

三蟠鉄道で走ったコッペル　社番は11号となった

民家の軒先をかすめる沼尻鉄道のコッペル

コッペルと7人の仲間たち「続・懐かしの沼尻軽便鉄道」より

要目表を基に設計図を作成

　三蟠軽便鉄道が導入したドイツ・アーサーコッペル社製のC型蒸気機関車、コッペルは社番13号として活躍したものの、廃業後、福島県の沼尻軽便鉄道に引き取られ、牽引力に優れコッペルは沼尻鉱山からの硫黄の鉱石を積み出すために脚光を浴びた。福島県の「続・懐かしの沼尻鉄道」に、要目表が見つかったことで、それを元に設計図を復元することができたので、これをモデルにし、子ども神輿を作ることもできた。（設計図協力：藤野優）

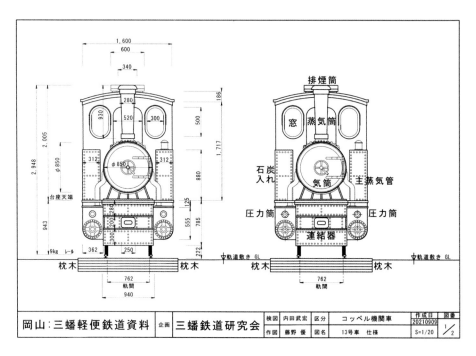

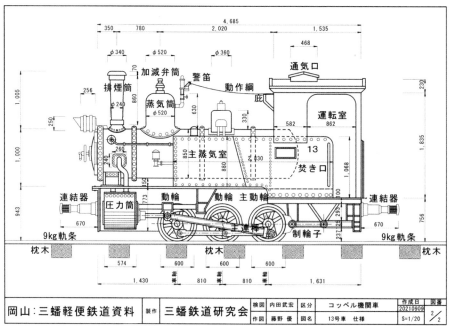

第2表　蒸気機関車要目表

記号番号	B71~73	C911	C93	C121	C122、123
軸　配　置	B	C	C	C	C
気筒径×行程 mm	171×276	210×300	190×305	203×356	230×310
実用最高気圧 kg/cm²	12	12	11.25	12	12
火床面積　　 m²	0.3	0.4	0.33	0.49	0.44
伝熱面積　　 m²	11.7	18.4	12.04	18.18	21.2
運転整備重量 t	7.0	9.45	9.0	12.5	12.2
最大軸重　　 t	3.65	3.15	3.0	4.36	4.07
最大寸法　　長 mm	4,864	5,292	5,356	5,385	5,850
幅 mm	1,600	1,720	1,848	2,083	1,765
高 mm	2,754	2,914	2,667	2,819	2,984
固定軸距　　 mm	1,200	1,400	1,905	1,675	1,600
動輪直径　　 mm	549	600	642	610	650

三蟠鉄道から沼尻鉄道に引き取られ11号車となったコッペル蒸気機関車

家の軒先をかすめるように集落の中を走り続けたコッペル蒸気機関車

参考文献

岡山市百年史編さん委員会編集『岡山市百年史　上巻』岡山市発行、1989 年

岡山市百年史編さん委員会編集『岡山市百年史　資料編 1』岡山市発行、1993 年

『岡山市史　産業経済編』岡山市発行、1966 年

『岡山市史 第六 岡山市役所編』岡山市発行、1938 年

三蟠村誌編纂委員会編『三蟠村誌』三蟠村誌刊行委員会、1982 年

朝日新聞社編『蒸気機関車 100 年』朝日新聞社、1976 年

渡辺泰多『写真集戦前の岡山』1997 年

岡山市平井学区コミュニティ協議会平井郷土史編集委員会編『ふるさと平井』1994 年

山陽新聞社編『岡山県民の明治大正』山陽新聞社、1987 年

上道郡教育会編『上道郡誌』名著出版、1973 年

独立行政法人国立文化財機構東京文化財研究所監修『男爵の愛した翼たち（下）』

日本航空協会航空遺産継承基金、2008 年

広田昌希編『明治・大正・昭和の郷土史 33 岡山県』昌平社、1983 年

『懐かしの沼尻軽便鉄道』歴史春秋出版、2000 年

『続・懐かしの沼尻軽便鉄道』歴史春秋出版、2001 年

『江川三郎八と江川式建築』江川三郎八研究会、2019 年

『内田鉄工所絵葉書』刻印大正 4 年 8 月 1 1 日

山陽新報

中國民報

岡山日日新聞等

「三蟠鉄道研究会」の活動

記念大会後援：岡山県、岡山県教育委員会、岡山市、岡山市教育委員会、玉野市教育委員会、総社市、山陽新聞社、岡山ガス

ブログ協力：　松口久美子
イラスト：　　上森陽子
コッペル蒸気機関車設計：　藤野　優、平島省三

協　力　　岡山県立東岡山工業高等学校、江川三郎八研究会、学校法人山陽学園大学短期大学、学校法人就実学園大学短期大学、就実・森の学校、岡山県立岡山東商業高等学校、岡山県立岡山聾学校、岡山市立東山中学校辻教諭、平田釣具店、西日本旅客鉄道株式会社岡山駅、福島県猪苗代町商工観光課、沼尻鉱山と軽便鐵道を語り継ぐ会、玉島テレビ、RSK プロビジョン、圓常寺、ベル串田記念館、岡山電気軌道、テレビせとうち、OHK 岡山放送、RSK 山陽放送、岡山歴史研究会、八晃産業、名玄、内山工業、岡南ギャラリー、エポック備南、備南工業グループ、蜂谷工業、シンコー印刷、内田屋、小野工業、平井郵便局、三蟠郵便局、岡山市立平井保育園、岡山市立平井小学校、岡山市立旭東小学校、岡山市立操南小学校、岡山市立操明小学校、岡山県警音楽隊、銭太鼓・つばさ会、岡山混声合唱団、沖新田一座、関西吟詩文化協会岡山鷺照会、菊水流剣詩舞道、うらじゃ 5 グループ、子ども神輿製作グループ、小寺鉄工、レール・トロッコ復元グループ、三蟠鉄道研究会有志、井笠鉄道資料館、記念品製作グループ、DVD 製作協力の皆様

資料編

内田武宏

鉄道年史 ······································

（注）主として国内の記事が中心だが、三蟠軽便鉄道や地域の動きにも触れている。また一部、戦争は鉄道にも少なからず影響を与えているので触れている。

引用出典：「官報」、『岡山県史』、『日本鉄道史』、『日本国有鉄道百年史』、『明治期鉄道史資料』、『大正期鉄道史資料』、『日本鉄道請負業史』、『写真集 岡山の鉄道』、『日本鉄道旅行地図帳』ほか。

延宝7年	1679	池田光政の許可を得て、倉田新田の開発
元禄5年	1692	池田綱政の命を受け、沖新田の開発
文政8年	1825	9月21日、イギリス、ストックトン・ダーリントン―ウイットンバーグ炭鉱間と支線開業
嘉永7年	1854	1月16日ペリーが蒸気車の模型を持参。1月23日、横浜応接所で運転
安政2年	1855	8月、佐賀藩が蒸機車の模型を制作
安政5年	1858	長崎飽ノ浦でオランダ人が蒸機車を運転
慶応元年	1865	グラバー商会が長崎大浦海岸で蒸機車を運転
慶応3年	1867	12月23日、小笠原壱岐守長行がアメリカ公使ポートマンに江戸―横浜間鉄道敷設の免許状を下付。その後契約不履行を通知
明治元年	1868	戊辰戦争が勃発
明治2年	1869	11月10日、鉄道建設の廟議決定
明治2年	1869	開拓使が茅沼炭鉱に軌条を敷設、自然傾斜を利用し、のぼり勾配では牛馬が牽引（初のレール利用）
明治5年	1872	10月14日、官設鉄道新橋―横浜間開業（初の官設鉄道）
明治6年	1873	9月15日、新橋―横浜間貨物営業を開始
明治7年	1874	5月11日、官設鉄道大阪―神戸間開業
明治12年	1879	4月14日、新橋鉄道局で日本人機関方3名誕生
明治13年	1880	6月28日、逢坂山隧道完成（日本人技術者だけで掘削したトンネル）
明治12年	1879	8月7日、神戸鉄道局で日本人機関方3名誕生、その一人に津山出身の日下輝道
明治13年	1880	11月28日、幌内鉄道手宮―札幌間開業（北海道初、官設鉄道）
明治14年	1881	11月11日、日本鉄道に特許条約書（免許状）下付（初の士族授産事業鉄道）
明治15年	1882	3月1日、官設釜石鉄道開業
明治15年	1882	5月1日、太湖汽船大津―長浜間開設（官設鉄道新橋―神戸間の一部）
明治15年	1882	6月25日、東京馬車鉄道開業
明治16年	1863	7月28日、日本鉄道上野―熊谷間開業
明治17年	1884	5月23日、阪堺鉄道大阪―堺間に免許状下付（初の私設鉄道）
明治18年	1885	日本鉄道品川線（現山手線）開業
明治18年	1885	12月14日、阪堺鉄道難波―大和川間開業
明治19年	1886	日本初の定期乗車券販売開始。また北海道初の私鉄釧路鉄道開業
明治20年	1887	5月18日、私設鉄道条例公布
明治21年	1888	1月14日、山陽鉄道に免許状下付
明治21年	1888	10月28日、伊予鉄道松山―三津浜間開業（四国初、私設鉄道）
明治21年	1888	12月23日、山陽鉄道明石―姫路間開業
明治21年	1888	山陽鉄道会社創立
明治22年	1889	官営鉄道で列車便所の導入開始。新橋―神戸全通（現東海道本線）
明治22年	1889	7月1日、官設鉄道新橋―神戸間全線開業

明治22年	1889	5月、山陽鉄道支線と山陰鉄道支線をめぐる山陰山陽鉄道敷設運動おこる
明治22年	1889	12月11日、九州鉄道博多―千歳川間開業（九州初、私設鉄道）
明治23年	1890	8月23日、軌道条例公布
明治24年	1891	3月18日、山陽鉄道三石―岡山間開業
明治24年	1891	4月25日、山陽鉄道岡山―倉敷間開業
明治24年	1891	7月14日、山陽鉄道倉敷―笠岡間開業
明治24年	1891	7月23日、伊予鉄道三津―平井河原間に仮免許状下付
明治24年	1891	9月11日、山陽鉄道笠岡―福山間開業
明治25年	1892	6月21日、鉄道敷設法公布
明治26年	1893	4月1日、官設鉄道横川―軽井沢間開業（初のアプト式鉄道）
明治26年	1893	6月、鉄道庁神戸工場で蒸気機関車860形製造（初の国産機関車）
明治27年	1894	山陽鉄道で日本初の長距離急行列車誕生
明治27年～28年	1894～1995	日清戦争
明治28年	1895	2月23日、官設鉄道の線路名を統一（東海道線など）
明治28年	1895	1月31日、京都電気鉄道東洞院通―伏見町―下油掛間開業（初の電気鉄道）
明治28年	1895	10月20日、山陽鉄道が京都―広島間に官鉄直通旅客列車運転
明治29年	1896	4月、中国鉄道株式会社設立
明治29年	1896	3月6日、児島鉄道彦崎停車場―味野間に免許状下付（岡山県初、私設鉄道）
明治29年	1896	4月30日、中国鉄道倉敷停車場―高梁間に仮免許状下付
明治29年	1896	4月30日、中国鉄道岡山停車場―米子間に免許状下付
明治29年	1896	9月1日、東海道線新橋―神戸間に急行旅客列車運転（急行料金不要）
明治29年	1896	10月8日、中国鉄道岡山停車場―浅尾間に免許状下付
明治30年	1897	山陽鉄道が日本初の入場券制定し販売、続いて国鉄主要駅でも
明治30年	1897	3月31日、山陽鉄道が姫路、岡山、尾道、広島駅に赤帽配置
明治30年	1897	11月5日、児島鉄道倉敷停車場―高梁間に免許状下付
明治31年	1898	1月1日、山陽鉄道が旅客列車による急行小荷物の取扱い開始
明治31年	1898	8月、山陽鉄道が京都―三田尻（現防府）間と大阪―三田尻間に官鉄直通急行列車運転
明治31年	1898	9月22日、山陽鉄道が列車ボーイ配置
明治31年	1898	12月21日、中国鉄道岡山市―津山（現津山口）間開業

明治32年	1899	官設鉄道が距離比例制旅客運賃を廃し、遠距離逓減制採用
明治32年	1899	5月25日、山陽鉄道が急行列車に食堂車連結
明治32年	1899	8月、山陽鉄道が夏季夜行列車1・2等に蚊帳の貸出し開始
明治33年	1900	3月16日、私設鉄道法公布
明治33年	1900	4月8日、山陽鉄道が直通列車に1等寝台列車連結
明治33年	1900	6月12日、鉄道作業局が女子雇員10名を採用（初の女性鉄道員）
明治33年	1900	10月1日、東海道線新橋－神戸間急行列車に寝台車連結
明治33年	1900	12月24日、中国鉄道岡山停車場－湛井間に免許状下付
明治34年	1901	5月27日、山陽鉄道神戸－馬関間全線開業。京都－馬関間と大阪－馬関間に官鉄直通急行列車、大阪－馬関間に直通貨物列車運転
明治34年	1901	12月1日、東海道線新橋－神戸間1・2等車に列車給仕配置
明治34年	1901	12月15日、東海道線新橋－神戸間急行列車に食堂車連結
明治35年	1902	6月、讃岐鉄道が並等合造車で喫茶室営業開始、女子社員を列車給仕に
明治35年	1902	11月1日、山陽ホテル開業（下関市）
明治36年	1903	3月18日、山陽鉄道が岡山－高松間航路と尾道－多度津間航路開設
明治36年	1903	6月1日、山陽鉄道が播但鉄道買収
明治37年	1904	8月21日、甲武鉄道飯田橋－中野間で電車併用運転を開始。自動信号機を使用（初の汽車電車併用運転と自動信号機使用）
明治37年	1904	甲武鉄道が蒸気列車と併用して電車の運行を開始。路面電車を除く郊外電車のさきがけ
明治37年	1904	11月15日、中国鉄道岡山－湛井間開業
明治37年	1904	12月1日、山陽鉄道が讃岐鉄道買収
明治38年	1905	1月、山陽鉄道が手荷物配達業務開始
明治38年	1905	9月11日、山陽汽船が下関－釜山間航路開設
明治39年	1906	11月7日、山陽鉄道岡山停車場－宇野間に免許状下付
明治39年	1906	3月31日、鉄道国有法公布
明治39年	1906	11月27日、山陽鉄道が山陽汽船下関－釜山間航路買収
明治39年	1906	12月1日、山陽鉄道国有化
明治40年	1907	9月7日、西大寺（電気）軌道に特許状下付
明治40年	1907	11月27日、岡山電気軌道に特許状下付
明治42年	1909	10月12日、国有鉄道線路名称を制定
明治43年	1910	4月20日、軽便鉄道法公布
明治43年	1910	6月12日、宇野線岡山－宇野間開業。宇野－高松間航路開設
明治43年	1910	西大寺軌道株式会社設立（後の西大寺鉄道）
明治43年	1910	箕面有馬電気鉄道開業。代表小林一三が私鉄経営モデル作る
明治43年	1910	9月29日、中国鉄道稲荷軽便鉄道原古才－稲荷間に免許状下付
明治43年	1910	9月30日、美作軽便鉄道津山－江見間に免許状下付
明治43年	1910	11月9日、下津井軽便鉄道下津井－茶屋町間に免許状下付
明治43年	1910	12月7日、井原笠岡軽便鉄道井原－笠岡間に免許状下付
明治43年	1910	12月15日、播美軽便鉄道上郡－江見間に免許状下付
明治44年	1911	3月21日、軽便鉄道補助法公布
明治44年	1911	4月10日、井原笠岡軽便鉄道井原－高屋間に免許状下付
明治44年	1911	5月1日、中国鉄道稲荷軽便鉄道稲荷（現備中高松）－稲荷山間開業
明治44年	1911	8月12日、中備軽便鉄道茶屋町－総社間に免許状下付
明治44年	1911	8月21日、両備軽便鉄道福山－高屋間、川南－府中間に免許状下付
明治44年	1911	8月29日、玉島軽便鉄道玉島－玉島停車場間に免許状下付
明治44年	1911	11月28日、矢掛軽便鉄道北川－矢掛間に免許状下付
明治44年	1911	11月28日、総矢軽便鉄道総社－矢掛間に免許状下付
明治44年	1911	11月28日、播美支線幕山－新宮間に免許状下付
明治44年	1911	12月29日、西大寺軌道観音－長岡間開業
明治44年	1911	井原笠岡軽便鉄道設立。後に井笠鉄道に社名変更
明治44年	1911	下津井軽便鉄道会社設立。工事着工
明治44年	1911	6月15日、福島軽便鉄道大供－福島間に免許状下付
明治45年	1912	4月17日、津山軽便鉄道佐良山村－東加茂村間、津山町－院庄村間に免許状下付
明治45年	1912	4月27日、足守軽便鉄道生石－足守間に免許状下付
明治45年	1912	1月28日、西大寺軌道長岡－森下間開業
明治45年	1912	5月5日、岡山電気軌道駅前－御城下－弓之町間開業
明治45年	1912	5月11日、信越線横川－軽井沢間の一部列車に電気機関車使用（初の電気機関車投入）
明治45年	1912	6月15日、新橋－下関間に1・2等特急列車運転、展望車を連結。新橋－下関間に速達便貨物列車運転
大正元年	1912	10月22日、陰陽電気軽便鉄道井尻野－平川間、河内谷－高梁町間に免許状下付
大正元年	1912	10月23日、西美鉄道佐良山村－勝山町間に免許状下付
大正元年	1912	10月29日、髙井軽便鉄道高屋村－井原村間に免許状下付
大正元年	1912	11月15日、大元軌道鹿田村－今村間に免許状下付
大正元年	1912	11月28日、瀬戸軽便鉄道西大寺－惣間、船橋－一日村間、瀬戸－瀬戸停車場間に免許状下付
大正2年	1913	3月28日、片上軽便鉄道伊部－三石間に免許状下付
大正2年	1913	8月15日、妹尾軽便鉄道庭瀬町－妹尾町間に免許状下付
大正2年	1913	8月16日、西大寺軌道西大寺町－九蟠村間に免許状下付
大正2年	1913	10月14日、岡山軽便鉄道岡山市－三蟠村間に免許状下付
大正2年	1913	10月26日、下津井軽便鉄道茶屋町－倉敷間に免許状下付
大正2年	1913	11月11日、下津井軽便鉄道茶屋町－味野町間開業
大正2年	1913	11月17日、井原笠岡軽便鉄道笠岡－井原間開業
大正2年	1913	11月26日、吉備津軽便鉄道真金－庭瀬間に免許状下付
大正3年	1914	3月15日、下津井軽便鉄道味野町－下津井間開業
大正3年	1914	3月6日、岡山軽便鉄道を三蟠軽便鉄道に
大正3年	1914	3月25日、吉備鉄道総社－矢掛間に免許状下付
大正3年	1914	5月4日、牛窓軽便鉄道豊村－牛窓間に免許状下付
大正3年	1914	5月4日、東備軽便鉄道豊村－伊部間に免許状下付
大正3年	1914	5月、因美軽便鉄道鳥取－智頭間を承認
大正3年	1914	7月4日、西大寺軌道西大寺－門田屋敷間に軽便鉄道法を適用
大正3年	1914	9月27日、西大寺鉄道森下－後楽園間に免許状下付
大正3年	1914	11月2日、西大寺軌道を西大寺鉄道株式会に
大正3年	1914	2月24日三蟠軽便鉄道設立
大正4年	1915	8月11日、三蟠軽便鉄道三蟠－桜橋間開業
大正4年	1915	9月15日、西大寺鉄道森下－後楽園間開業
大正4年	1915	11月26日、井原笠岡軽便鉄道を井笠鉄道に

大正4年	1915	軽便鉄道伯耆大山－伯耆溝口を計画
大正8年	1919	8月10日、伯備北線伯耆大山－伯耆溝口間開業
大正8年	1919	12月20日、因美線鳥取－用瀬間開業
大正8年	1919	4月10日、地方鉄道法公布（私設鉄道法と軽便鉄道法廃止）
大正10年	1921	4月14日、軌道法公布
大正11年	1922	4月11日、（改正）鉄道敷設法公布
大正11年	1922	11月28日、下津井軽便鉄道を下津井鉄道に
大正12年	1923	1月1日、片上鉄道片上－井ノ口間開業
大正12年	1923	2月5日、三蟠軽便鉄道湊－国清寺間開業。湊－桜橋間廃止
大正12年	1923	4月10日、三蟠軽便鉄道を三蟠鉄道に
大正12年	1923	7月12日、岡山電気軌道本線全線開業
大正12年	1923	8月1日、中国鉄道津山駅を津山口駅に
大正12年	1923	8月21日、作備線津山口－津山－美作追分間開業
大正13年	1924	甲子園球場ができて、日本で初の踏切警報機が登場
大正14年	1925	2月17日、伯備南線倉敷－宍粟間開業、中国鉄道総社－湛井間廃止
大正14年	1925	3月6日、宇野線岡山－妹尾間ルート変更、鹿田駅を廃し大元駅開業
大正14年	1925	6月4日、宮城電気鉄道仙台駅－西塩釜駅間開業（初の旅客地下駅）
大正14年	1925	7月16日、本州線、讃岐線、連絡会社で貨車の自動連結器取替作業（〜7月17日）
大正14年	1925	8月29日、中国稲荷山鋼索鉄道山下－奥ノ院間に免許状下付
大正15年/昭和元年	1926	日本初の自動券売機が登場
昭和2年	1927	12月30日、地下鉄、東京地下鉄道上野－浅草開業、日本初の自動改札（コインターンバー式）も導入
昭和2年	1927	三蟠軽便鉄道で乗客増をねらい初の気動車導入
昭和3年	1928	10月25日、伯備線倉敷－伯耆大山間全線開業
昭和3年	1928	3月15日、因美南線津山－美作加茂間開業
昭和3年	1928	9月1日、岡山電気軌道番町線全線開業
昭和3年	1928	日本初のトロリーバスである日本無軌道電車線が京都で開業
昭和4年	1929	2月9日、中国稲荷山鋼索鉄道山下－奥ノ院間開業
昭和4年	1929	日本初のディーゼル機関車試運転
昭和5年	1930	2月10日、三神線備中神代－矢神間開業
昭和5年	1930	9月1日、姫津東線姫路－余部間開業
昭和5年	1930	11月25日、三神線矢神－東城間開業
昭和5年	1930	12月11日、作備線津山口－津山－新見間全線開業
昭和5年	1930	作備線と姫津線が統合され、姫新線が全通開業
昭和5年	1930	大阪電気軌道桜井線開通
昭和5年	1930	前年開通した東武日光線と共に100キロ以上の長距離電車運転は先進的
昭和6年	1931	2月1日、片上鉄道片上－柵原間全線開業
昭和6年	1931	6月15日、三蟠鉄道が旭東線の道路建設により運行休止
昭和6年	1931	6月18日、三蟠鉄道廃業認可
昭和6年	1931	6月30日、三蟠軽便鉄道廃業、清算開始、三蟠乗合自動車に移行
昭和7年	1932	7月1日、因美線鳥取－東津山間全線開業
昭和8年	1933	6月19日、東海道線丹那隧道完成
昭和9年	1934	11月28日、姫津西線東津山－美作江見間開業
昭和11年	1936	南海電鉄で日本初の冷房車が登場、同年国有鉄道特急「燕」でも導入
昭和11年	1936	4月18日、姫津線姫路－東津山間全線開業
昭和11年	1936	10月10日、姫路－新見間と津山－津山口間を姫新線、鳥取－東津山間を因美線に
昭和12年	1937	盧溝橋事件勃発
昭和12年	1937	7月1日、芸備線備中神代－広島間全線開業
昭和13年	1938	私有鉄道・バス会社統合を円滑に進める「陸上交通事業調整法」制定
昭和15年	1940	1月1日、井笠鉄道が神辺－高屋間を編入
昭和16年	1941	支那事変勃発
昭和16年〜20年	1941〜1945	大東亜戦争勃発から太平洋戦争に突入し敗戦
昭和17年	1942	2月3日、三菱重工業名古屋航空機製作所岡山工場専用鉄道倉敷停車場－岡山工場間に免許状下付
昭和17年	1942	7月1日、関門隧道下り線使用開始
昭和18年	1943	東海旅客鉄道がICカード「TOICA」を導入
昭和18年	1943	水島臨海鉄道【三菱重工水島航空機製作所専用鉄道】が倉敷－水島間開通
昭和19年	1944	軍事輸送強化で、特急列車、一等車、食堂車、寝台車が一旦消滅
昭和19年	1944	1月11日、中国鉄道稲荷線休止
昭和19年	1944	2月11日、中国稲荷山鋼索鉄道廃止
昭和19年	1944	4月1日、中国鉄道稲荷線廃止
昭和19年	1944	6月1日、中国鉄道国有化
昭和19年	1944	運輸通信省が戦時買収（津山線、吉備線）
昭和19年	1944	8月8日、関門隧道上り線使用開始
昭和19年	1944	11月27日、宇野線大元駅岡山市内福島地内臨海工業地帯間専用鉄道敷設を承認
昭和19年	1944	岡山臨港鉄道が汽車会社専用線として大元駅から汽車会社間開通
昭和21年	1946	9月6日、岡山電気軌道清輝橋線全線開業
昭和21年	1946	11月、汽車会社専用側線使用開始（後の岡南線）
昭和21年	1946	岡山電気軌道の清輝橋線が全通
昭和22年	1947	2月17日、岡南線岡山－福島間開通式（後の岡南臨港鉄道）
昭和22年	1947	過度経済力集中排除法公布。戦後GHQの下、統合私鉄の解体も
昭和23年	1947	6月23日、水島鉄道に地方鉄道免許状下付
昭和23年	1948	11月15日、三菱重工業名古屋航空機製作所岡山工場専用鉄道を水島鉄道に
昭和24年	1949	8月20日、下津井鉄道を下津井電鉄に
昭和24年	1949	前年末制定の日本国有鉄道法により公共企業体日本国有鉄道発足
昭和24年	1949	専売事業や国鉄等政府事業を一般公務員から除外（GHQの指導）
昭和24年	1949	下津井電鉄が全線の電化工事を完了
昭和25年	1950	4月1日、備南電気鉄道が宇野－水島間を計画
昭和25年	1950	8月15日、岡山臨港鉄道大元停車場－岡山港停車場間に免許状下付
昭和25年	1950	「湘南電車」と呼ばれることになる国鉄80系電車登場
昭和25年	1950	国鉄でも長距離電車が行えることが確認でき、日本の鉄道駆動方式方針変更のきっかけとなる
昭和26年	1951	8月1日、岡山臨港鉄道大元－岡山港間開業
昭和26年	1951	12月12日、赤穂線相生－播州赤穂間開業
昭和27年	1952	4月1日、水島鉄道を倉敷市営鉄道に
昭和28年	1953	4月5日、備南電気鉄道宇野－玉間開業
昭和28年	1953	京阪電気鉄道などでカルダン駆動方式の電車導入
昭和29年	1954	7月岡山バスが両備バスに合併
昭和30年	1955	赤穂線の播州赤穂－日生間が開通
昭和30年	1955	仙山線陸前落合駅－熊ヶ根間で、日本初の交流電化試験実施
昭和31年	1956	東海道本線が全線電化される
昭和31年	1956	3月24日、備南電気鉄道を玉野市営電気鉄道に
昭和32年	1957	日本初のモノレール(懸垂式)として上野懸垂線開業
昭和33年	1958	東京－大阪間に電車特急「こだま」が運転開始。後の新幹線に影響

元号	西暦	できごと
昭和35年	1960	8月3日、玉野市営電気鉄道玉野－玉遊園地前間全線開業
昭和35年	1960	国鉄が指定券予約コンピュータシステム「マルス」を運用開始
昭和35年	1960	10月1日、山陽線上郡－倉敷間と宇野線電化
昭和36年	1961	10月1日、山陽線倉敷－三原間電化
昭和37年	1962	日本のリニアモーターカーが国鉄の鉄道技術研究所にて研究開始
昭和37年	1962	跨座式モノレールで日本初、名鉄モンキーパークモノレール線開業
昭和37年	1962	9月1日、赤穂線相生－東岡山間全線開業
昭和37年	1962	9月7日、西大寺鉄道廃止
昭和39年	1964	日本初の空港連絡鉄道の東京モノレール羽田線開業
昭和39年	1964	10月1日東海道新幹線が開通し営業運転開始。東京－新大阪間4時間（翌年には3時間10分に）。またこの年から国鉄は赤字に
昭和40年	1965	全国主要駅に「みどりの窓口」設置
昭和41年	1966	国鉄全線でATS（自動列車停止装置）の設置完了
昭和42年	1967	阪急千里線北千里駅で、日本初の磁気式自動改札機導入
昭和42年	1967	3月31日、井笠鉄道井原－神辺間と北川－矢掛間廃止
昭和43年	1968	6月1日、岡山電気軌道番町線廃止
昭和43年	1968	伯備線の複線化開始
昭和44年	1969	10月1日、赤穂線全線電化
昭和44年	1969	国鉄において等級制を廃止。これ以降一等はグリーン車、二等車を普通車に
昭和45年	1970	1月31日、倉敷市営鉄道を水島臨海鉄道に
昭和46年	1971	3月25日、津山機関区SL基地廃止
昭和46年	1971	4月1日、井笠鉄道笠岡－井原間廃止
昭和47年	1972	3月15日、山陽新幹線新大阪－岡山間開業
昭和47年	1972	4月1日、下津井電鉄茶屋町－児島間廃止
昭和47年	1972	4月1日、玉野市営電気鉄道廃止
昭和48年	1973	4月1日、伯備線岡山－新見間にSLサヨナラ列車を運転
昭和48年	1973	国鉄中央線快速に日本初の優先席「シルバーシート」を設置
昭和50年	1975	3月10日、山陽新幹線岡山－博多間開業
昭和51年	1976	3月、国鉄で実用蒸気機関車全廃。大井川鉄道では観光用に蒸気機関車の運転を再開
昭和52年	1977	宮崎県日向市で浮上式リニアモーターカーの実験。後に有人も
昭和54年	1979	SL人気のため国鉄山口線で「SLやまぐち号」で蒸気機関車復活
昭和56年	1981	日本初の実用的新交通システム（AGT）の、神戸新交通ポートアイランド線開通。自動列車運転装置（ATO）を採用。日本初無人運転も
昭和57年	1982	鉄原コークス（室蘭市）で使われていた蒸気機関車引退し、実用国内蒸気機関車全廃
昭和57年	1982	7月1日、伯備線電化
昭和59年	1984	国鉄盛線、宮古線、久慈線を第三セクター「三陸鉄道」に転換し開業。三陸鉄道は、国鉄特定地方交通線を転換した全国初の第三セクター鉄道となる
昭和59年	1984	12月29日、岡山臨港鉄道廃止
昭和59年	1984	吉備線岡山－備前三門間立体化工事（～昭和61年）
昭和60年	1985	国鉄が磁気式プリペイドカード「オレンジカード」を販売開始
昭和61年	1986	鉄道事業法制定、施行を前に国鉄が郵便輸送および貨物輸送廃止
昭和61年	1986	鳥取、岡山、兵庫を結ぶ智頭鉄道株式会社が沿線県市出資により、第三セクターとして設立
昭和62年	1987	4月1日、国鉄分割民営化、JR発足
昭和63年	1988	3月20日、本四備讃線茶屋町－児島間開業
昭和63年	1988	4月10日、本四備讃線児島－坂出間と児島－宇多津間開業
昭和63年	1988	智頭急行が全線開業
昭和63年	1988	3月13日青函トンネル開通
平成2年	1990	山梨県にリニア実験線の建設が始まる
平成2年	1990	日本初のリニアモーターカー実用路線として、大阪私営地下鉄鶴見緑地線開業、トンネル断面小さくできミニ地下鉄と言われる
平成3年	1991	1月1日、下津井電鉄廃止
平成3年	1991	3月6日、宇野－高松間航路廃止
平成3年	1991	7月1日、片上鉄道廃止
平成4年	1992	7月1日新在直行方式による山形新幹線福島－山形間が開業
平成6年	1994	12月3日、智頭急行上郡－智頭間開業
平成8年	1996	宇野線岡山－備前西市間連続立体交差事業（～平成14年度）
平成9年	1997	宮崎のリニア実験線を山梨県大月市、都留市へ移転
平成9年	1997	3月22日新在直行方式による秋田新幹線盛岡－秋田間開業
平成9年	1997	10月1日北陸新幹線（長野新幹線）高崎－長野間開業
平成9年	1997	宇野線で大元駅付近の高架工事着工
平成9年	1997	リニアモーターカーが山梨県の実験線有人走行で、時速441キロメートルと世界記録樹立
平成11年	1999	12月4日新在直行方式の山形新幹線山形－新庄間延伸開業
平成11年	1999	11月11日、井原鉄道清音－神辺間開業
平成13年	2001	東日本旅客鉄道がICカード「Suica」を導入
平成14年	2002	東北新幹線盛岡－八戸間が延伸開業
平成15年	2003	西日本旅客鉄道がICカード「ICOCA」を導入
平成15年	2003	沖縄都市モノレール開業して戦後日本全都道府県に鉄道が敷設
平成16年	2004	3月13日九州新幹線鹿児島ルート新八代－鹿児島中央が開業
平成17年	2005	実用では日本初の磁気浮上式リニアモーターカーとして、愛知高速交通東部丘陵線（愛称「リニモ」）開業
平成18年	2006	東海旅客鉄道がICカード「TOICA」を導入
平成19年	2007	関東の交通事業者が共通ICカード「PASMO」を導入
平成20年	2008	北海道旅客鉄道がICカード「kitaCA」を導入
平成21年	2009	九州旅客鉄道がICカード「SUGOCA」を導入
平成22年	2010	東北新幹線八戸－新青森間開業
平成23年	2011	九州新幹線鹿児島ルート博多－新八代間開業で鹿児島ルート全通
平成25年	2013	全国主要都市に「みどりの窓口」設置。また、この年から国鉄は赤字に11団体のICカード乗車券主要10種により交通系ICカードの全国相互利用サービスを開始
平成25年	2013	北九州旅客鉄道が日本初のクルーズトレイン型寝台列車「ななつ星in九州」の運行を開始
平成27年	2015	北陸新幹線長野－金沢間開通
平成28年	2016	北海道新幹線新青森－新函館北斗間開業
令和3年	2021	3月 JRをはじめ私鉄各社が新型コロナウイルスの影響を受けて終電時刻を広範囲で繰り上げるダイヤ改正を実施

関係法令 ●●●●●●●●●●●●●●●●●●●●●●●●●●

軽便鉄道法

軽便鉄道法は、わずか8条しかない法律である。その免許は、従来の私設鉄道法のような仮免許の、2段階の手続きではなく、一回で免許が与えられた。指定した期限内に工事施行の許可を受ければ、直ちに着工できる。免許資格も私設鉄道法のような株式会社である必要は無く、個人、あるいは合名、合資会社のような組織でも構わない。
軌間についても制約がなく、線路曲線や勾配の制約も緩やかだった。線路、停車場、信号、車両の設備も簡便なものですんだ。旅客運賃率も最高制限が無く、必要な場合は道路上の敷設も許可された。この軽便鉄道法が公布、施行されたおかげで、日本全国に軽便鉄道ブームが沸き起こった。
法律第57号
明治43年4月21日公布
明治43年8月3日施行
第一条　軽便鉄道を敷設し一般運送の用に供せむとする者は、左の書類及図面を提出し、主務大臣の免許を受くべし。
一起業目論見書
二線路予測図
三敷設費用の概算書
四運送営業上の収支概算書
第二条　主務大臣は公益上必要と認めるときは、免許に条件を附することを得。
第三条　免許を受けたるものは、免許に指定したる期限内に線路実測図、工事方法書類及工事事予算書を提出し、主務大臣の認可を受くべし。但し会社に在りては定款を添付することを要す。
第四条　線路は之を道路上に敷設することを得ず。但し必要な場合において主務大臣の認可を受けたる時は、此の限りに在らず。
第五条　私設鉄道法第九条第二項、第二十条、第四十一条、第四十二条、第五十三条乃至（ないし）第五十五条および第八十条の規定は軽便鉄道に之を準用す。
第六条　鉄道営業法は軽便鉄道に之を準用す。
第七条　明治四二年法律第二八号は軽便鉄の抵当に之を準用す。
第八条　本法に依り運送の業を為す者に対しては命令の定むる所に依り鉄道船舶郵便法を準用す
附則
・本法施行の期日は勅令を以って之を定む。
・本法施行前免許又は特許を受けたる鉄道及び軌道にして将来本法に依らしむべきものは主務大臣之を指定す。

軽便鉄道補助法

明治43年に、全国における本線の培養線的路線（軽便鉄道）敷設を推進する為、敷設の条件を極めて簡略なものにした軽便鉄道補助法が明治44年3月27日に公布された。しかし、鉄道事業は初期投資が莫大で、完成しなければ投資を回収できない特徴から地方によっては資金調達が難儀なことになっていた。そのため、政府としては建設補助をする事になり、制定されたのが本法であった。
この法律により、軌間が2呎6吋以上（約762ミリ）以上の軽便鉄道路線に関しては、5年間に限り年間5%以上の利益を政府が補助金を出してでも補償することが定められ、鉄道敷設ブームに拍車をかけることになった。大正3年には、補助金を給付する期間中が10年間に延長されている。制定当初では補給指定路線が少なかったが、建設ブームが起きた。補助金の財源としては帝国鉄道特別会計の益金から支出していたため、国有鉄道の益金に左右される状況にあった。また補助促進のため期間延長がなされたことの弊害として、経済の進展により、免許哩数が増加すると本来補助すべき地方路線への財源枯渇するような事態も発生した。さらに昭和5年以降の鉄道事業全体の収益性低下により、既存鉄道路線への営業補助が求められたが、当時の補助法は建設補助であったため、私鉄の収益悪化に対する支援になり得なかった。後に地方鉄道法公布による軽便鉄道法廃止に伴い、地方鉄道補助法へ改題されて、更に昭和28年の鉄道軌道整備法により廃止された。
第一条　軽便鉄道に於て毎営業年度に於ける益金が、建設費に対し1年5分の割合に達せざるときは、政府は該鉄道営業開始の日より5年を限り其の不足額を補給することを得。但し営業収入の営業費に不足する金額に対しては、之を補給することを得ず。
第二条　補給を為すべき軽便鉄道は、2呎6吋以上の軌間を有するものに限る。
第三条　第一条の補助金の年額は、明治44年においては25万円。爾後毎年度25万円を累加し、125万円に至りで止む。
第四条　軽便鉄道は毎営業年度において其の益金が建設費に対し1年8分の割合を超過するに至りたるときは、其の超過額の2分の1を以て政府の補給したる総額に達する迄之が償還をすべし。
第五条　第一条及第四条の建設費、営業費、営業収入及び益金に対しては命令を以て其の算出方法を定むることを得。
第六条　軽便鉄道の管理者が法令若は法令に基きて発する命令、免許、若は補助に附したる条件に違反し又は公益を害すべき行為を為したるときは、其補助を停止又は廃止することを得。
第七条　詐欺の行為を以て補助金を受けたるときは、其法定の利息を附して之を償還せしむ。
附則
・本法施行の期日は勅令を以って之を定む。
・本法施行の日より10年を経過するときは新たに補助を為すことを得ず。

商業登記簿謄本と営業報告書等重要書類 …………

商業登記簿謄本

大正3年2月24日その1

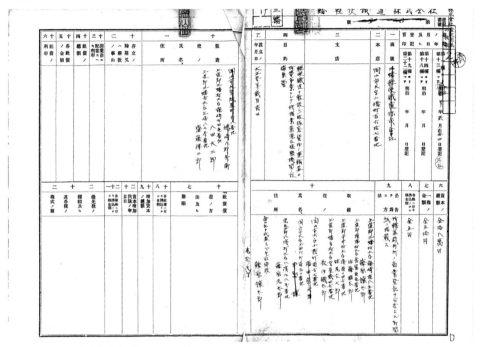

本店所在地は岡山市大字小橋町167番地

大正3年2月24日その2

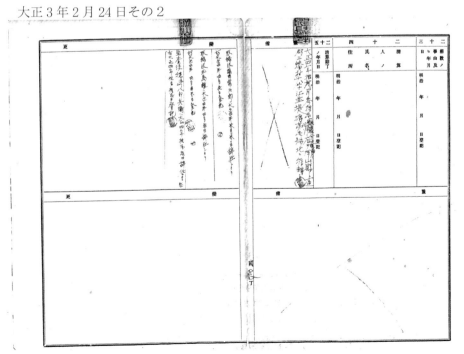

本店所在地が三蟠村大字江並に移転

大正5年1月13日その1

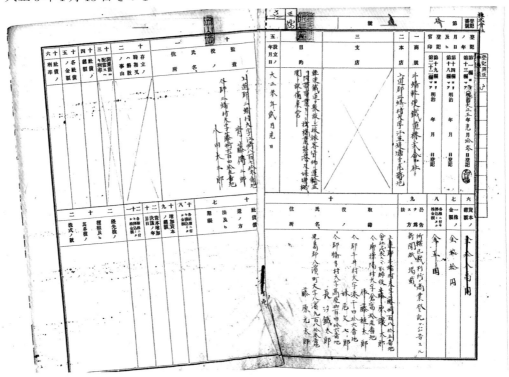

本店所在地は上道郡三蟠村大字江並堤塘字壱号地

大正5年1月13日その2

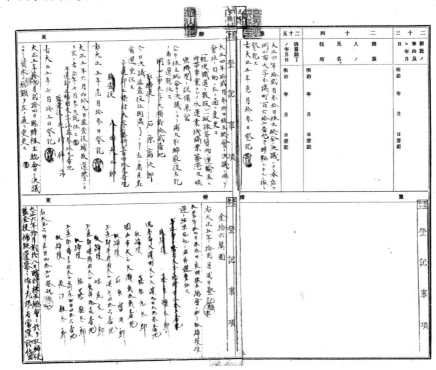

役員の異動や補充が確認できる

大正5年1月13日その3

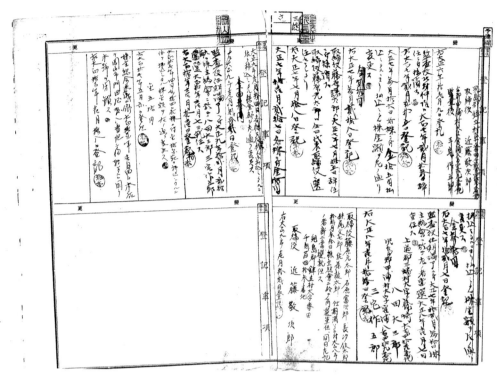

役員の異動や補充が確認できる

大正12年1月13日その4

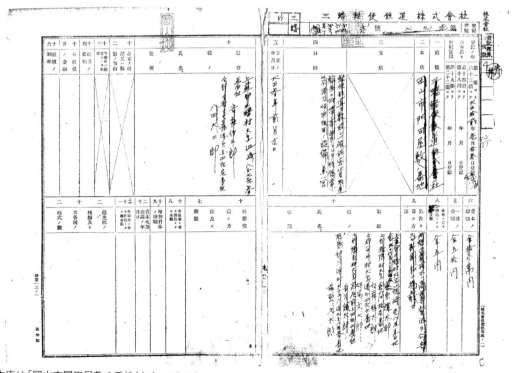

本店は「岡山市門田屋敷八番地」となっている

大正12年1月13日その5

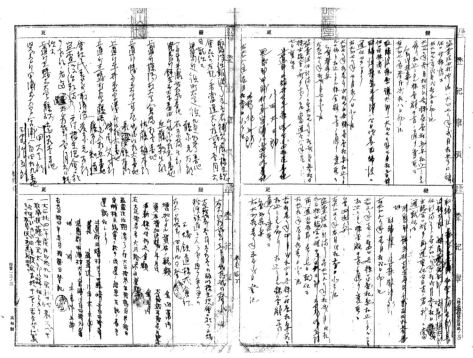

役員の異動や補充が頻繁に

大正12年1月13日その6

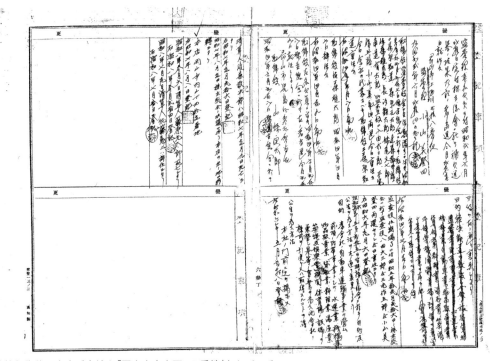

清算報告後は本店所在地を「岡山市内山下45番地」としている

大正12年1月13日その7

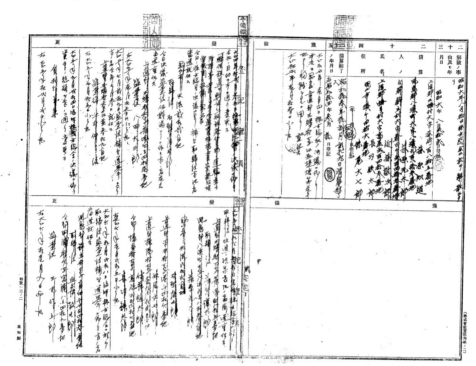

役員の異動や補充が頻繁に

大正12年1月13日その8

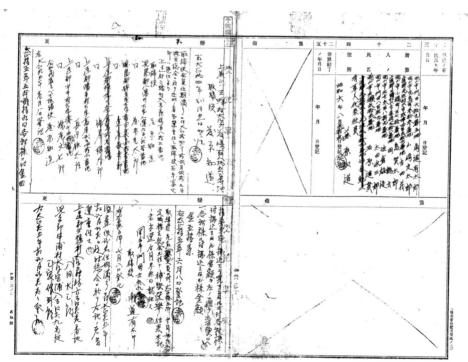

清算人の名前も見える

営業報告書

第 29 回営業報告書

自昭和 2 年 12 月 1 日〜至 3 年 5 月 31 日

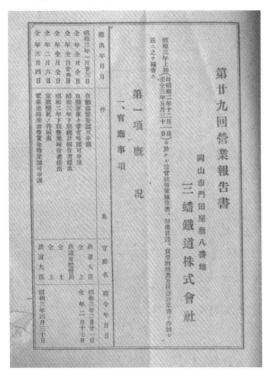

第廿九回營業報告書

岡山市門田屋敷八番地

三蟠鐵道株式會社

昭和三年上期（自昭和二年十二月一日）（至仝三年五月三十一日）ニ於ケル營業狀態報告書、財產目錄、貸借對照表及損益計算書ヲ作製シ之ヲ報告ス

第一項 概況

一、官廳事項

摘要 年月日	件　名
昭和三年一月廿三日	自動車營業認可申請
仝年仝月仝日	自動車庫中學生乘車賃認可申請
仝年仝月廿九日	昭和三年下期營業報告書提出
仝年仝月仝日	昭和二年下期營業報告書提出
仝年二月六日	鐵道運輸並營業收支特定認可申請
仝年三月四日	電歌線並乘降場營業貨物特定認可申請

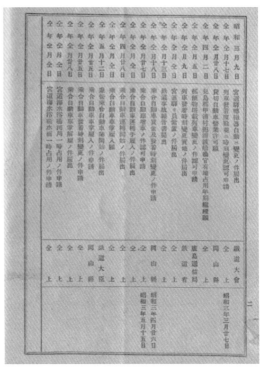

昭和三月九日	宮道驛構內器具自動ニ變更ノ件屆出
仝年仝月十七日	列車運轉時刻改變ノ件申請認可
仝年仝月廿二日	貸切自動車營業許可申請
仝年四月二日	泉島驛前自動車營業官有地占用ノ件申請
仝年仝月五日	拔椒地帶裁列車驛官有地占用ノ件認可申請
仝年仝月九日	列車發着時刻變更屆提出
仝年仝月十三日	宮道驛附員報告書提出
仝年五月十八日	鐵道事故報告ノ件屆出
仝年仝月廿七日	乘合自動車運賃認可ノ件屆出
仝年四月廿八日	乘合自動車乘場料屋入ノ件屆出
仝年仝月廿八日	泰島驛乘合自動車開始ノ件屆出
仝年五月廿八日	乘合自動車乘降場ノ作制
仝年仝月廿八日	乘合自動車時刻變更ノ件屆出
仝年仝月仝日	宮道海水浴場用一時占用ノ件申請
仝年仝月仝日	鐵道驛水浴裕水面一時占用ノ件申請

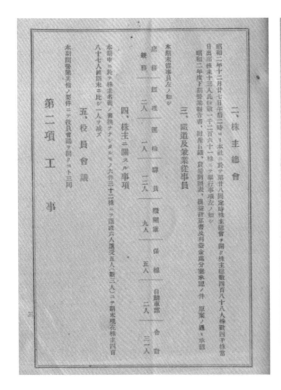

二、株主總會

昭和二年十二月七日午後二時ヨリ本社ニ於テ第廿八回定時株主總會ヲ開キ株主總數四百八十八人株新四千株當...

昭和二年度下期營業報告書、財產目錄、貸借對照表及損益計算書ヲ附議シ損益金處分案承認ノ件、原案ノ通リ承認

三、鐵道及兼業從事員

本期末從事員左ノ如シ

區分	鐵道	兼業
現業	二人	一人

四、株主ニ關スル事項

本期中ニ於テ株式名義ノ書換ナシ・其ヲ減シ六件三十二株ニテ譲渡六人護受五人(新三人)ニテ動其譲渡ニ株主四百八十七人前期末ニ比シ一人ヲ減ズ

五、役員會議

本期間營業其他ノ案件ニ付役員會議ヲ開クコト三回

第二項 工事

本期間中未報管理ノ上アルモノハ(左ノ如ク掲載ス)

一、建設

　一、宮道修車庫ノ信號機一基ヲ建設ス

二、保存

　一、乘合自動客車ノ爲ニ人員乘入ド自動車一輛購入

宮路驛長線ニ從業シ工手之四十二名本期間中共八百十二名ニテ之レノ作業ノ個別スレバ繕修徒歷四百五十八人日線ニ...

三、車輛

　機關車

第十一號 左右コ中ドブラス、アスルルブラスノバルサジ中ドレットブラク二個壓驛取替左右ロ一トファンド及ジマ新調ブレートブロクス八個壓驛... 一個ジヤギ中ドリシヤゼトストプ...

第十二號 左右ピストン中ドク金個ドアドブサギ二個ブレーキブロック六個取替

第十三號 左右ロツトブラスゼツト置

　客車

自動客車ノプロ・クランダケース・ヨジトユーター・ゼントゲト・メンバー・アグスル中ドアクスボドルベヤリン・・・

| 四 |

第二項 運輸

貨車

本期ニ於ケル一日貨物噸數...

種別	當期	前期	各ヶ月	前期ト比較	種々割數比較
機關車哩數					
營業日數					
客車收入					
旅客人員					

第四項兼業

自動車成績表

營業收入	營業費		
運輸收入			
旅客人員			
旅客運賃			
貨物噸數			
貨物收入			
合計			
一日平均			

第五項 會計

一、建設費

合計

項目							合計
旅客運賃							
小荷物							
貨物							
雑収入							
合計							

第四項兼業

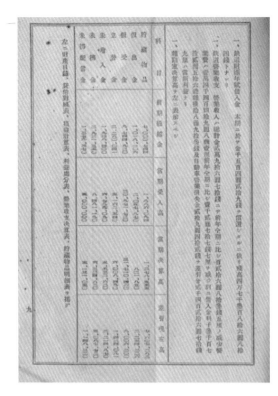

財産目録

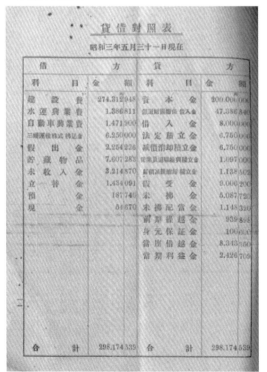

財　産　目　録

昭和三年五月三十一日現在

科　目	摘　要	金　額
建　設　費	總路建物一切	228.440718
車　輛　費	機關車3輌 客車6輌 貨車9輌 自動客車1輌	45.872230
水 運 興 業 費	石炭運送船一般	1.386811
自 動 車 興 業 費	自動車一台	1.471900
三蟠運輸株式払込金	三蟠運輸株式150株	6.250000
假　出　金	建設費營業費未精算高	2.254226
貯　藏　物　品	乘車券、諸表被帳、被服、帆布及所用品、機關器及輪又、車輛用品、砂利石炭等	7.607283
未　收　入　金	連帶運輸旅客運賃及石炭運賃等未精算高	3.214870
立　替　金	一時立替未精算高	1.434091
預　金	岸本銀行岡山支店、第一合同銀行八濱支店、大阪振替局、十五銀行岡山支店、岡山合同貯蓄銀行三蟠代理店	187740
現　金	手許有高	54670
合　　計		298.174539

貸借対照表

貸　借　對　照　表

昭和三年五月三十一日現在

借方 科目	金額	貸方 科目	金額
建　設　費	274.312948	資　本　金	200.000000
水 運 興 業 費	1.386811	鐵道財團抵當借入金	47.386840
自 動 車 興 業 費	1.471900	借　入　金	8.000000
三蟠運輸株式払込金	6.250000	法定積立金	6.750000
假　出　金	2.254226	減價償却積立金	6.750000
貯　藏　物　品	7.607283	建業及道路改良積立金	1.097000
未　收　入　金	3.214870	器具車輛損耗準備金	1.138502
立　替　金	1.434091	假　受　金	9.006200
預　金	187740	未　拂　金	5.087720
現　金	54670	未拂配當金	1.148390
		前期繰越金	939895
		身元保証金	100000
		當座借越金	8.343560
		當期利益金	2.426709
合　　計	298.174539	合　　計	298.174539

損益計算書

損　益　計　算　表

自昭和二年十二月一日
至昭和三年五月三十一日

收入 科目	金額	支出 科目	金額	借益
客車收入	17.220080	保存費	1.811710	
貨車收入	2.537040	汽車費	5.606146	
運輸雜收	269570	一般費	3.250125	
雜收入	70010	總係費	790880	
計	20.096700	諸税	1.091350	
自動車營業收入	351840	計	12.459211	
計	351840	建設費營業費償却分	1.989870	
		借入金利子	3.175560	
		雜損	18930	
		計	5.181360	
		自動車營業費	381260	
		計	381260	
合　計	20.448540	合　計	18.021831	2.426709

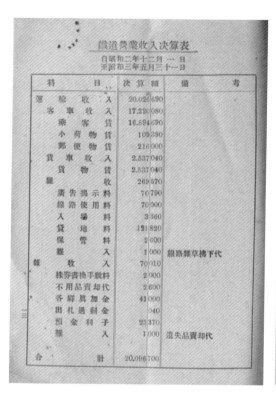

鐵道營業收入決算表

自昭和二年十二月一日
至昭和三年五月三十一日

科　　目	決算額	備　　考
運　輸　收　入	20,026,690	
客　車　收　入	17,220,080	
乘　客　賃	16,894,690	
小　荷　物　賃	109,390	
郵　便　物　賃	216,000	
貨　車　收　入	2,537,040	
貨　物　賃	2,537,040	
雜　收	269,570	
廣　告　揭　示　料	70,790	
線　路　使　用　料	70,000	
入　場　料	3,360	
貸　地　料	121,820	
保　管　料	2,600	
雜　入	1,000	線路雜草拂下代
雜　收　入	70,010	
株券書換手數料	2,000	
不用品賣却代	2,600	
各驛異加金	41,000	
出札過剰金	040	
預　金　利　子	23,370	
雜　入	1,000	遺失品賣却代
合　　計	20,096,700	

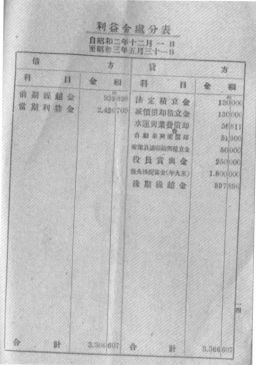

利益金處分表

自昭和二年十二月一日
至昭和三年五月三十一日

借　　　方		貸　　　方	
科　　目	金　額	科　　目	金　額
前期繰越金	939,898	法定積立金	130,000
當期利益金	2,426,709	減價償却積立金	130,000
		水運興業費償却	56,811
		自動車興業費償却	51,900
		從業員謝恩貯蓄獎勵立金	50,000
		役員賞與金	250,000
		後先株配當金（年九朱）	1,800,000
		後期繰越金	897,896
合　　計	3,366,607	合　　計	3,366,607

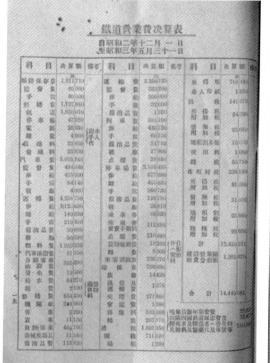

鐵道營業費決算表

自昭和二年十二月一日
至昭和三年五月三十一日

科目	決算額	備考	科目	決算額	備考	科目	決算額	備考
線路保存費	1,811,710		運輸費	3,220,125		所得稅	708,480	
監督費	60,060		監督費	533,500		收入印紙	1,650	
手當	60,000		俸給	200,000		營業稅	141,375	
材料費	1,727,880		手當	322,000		所得加稅	84,390	
制令費電車	1,650,010		備品費	1,200		營業附加稅	25,080	
俸給	47,550		列車給炭費	385,190		營業附加稅	13,500	
雜給	26,930	本大洋代	俸給	438,730		地租割到本	1,080	
雜料	4,000		手當	60,150		使用料		
地稅料		地本代	備品費	34,780		雜稅	85,730	
雜料	23,830		雜費	17,800		市町村稅	238,590	
門別監督	8,005,340		点燈費	28,650		所得割稅	91,800	
監督俸給	494,040		停車場費	2,105,450		營業割稅	31,000	
俸給	425,900		俸給	677,080		地租割稅	23,660	
手當認筆	54,140		雜費	400,880		雜稅		
停車場			雜費	360,720		雜附加稅	92,600	
監督料	4,226,736		備品費	109,750				
雜給			俸給	25,810		仲仕假安置	12,456,211	
手當	149,830		乘車券	85,520		建設特業費	1,989,870	
備品費	216,450		乘車賣手數料	112,880		稅費分割額		
雜費	10,990		点燈費	216,080				
燃料費	50,520		貨物積卸費	18,200		合計	14,449,061	
汽車油費	1,909,524		雜費	8,900				
自動車費	81,050		乘客誘致費	236,276				
雜給水費	788,680		給料	700,880				
俸給水費	19,500	南洋	飲食	14,420				
雜給	64,070	北代	信雜及手	1,870				
雜給	854,350		交通費	371,860				
機關	241,600		給料費	103,660	喫茶員勤年家營費			
炭費	8,200		雜費	207,670	山國四國鐵道國志會費			
自動車	402,790		國稅	1,601,350	探定名及報告者一等金特			
機械及器具	11,540		地租稅	711,320	見舞料及舊乘客及車賃事			
備消品費	115,830		地租	1,290				

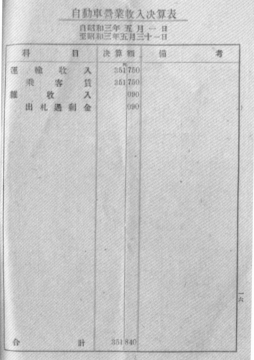

自動車營業收入決算表

自昭和三年五月一日
至昭和三年五月三十一日

科　　目	決算額	備　　考
運　輸　收　入	351,750	
乘　客　賃	351,750	
雜　收　入	090	
出札過剰金	090	
合　　計	351,840	

自動車営業費決算表

自昭和三年五月一日
至昭和三年五月三十一日

科目	決算額	備考
自動車費	210,220	
運転費	205,620	
俸給	51,600	
手当	5,000	
備消品費	3,240	
被服費	230	
揮発油	124,950	
モビール油其他	900	
屑糸費	1,000	
雑費	18,800	水道使用料 3,600 / 自動車置場料 3,200 / 自動車借入賃 12,000
修繕費	4,600	
車体検費	4,600	
運輪	133,800	
俸給	23,400	
被服費	230	
乗車券費	6,060	
乗客誘致費	36,900	
備消品費	67,220	
係費	37,240	
旅費	1,990	
備消品費	8,800	
修繕費	19,960	
雑費	6,500	自動車協會ヘ入會料 1,800 / 之事故ノ路破損品時價代 5,000
合計	381,260	

貯蔵物品明細表

昭和三年五月三十一日現在

種別	金額	摘要
工事用品	5,116,755	
軌條及附属品	2,302,430	
轉轍器轍叉	1,177,349	
枕木	330,430	
信號器及附属品	111,200	
標桁	28,560	
車輛用品	915,209	
砂利	122,472	
鐵材	37,956	
石材	39,849	
木材	29,900	
車止及諸標	20,400	
運輸用品	1,086,460	
石炭	1,013,660	
油脂	72,800	
営業及事務所用品	1,405,068	
乗車券	444,005	
諸表帳類	619,827	
被服	230,885	
備消品類	110,351	
合計	7,607,283	

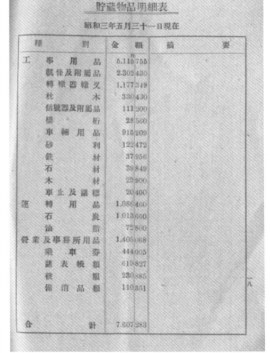

右之通り相違無之候也

昭和三年六月十九日

三蟠鐵道株式會社

取締役社長　藤原知道
仝取締役　近藤元太郎
仝　佐藤敬太郎
仝　長尾鐵七郎
仝　妹尾文太郎
仝　角道有太郎

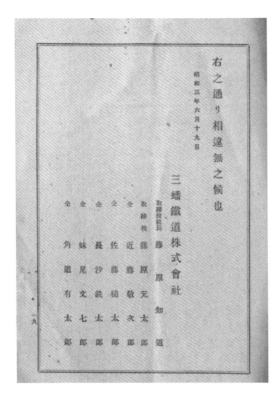

前記各項ヲ監査候處適法正確ナルヲ認メ茲ニ報告候也

監査役　八田大三郎
仝　三宅作五郎
仝　小山美登四郎

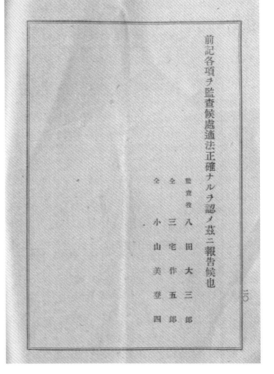

株主氏名表

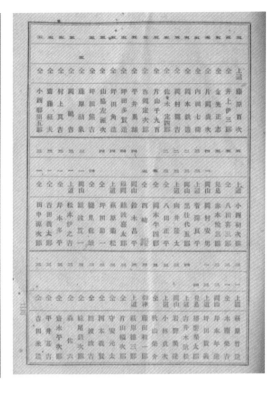

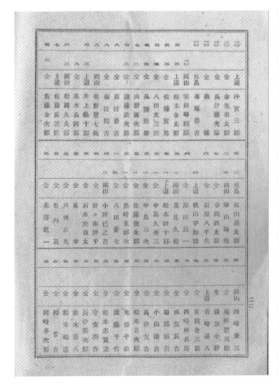

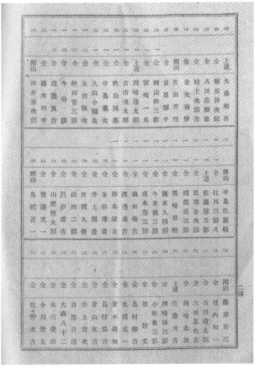

江川三郎八の名前が見える。２段目右端

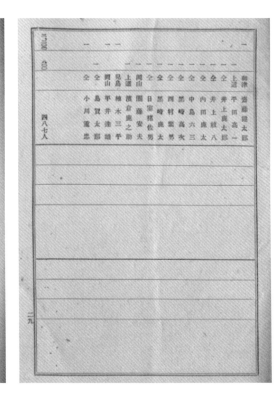

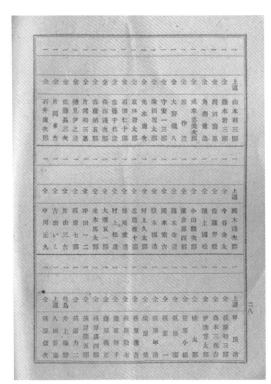

第32回営業報告書

昭和 4 年度下期（自昭和 4 年 6 月 1 日
至昭和 4 年 11 月 30 日）部分のみ

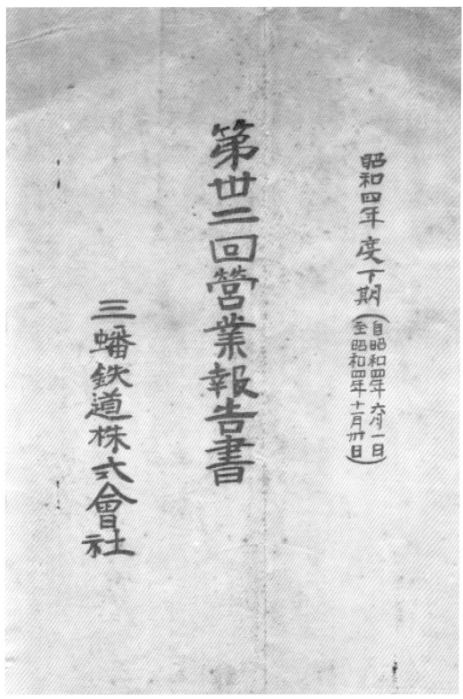

ここに見られるように毎年何回もの営業報告書が発行されていたことがわかる

登記権利証書綴

大正4年3月起、登記権利証綴

所有権移転登記済証

　ここでは三蟠鉄道の路線敷設に理解を示され、宅地や田畑などを鉄道用地として提供くださった、多くの篤志家の名が偲ばれる売渡証書などを紹介する。三蟠鉄道にとって、路線が始点から終点まで円滑かつ速やかに確保することは至上命題であった。

　会社設立から程なく工事に着手し、驚異的なスピードで開通に漕ぎつけたことを考えると、土地を提供していただいた方々は恩人たちである。この中で1名でも欠けていたなら三蟠鉄道は存在していなかったに相違ない。

　大正4年6月1日　売渡人　円常寺住職松本耕通

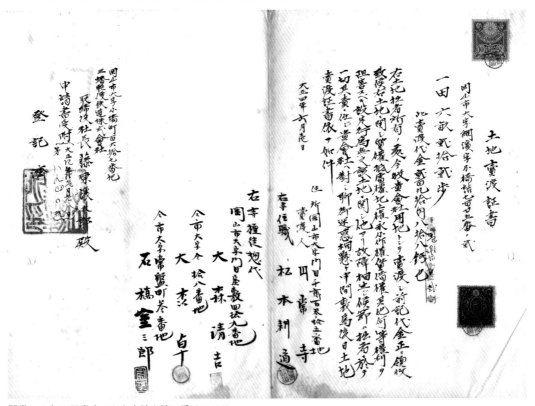

開業した年，円常寺からも土地を譲り受けている

208

大正４年３月１日　売渡人　藤堂伊一郎

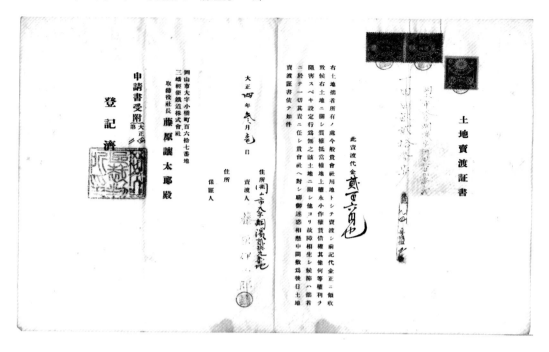

大正４年３月１日　売渡人　高塚菊五郎

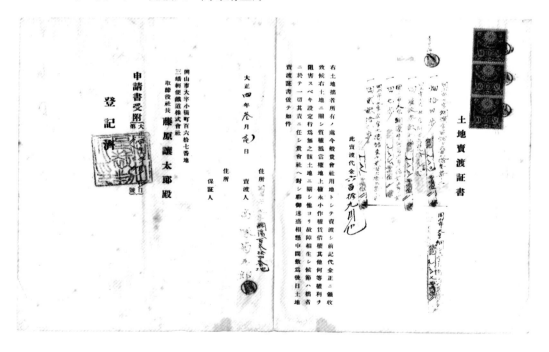

大正４年３月１日　売渡人　太田惣次郎

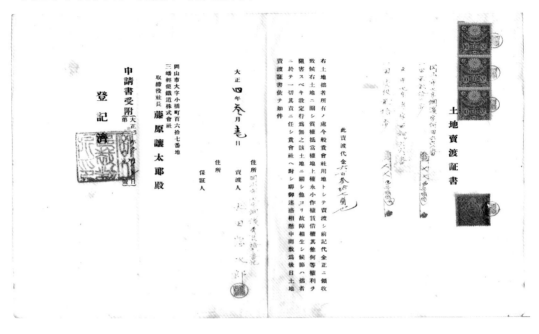

大正４年３月１日　売渡人　内田勘次郎

210

大正4年3月31日　売渡人　内田七郎

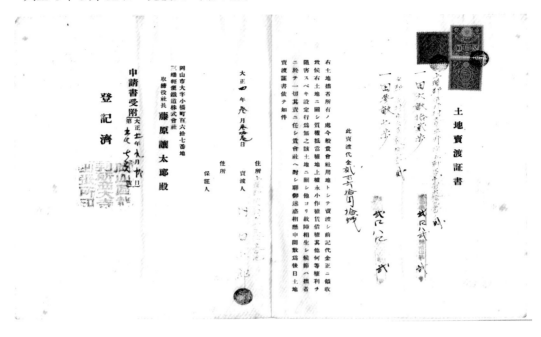

大正4年4月1日　売渡人　平井波類

大正 4 年 4 月 19 日　売渡人　鐘渕紡績株式会社専務取締役　武藤山治

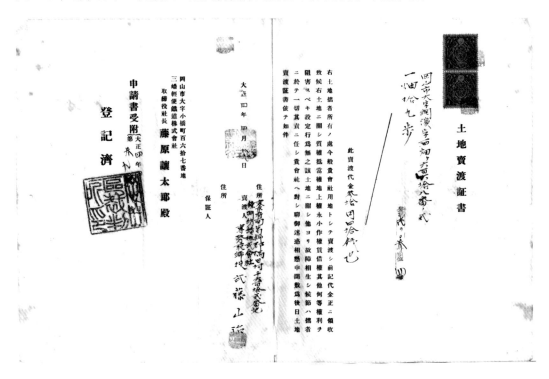

大正 4 年 4 月 25 日　売渡人　佐藤仙次郎

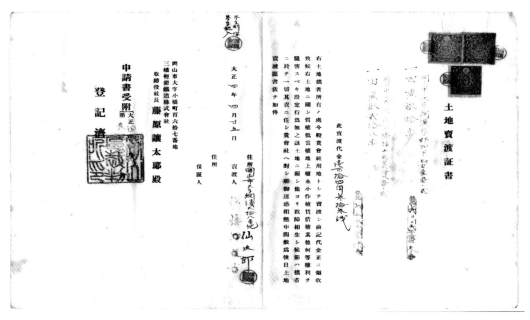

大正4年6月1日　売渡人　内田寅太郎

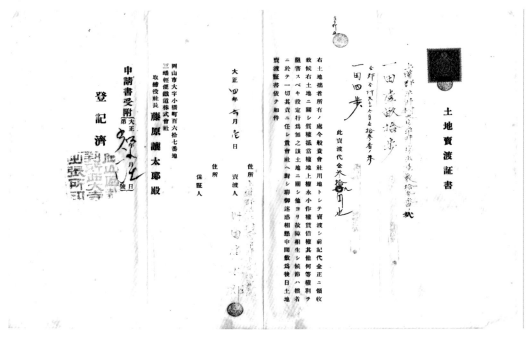

大正4年6月1日　売渡人　内田槌次郎

岡山区裁判所は上道郡の郡役所に西大寺出張所を設けていた

大正9年5月起土地売渡証書

　この年からは三蟠軽便鉄道も、岡山電鐵との接続を意識して、線路延長を目論み、湊桜橋間に分岐点を設けて、新駅「網浜駅」を経て、国清駅を表玄関とすべく画策した時代であった。

　住居密集地もあるなか、積極的に鉄道路線になる土地を購入した時代となる。

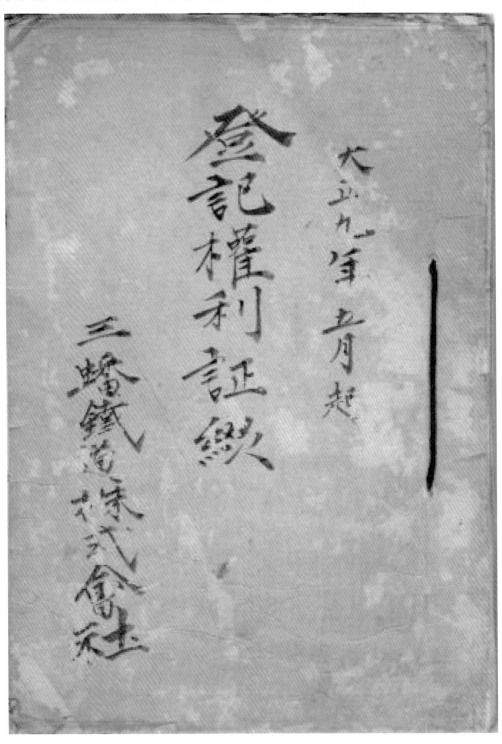

大正９年５月１日　売渡人　野﨑金五郎

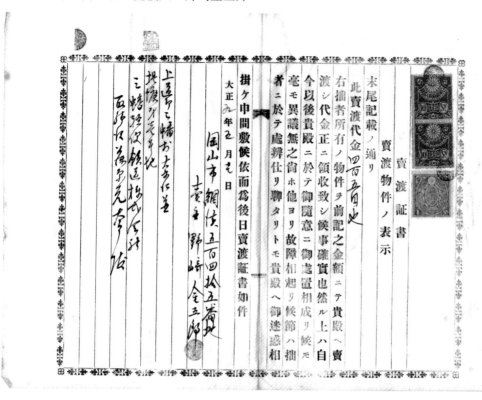

大正九年五月一日

売渡証書の本文（縦書き）

賣渡證書

賣渡物件ノ表示

末尾記載ノ通リ

此賣渡代金四百五百也

右掲者所有ノ物件ヲ前記之金額ニテ貴殿ヘ賣
渡シ代金正ニ領收致シ候事確實也然ル上ハ自
今以後貴殿ニ於テ御隨意ニ御處置相成リ候庶
毫モ異議無之筈ホ他ヨリ故障相起リ候節ハ掲
者ニ於テ處辨仕リ聊タリトモ貴殿ヘ御迷惑相
掛ケ申間敷候依而爲後日賣渡證書如件

大正九年二月七日

岡山市網浜五百四拾五番地

賣主　野﨑金五郎

同上不動産の表示

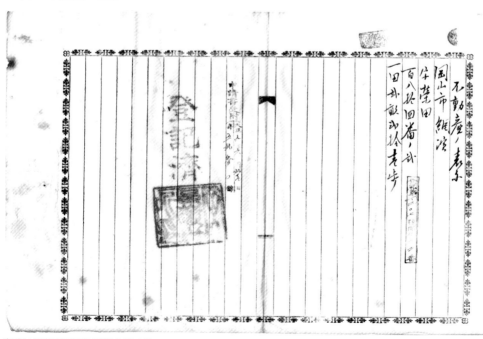

不動産ノ表示

岡山市網浜

字篷田

百八拾四番ノ貳

一田廿畝廿拾壱歩

当時は裁判所が直接登記を受け付けていた

資料編　215

大正９年５月１日　売渡人　内田金次郎

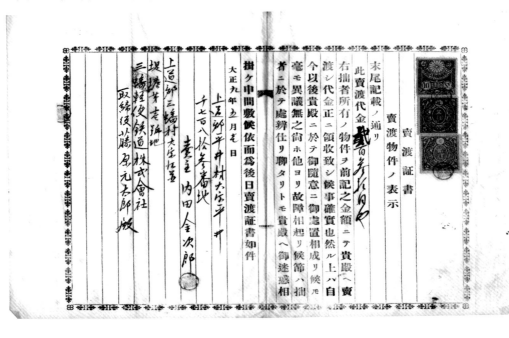

同上不動産の表示

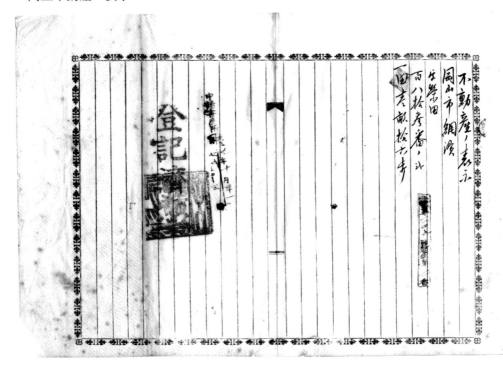

大正9年5月1日　売渡人　長舩紋七

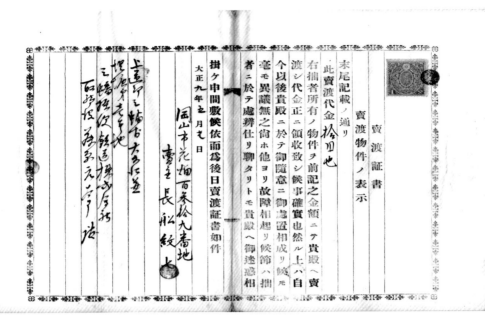

同上不動産の表示

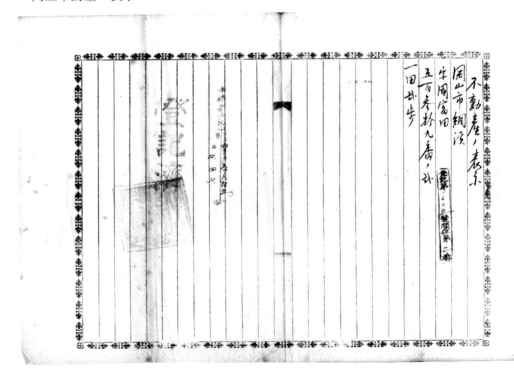

大正９年５月１日　売渡人　秋山敬太

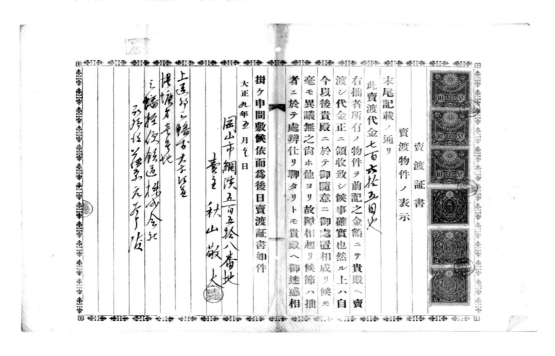

同上不動産の表示

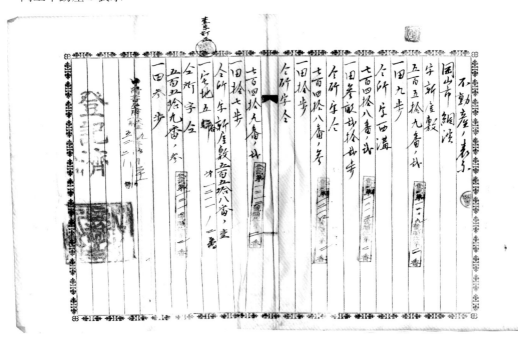

大正９年５月１日　売渡人　華山海應

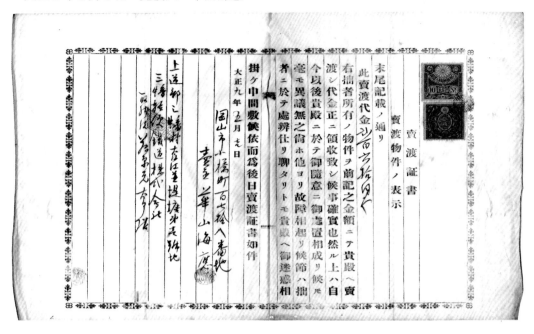

賣渡物件ノ表示

末尾記載ノ通り

此賣渡代金〇〇〇〇〇〇〇〇也

右掲著所有ノ物件ヲ前記之金額ニテ貴殿ヘ賣
渡シ代金正ニ領收致シ候事確實也然ル上ハ自
今以後貴殿ニ於テ御隨意ニ御處置相成リ候尤
毫モ異議無之倘ホ他ヨリ故障相起リ候筈ハ拙
者ニ於テ處辨仕リ聊タリトモ貴殿ヘ御迷惑相
掛ケ申間敷候依而爲後日賣渡証書如件

大正九年二月七日

岡山市小橋町百七拾八番地

賣主　華山海應

上道郡○○村○○○○○堤○○○○番地
三備林○○○鐵道株式會社
○○○○○○○○○殿

同上不動産の表示

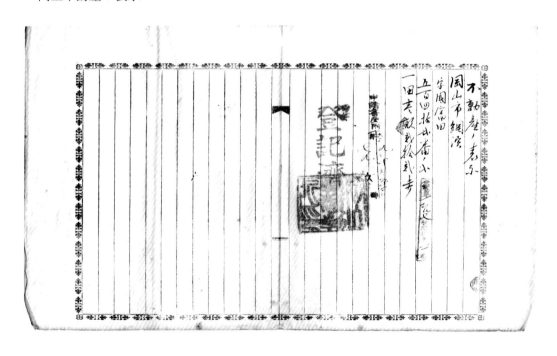

不動産ノ表示

岡山市網濱
宇岡信畑
五百四拾武番ノ木
一田　貳畝貳拾武歩

大正 11 年 11 月 25 日　売渡人　三宅金太

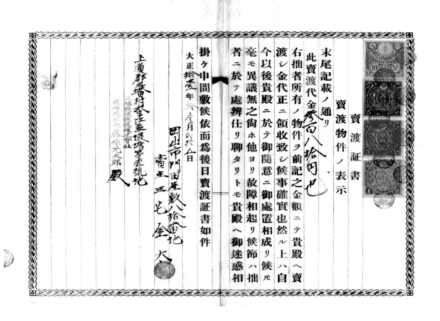

賣渡証書

賣渡物件ノ表示

此賣渡代金ノ通リ

末尾記載ノ通リ

右掲者所有ノ物件ヲ前記之金額ニテ貴殿ヘ賣

渡シ金代正ニ領収致シ候事確實也然ル上ハ自

今以後貴殿ニ於テ御隨意ニ御處置相成リ候モ

毫モ異議無之尚ホ他ヨリ故障相起リ候節ハ拙

者ニ於テ處辨仕リ聊タリトモ貴殿ヘ御迷惑相

掛ケ申間敷候依而爲後日賣渡証書如件

大正拾壹年　　月　　日

岡山市門田屋敷八拾番地

賣主　三宅金太 ㊞

上道郡幡村金三裏作筆兒孔地

旺宮後処ハ　旅銀元太郎

殿

同上不動産の表示

不動産ノ表示

岡山市門田屋敷

四番ノ貳

宅地貳拾七坪貳合八勺

右ノ内

四舊ノ参

宅地壹坪六合九勺

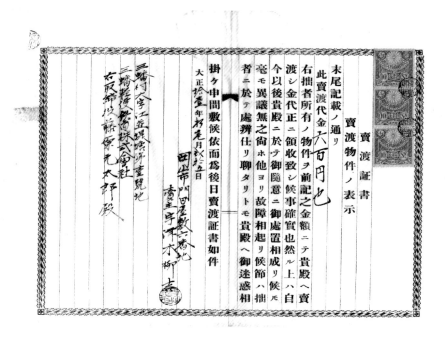

賣渡証書

賣渡物件ノ表示

末尾記載ノ通リ

此賣渡代金　六百円也

右掘者所有ノ物件ヲ前記之金額ニテ貴殿ヘ賣
渡シ金代正ニ領收致シ候事確實也然ル上ハ自
今以後貴殿ニ於テ御隨意ニ御處置相成リ候モ
毫モ異議無之尚ホ他ヨリ故障相起リ候節ハ掘
者ニ於テ處辨仕リ聊タリトモ貴殿ヘ御迷惑相
掛ケ申間敷候依而爲後日賣渡証書如件

大正拾壹年拾壹月弐拾五日

岡山市門田屋敷六番地
賣主　宇津木柳吉

三崎村字江坂深津壹畝地
三崎鞍濱製鹽株式會社
右取締役誠實元太郎殿

同上不動産の表示

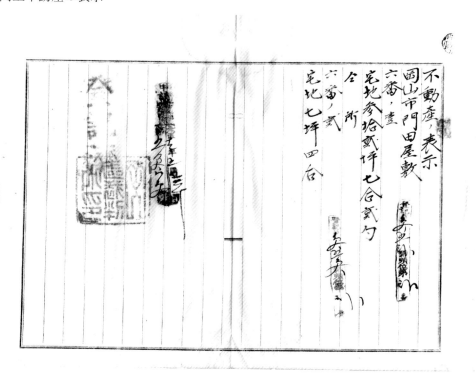

不動産ノ表示

岡山市門田屋敷
六番ノ壹
宅地参拾弐坪七合弐勺
合所
六番ノ弐
宅地七坪四合

大正 11 年 11 月 25 日　売渡人　玉井伊三郎

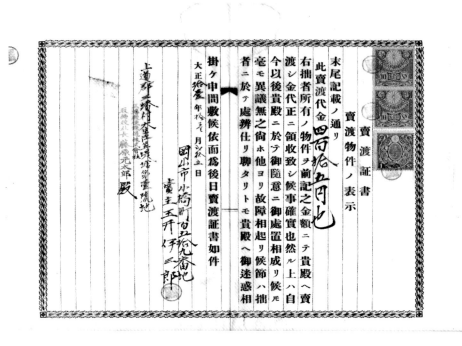

同上不動産の表示

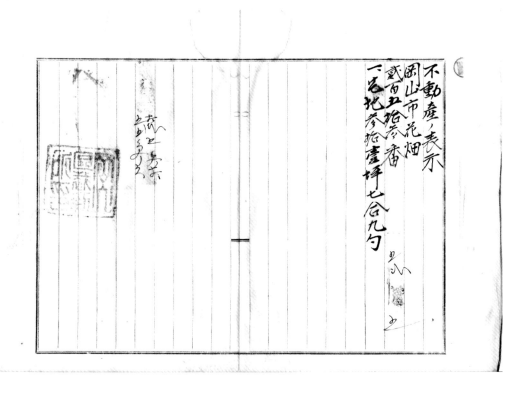

大正９年５月１日　売渡人　松本彦三郎

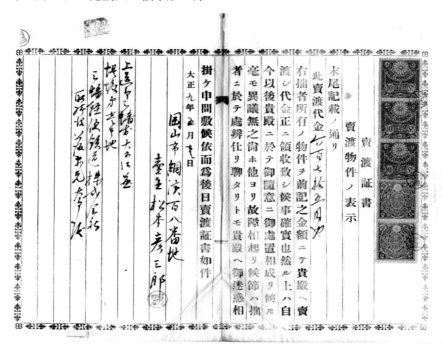

同上不動産の表示

土地収用審査会裁定申請書

やむなく総理大臣あてに土地収用を申請
していた事例もある。官報公告案に見える
が、時の総理は侯爵大隈重信であった。

土地収用申請事例

優先株配当金支払帳に見える優先株主

第拾四回優先株配当金支拂帳の表紙

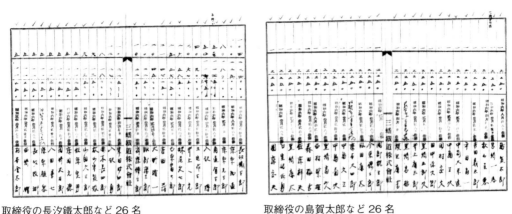

取締役の長汐鐵太郎など26名　　　　　　取締役の島賀太郎など26名

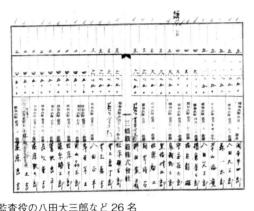

監査役の八田大三郎など26名

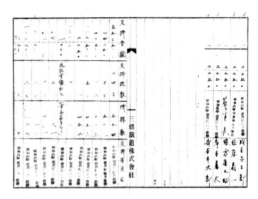

佐藤義一など5名

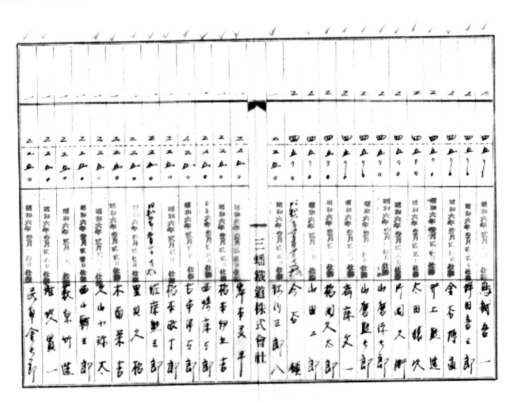

中央あたりに岡山県職員だった江川三郎八の名も見える26名

会計帳簿

多くの科目があり、多角経営をしていたことがわかる。それぞれの科目の摘要欄に「日記帳」とあり、内容は不明である。後の精算業務が始まってからの日記帳の一部も残されている。

各事業興行営業勘定抜粋

日記帳のページは書かれている

自動車営業費勘定抜粋

該当する日記帳のページには「日記丁数」欄に書かれている

水族館営業費勘定抜粋

水族館を設営後にこの科目は始まっている

海水浴場勘定抜粋

この科目には相当額の収入金額の計上が見られる

領収証及び日記帳綴り表紙

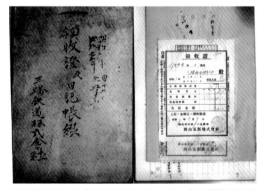

日記帳は詳しく内容が書かれていて、会計帳簿の摘要欄の意味がある。

総勘定元帳

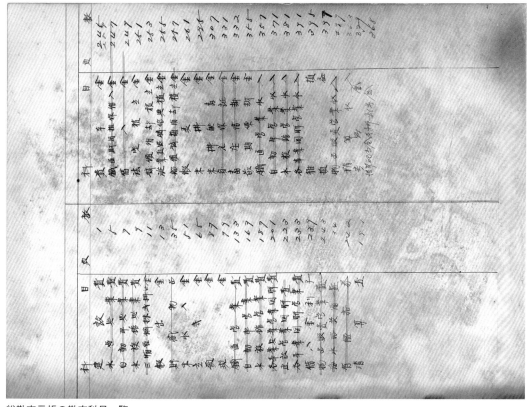

総勘定元帳の勘定科目一覧

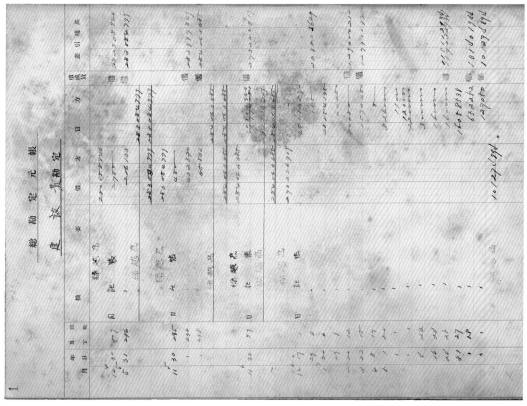

建設費勘定

建設費勘定

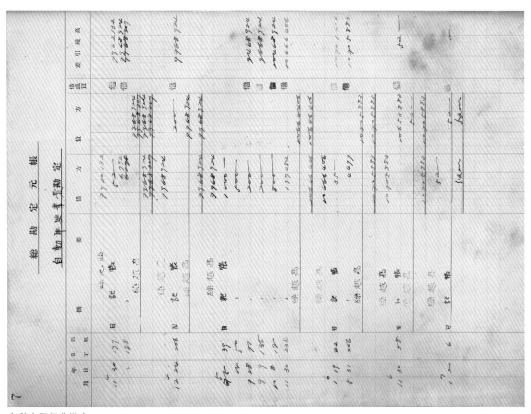

自動車興行費勘定

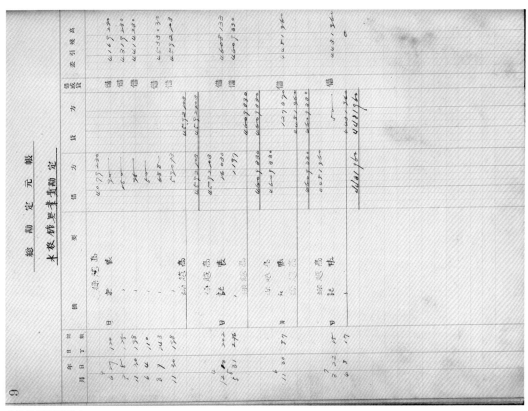

水族館興行費勘定

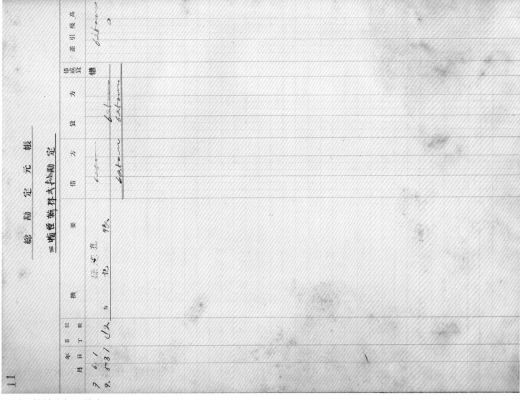

三蟠運輸株式払込勘定

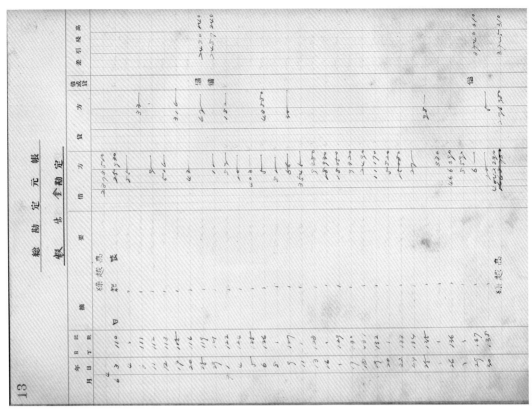

仮出金勘定

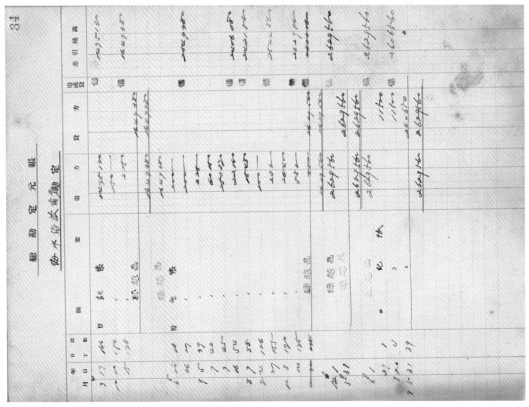

海水浴設備費勘定

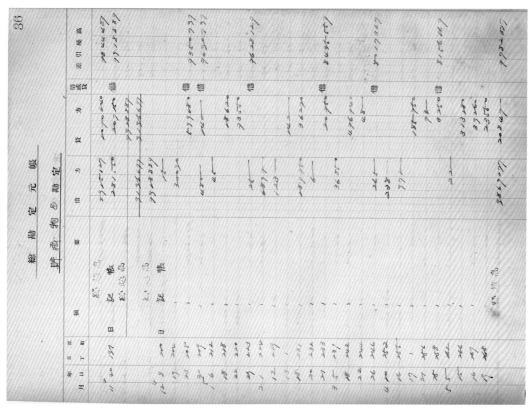

貯蔵物品勘定

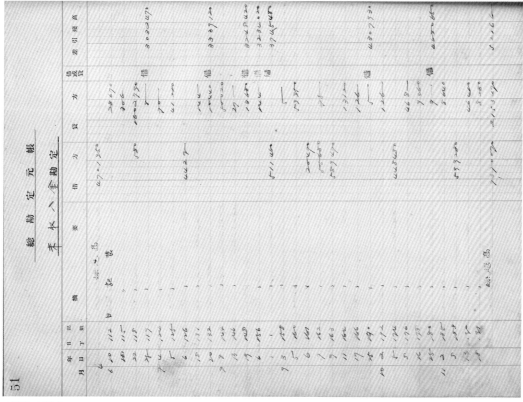

未収入金勘定

立替金勘定

預金勘定

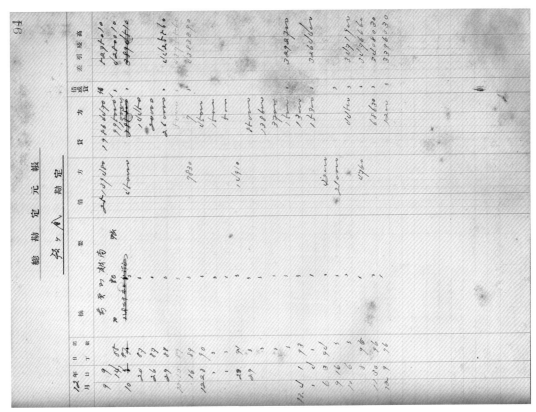

預け金勘定

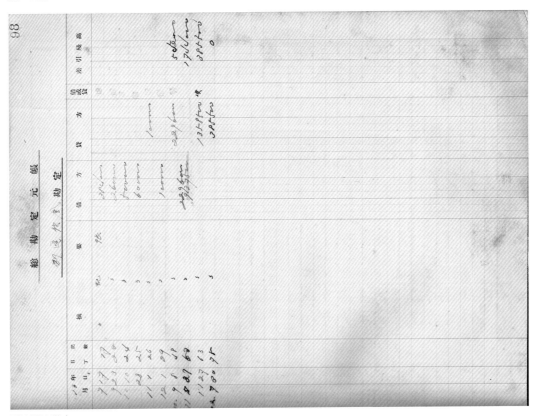

別途預金勘定

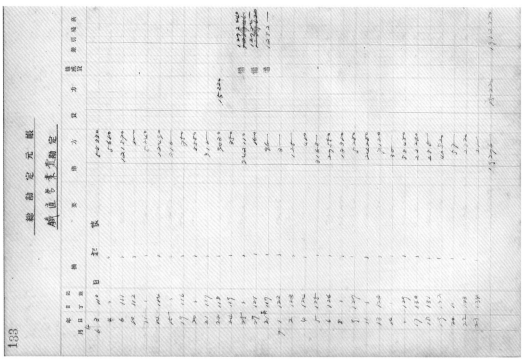

現金勘定

鉄道営業費勘定

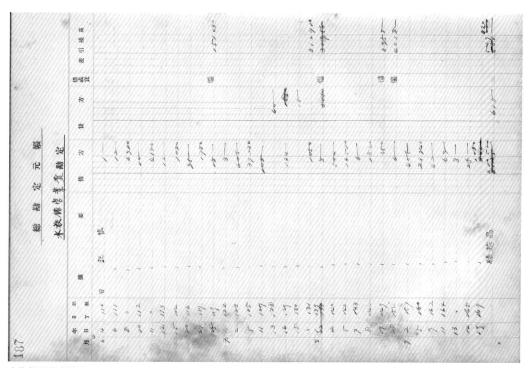

自動車営業費勘定

水族館営業費勘定

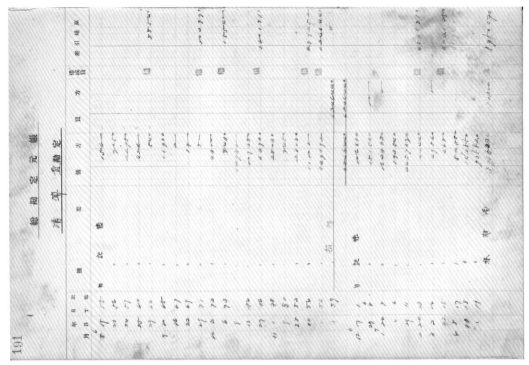

清算費勘定

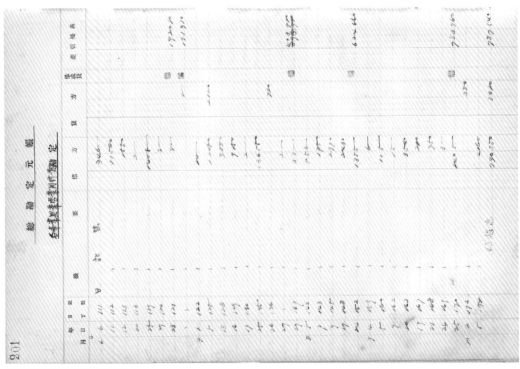

各事業興行営業関研費勘定

236

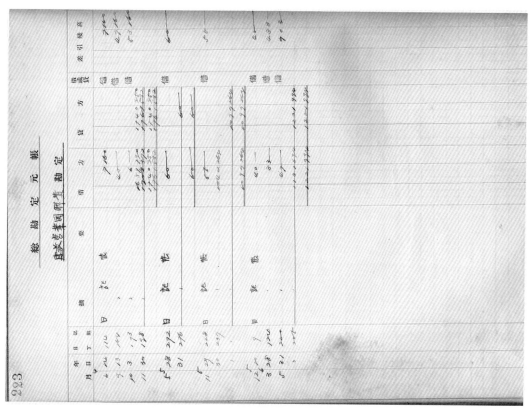

建設営業関研費勘定

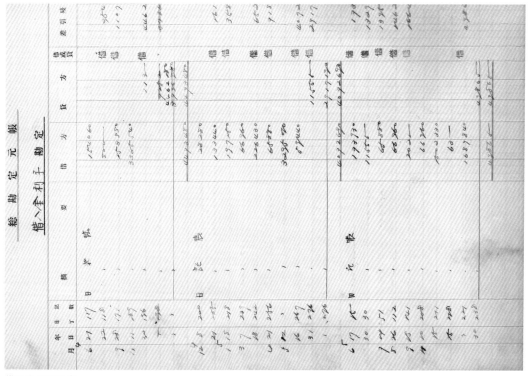

借入金利子勘定

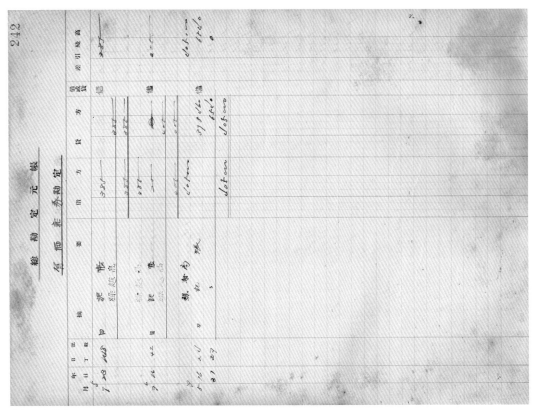

有価証券勘定

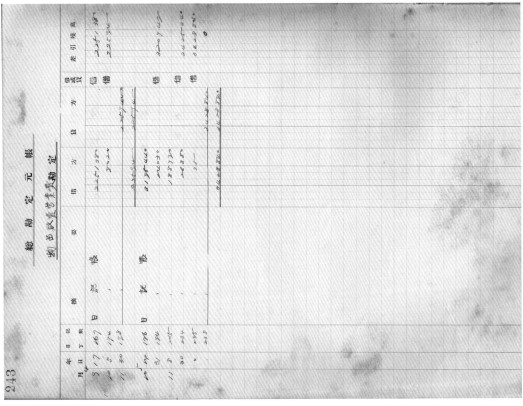

物品販売営業費勘定

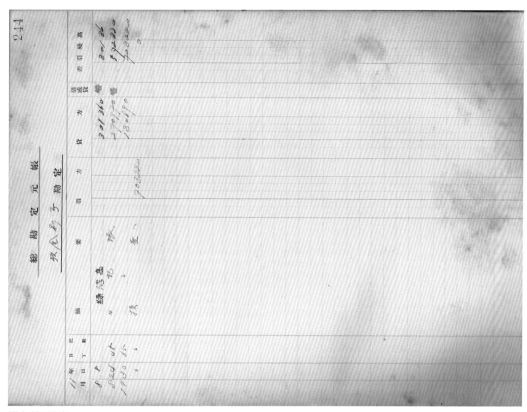

預金利子勘定

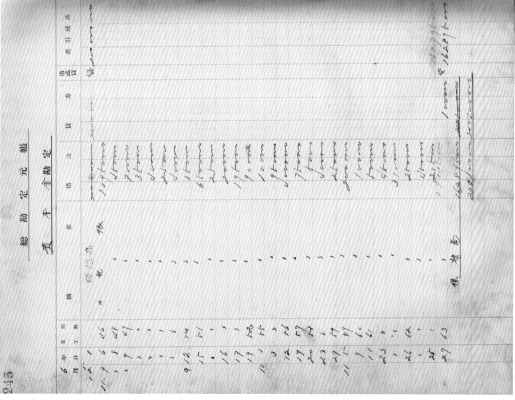

資本金勘定

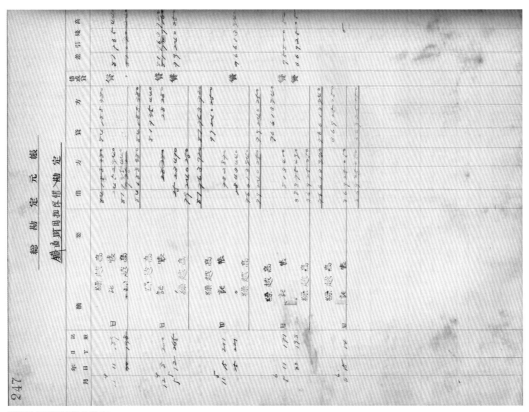

鐵道財団担保借入勘定

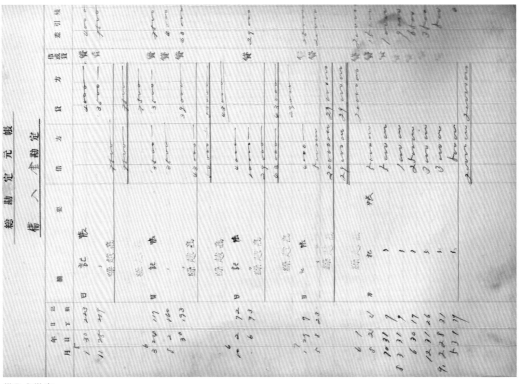

借入金勘定

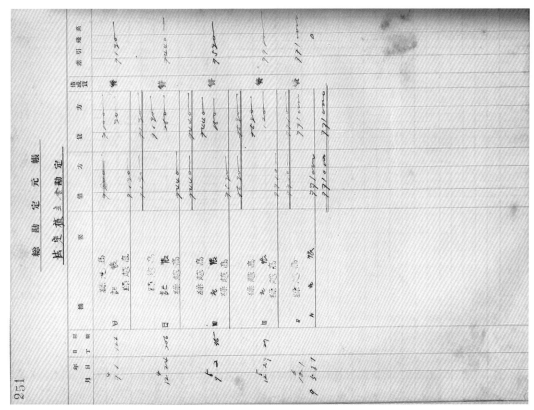

法定積立金勘定

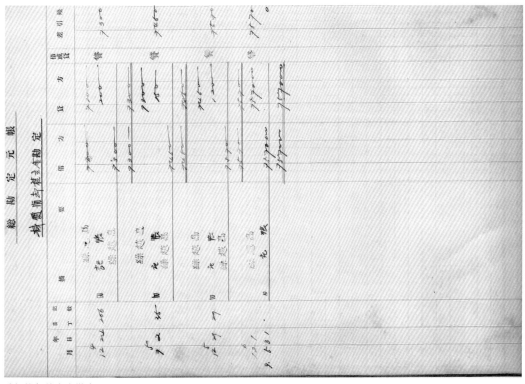

減価償却積立金勘定

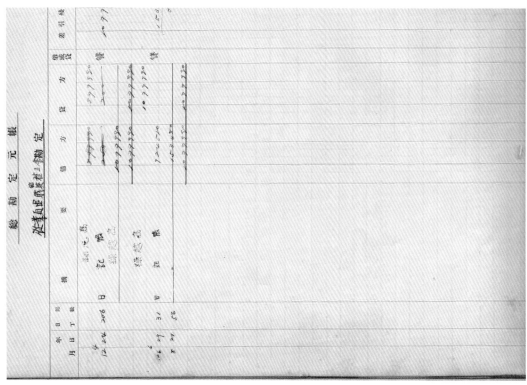

従業員給与退職金積立金勘定

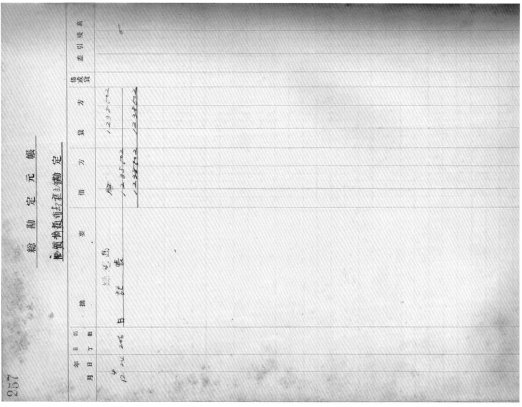

船価減損償却積立金勘定

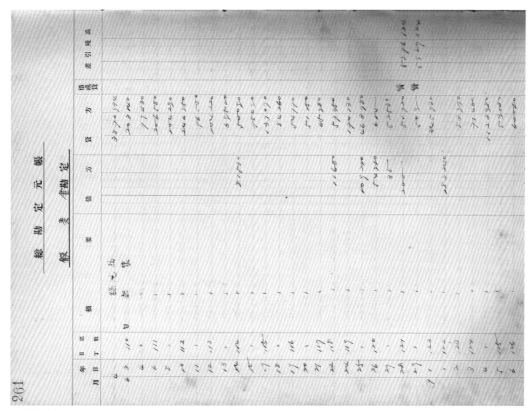

借受金勘定

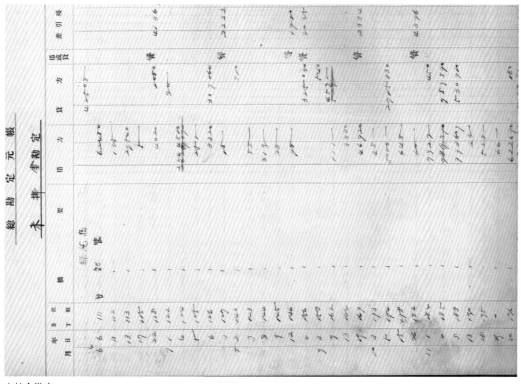

未払金勘定

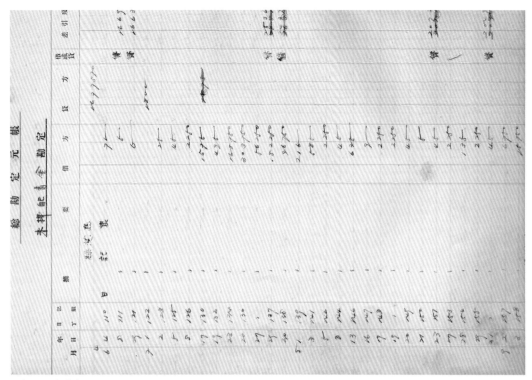

未払配当金勘定

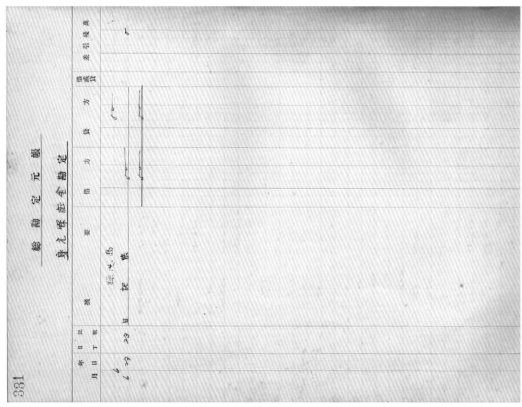

身元保証金勘定

総 勘 定 元 帳

当座借越金勘定

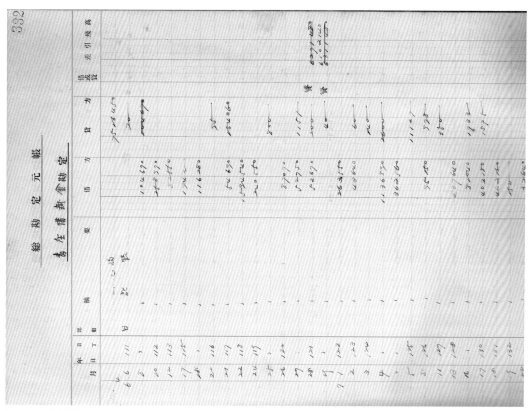

当座借越金勘定

総 勘 定 元 帳

前期繰越金勘定

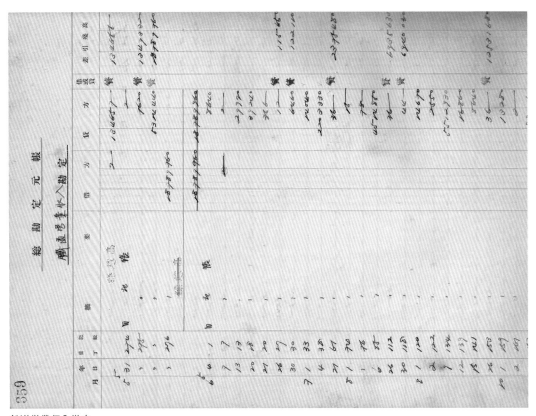

鉄道営業収入勘定

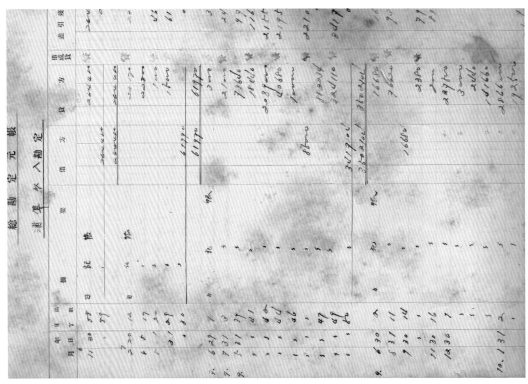

清算収入勘定

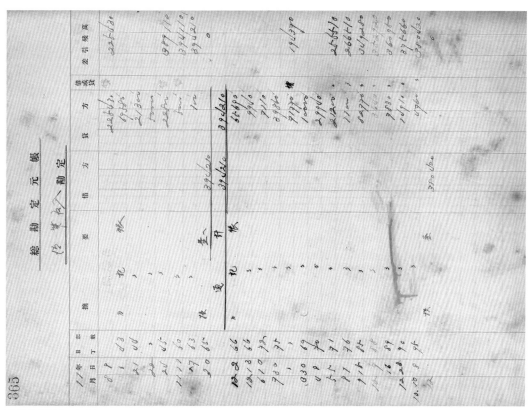

清算収入勘定 2 頁目

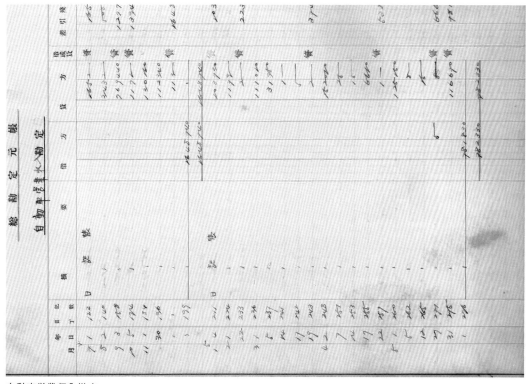

自動車営業収入勘定

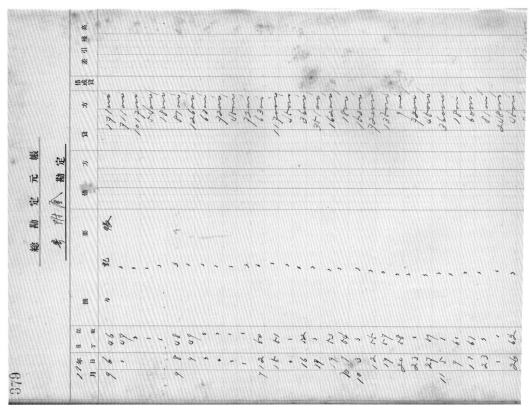

寄付金勘定

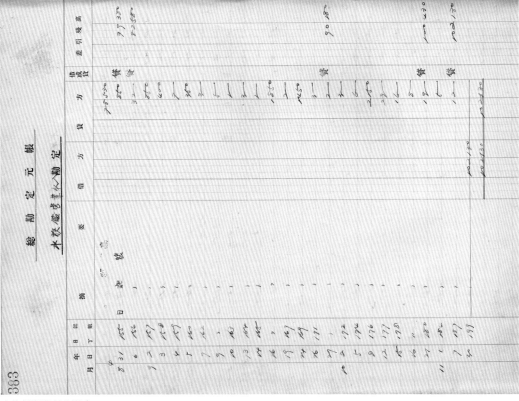

水族館営業収入勘定

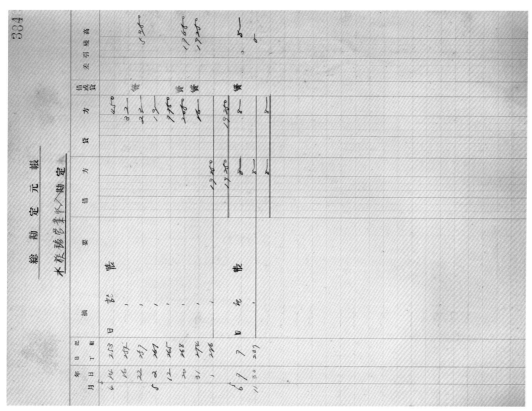

水族館営業収入勘定2頁

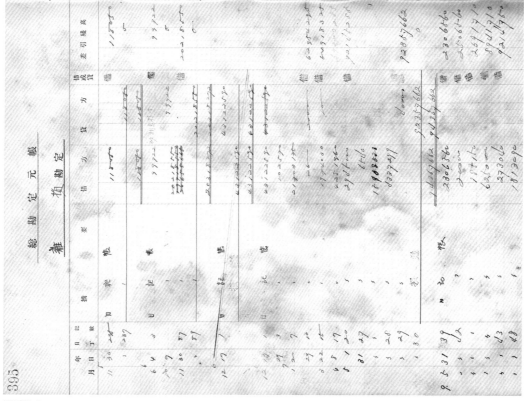

雑損勘定

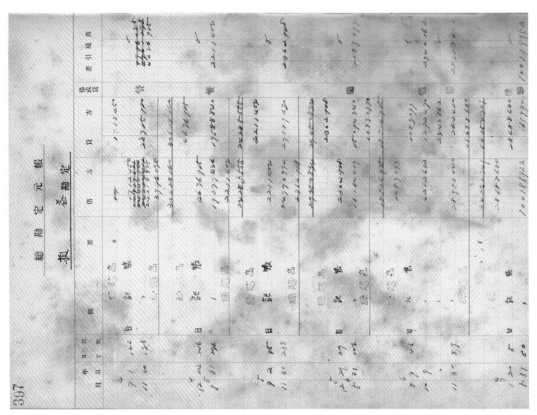

損益勘定

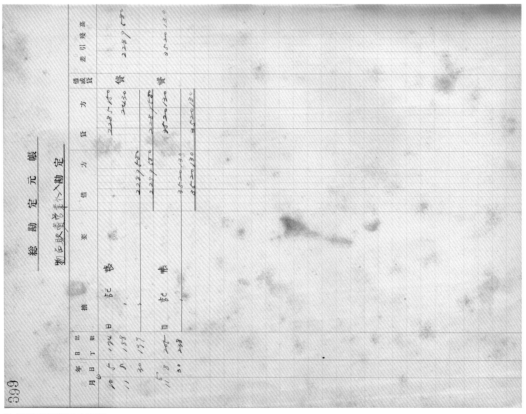

物品販売営業収入勘定

日記帳

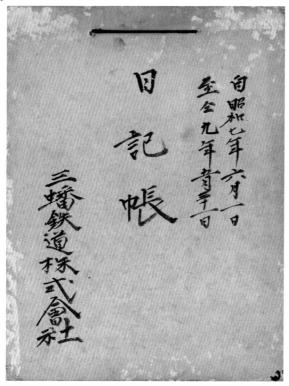

自昭和七年六月一日
至全九年音乑日
日記帳
三瓳鉄道株式會社

この日記帳は精算業務が始まって後のもの。会計帳簿の摘要欄を兼ねていて、詳細に書かれている。

日記帳昭和7年6月1日から昭和9年5月31日

日記帳の中から抜粋の1ページ

配当金領収証

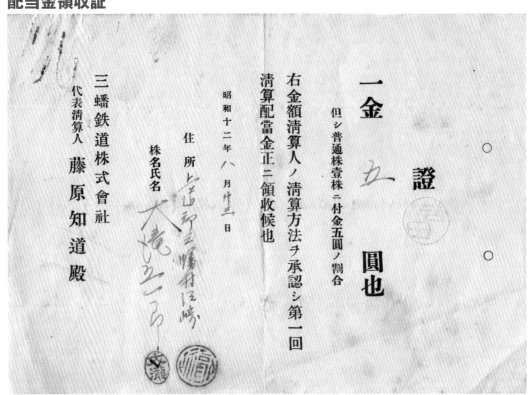

第一回清算人配当金領収書 1

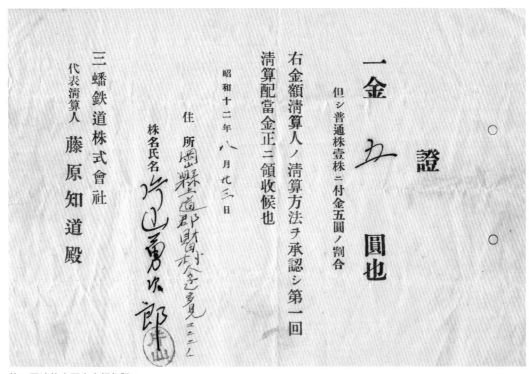

第一回清算人配当金領収証 2

清算業務関係資料

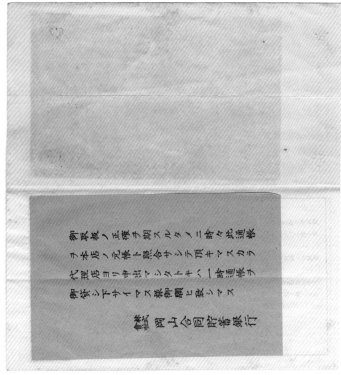

岡山合同貯蓄銀行からのお願い

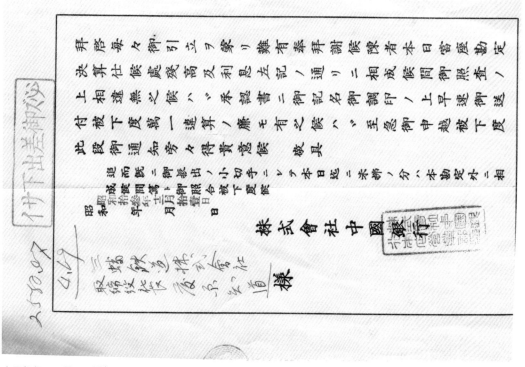

中国銀行から届いた通知

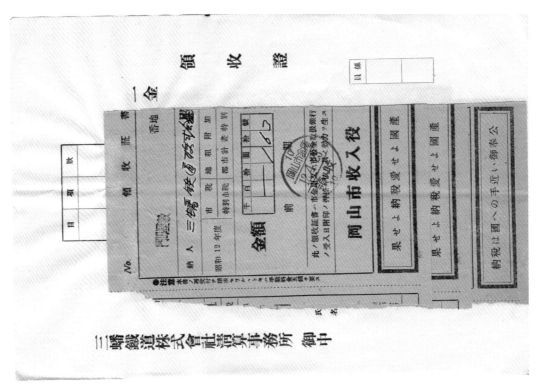

岡山市収入役の領収証 1

岡山市収入役の領収証 2

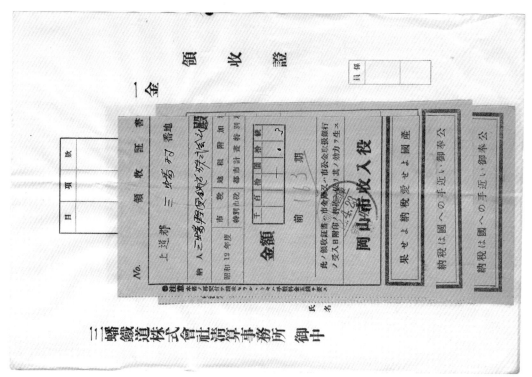

岡山市収入役の領収証 3

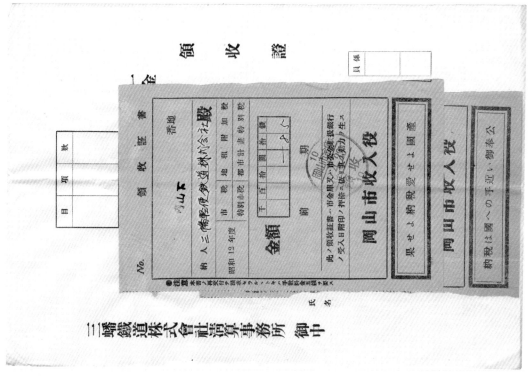

岡山市収入役の領収証 4

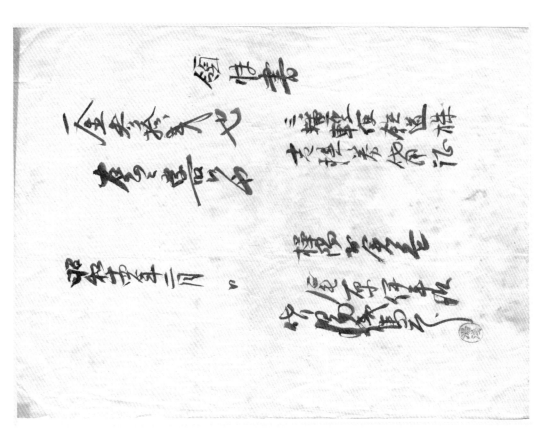

清算に当たり作製した領収書5

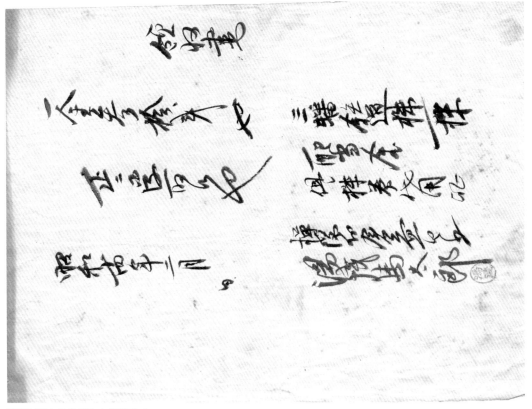

清算に当たり作製した領収書6

株券紛失届

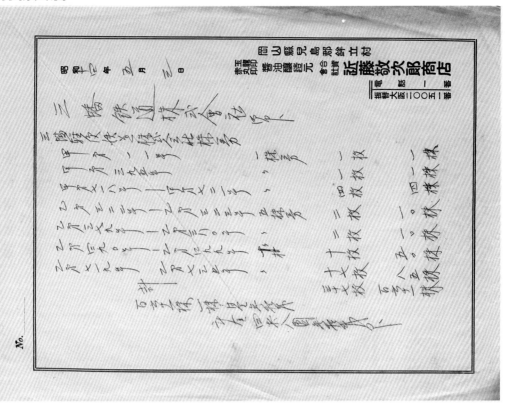

清算に当たり株券紛失の届事例近藤敬次郎商店の届

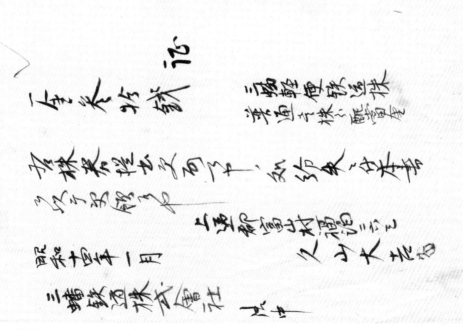

清算に当たり株券紛失の届事例久山大吉

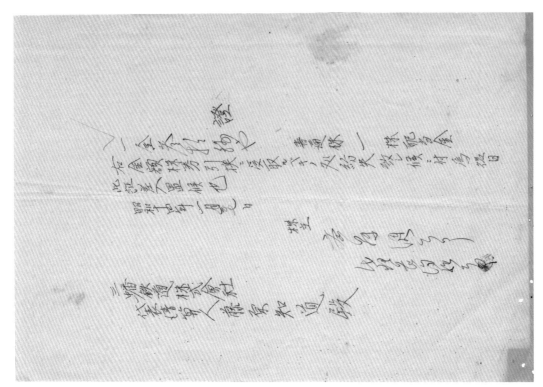

清算に当たり作製した配当金領収証 1

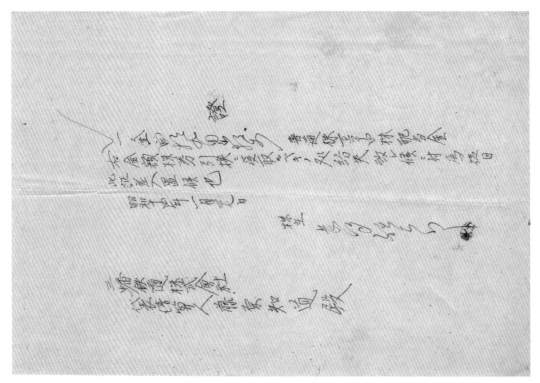

清算に当たり作製した配当金領収証 2

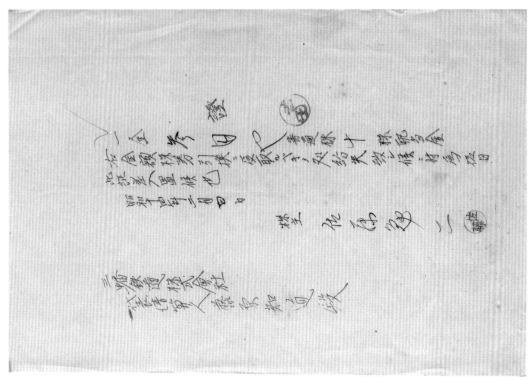

清算に当たり作製した領収証 3

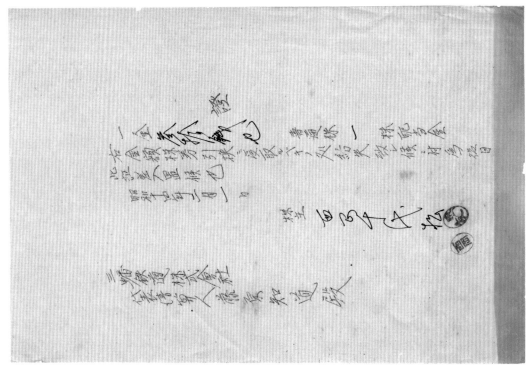

清算に当たり作製した領収証 4

振替伝票つづり

振替伝票綴表紙（昭和 6 年 8 月 11 日）

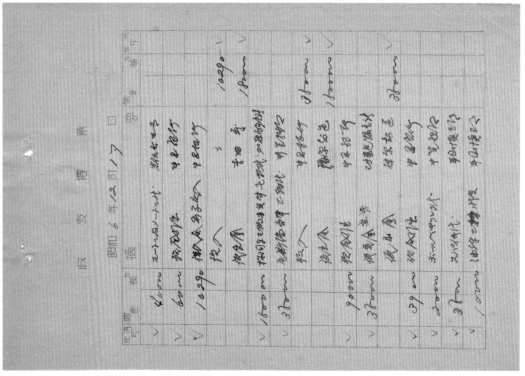

振替伝票綴の中から抜粋の 1 頁

用地代金関係資料

　ここに掲載された方々は、必ずしも土地売買契約書を作ったわけではなく、鉄道用地として必要な土地が示された時点で、登記を待つことなく、進んで土地を提供していただいた方が多数含まれているようだ。

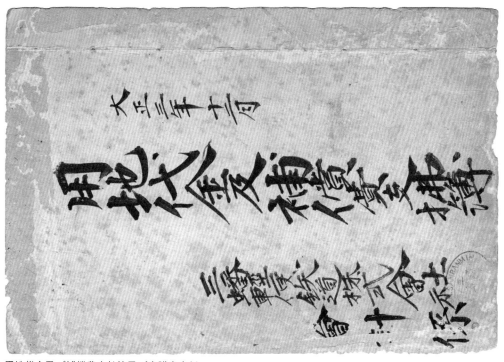

用地代金及び補償費支払簿及び稟議書表紙

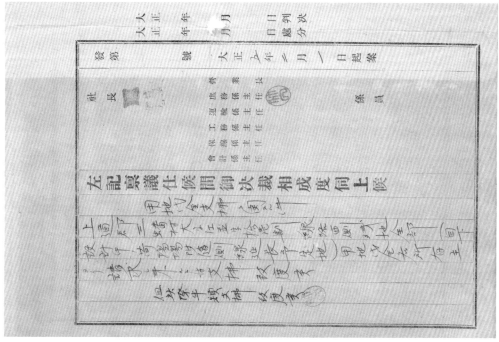

稟議書

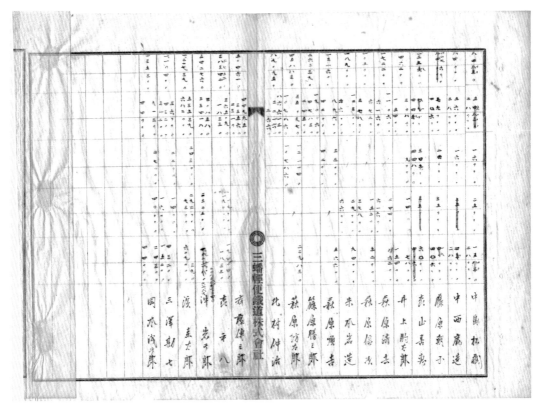

用地代金支払い原簿中島松蔵ほか

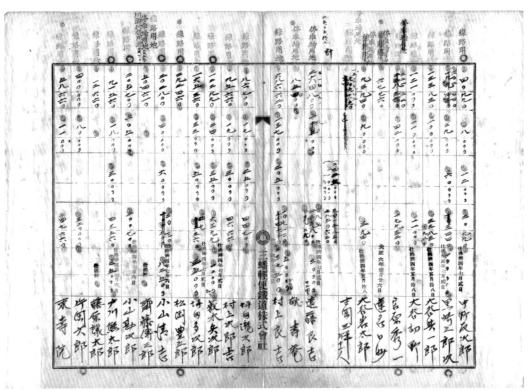

用地代金支払い原簿中野友次郎ほか。この頁は線路用地と停車場用地である

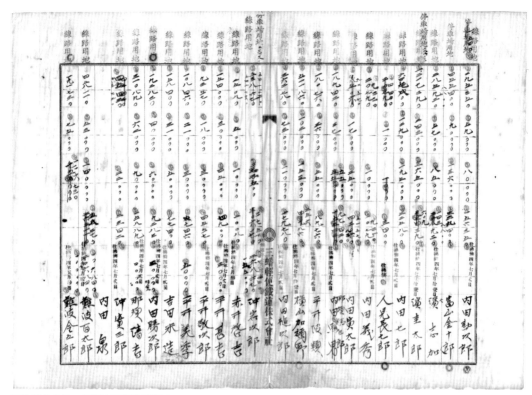

用地代金支払い原簿内田勘次郎ほか

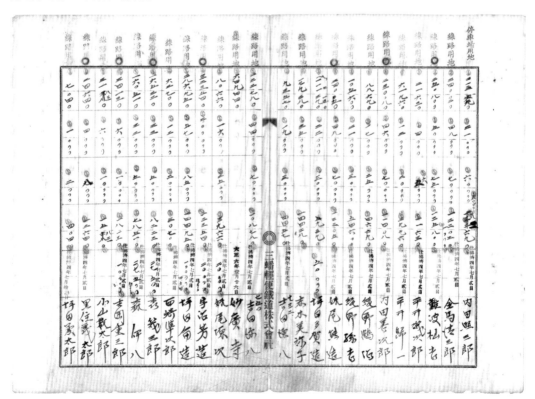

用地代金支払い原簿内田照三郎ほか

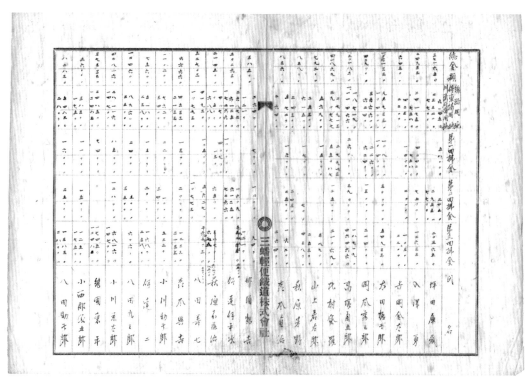

用地代金支払い原簿坪田庫蔵ほか

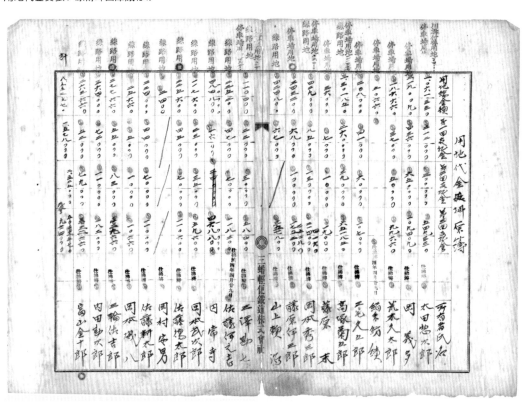

用地代金支払い原簿太田惣次郎ほか

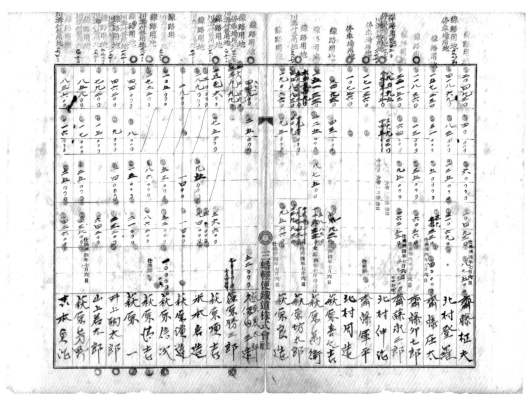

用地代金支払い原簿平井儀三郎ほか

用地代金支払い原簿齋藤柾夫ほか

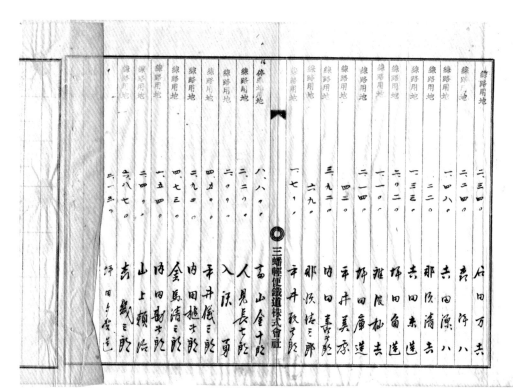

用地代金支払い原簿石田万吉ほか

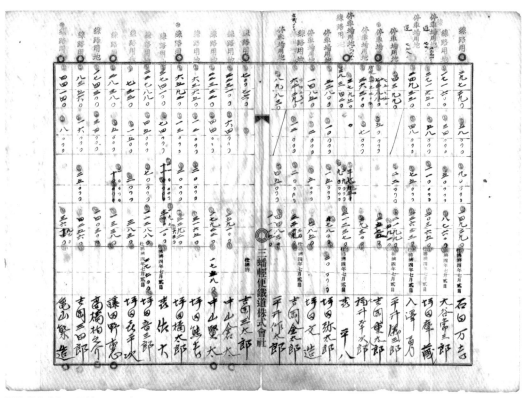

用地代金支払い原簿石田万吉ほか

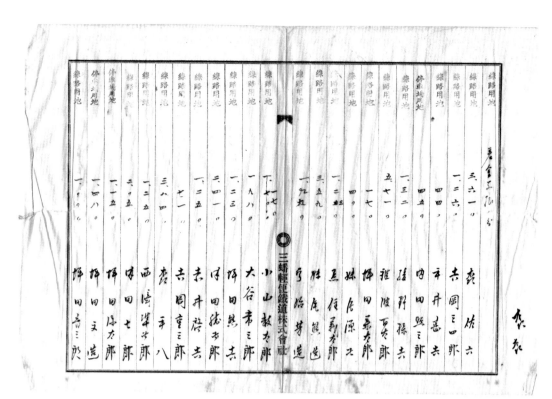

用地代金支払い原簿森佐六ほか

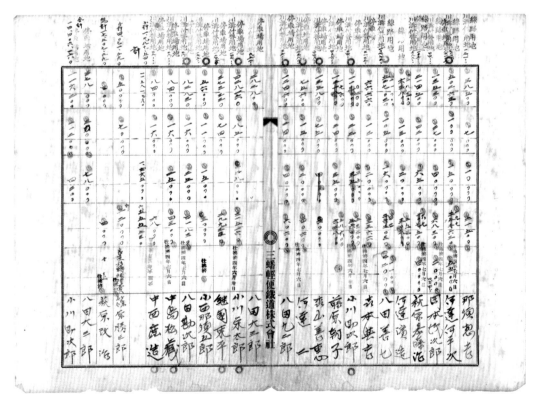

用地代金支払い原簿那須恵吉ほか

用地台帳三蟠村之部

用地台帳三蟠村之部表紙

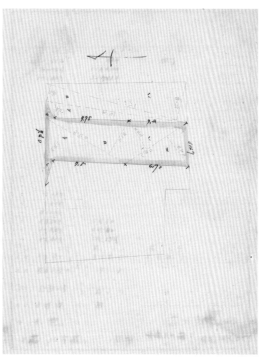

村上次郎吉提供土地の地形図

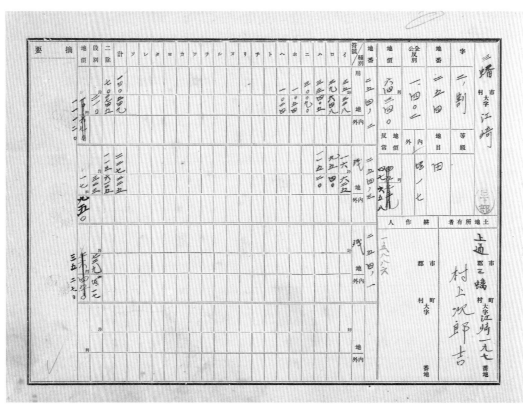

村上次郎吉提供土地の地番面積など

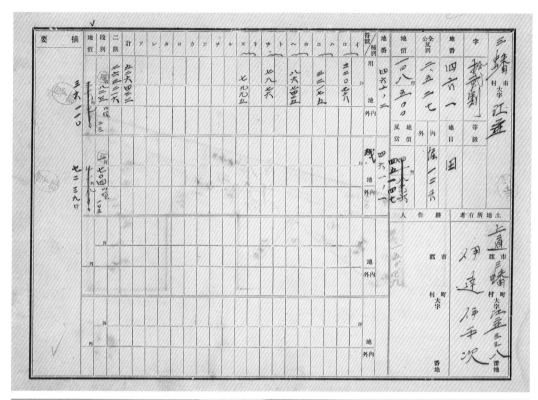

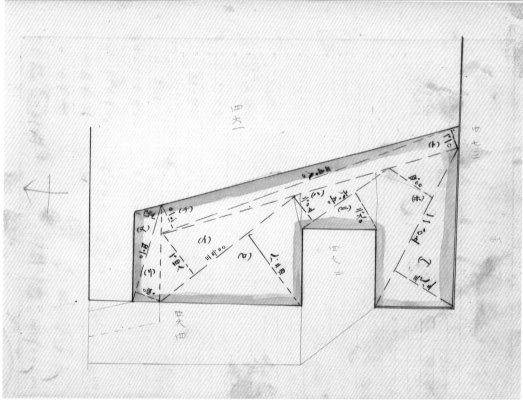

三蟠村江並の伊達伊平次氏提供土地

用地台帳平井村之部表紙

内田勝次郎提供土地の地形図

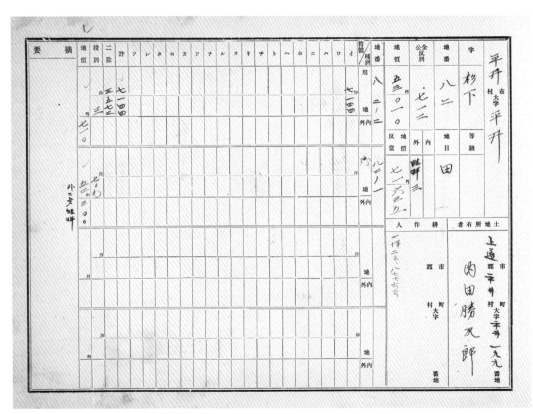

内田勝次郎が提供した土地の地番面積など

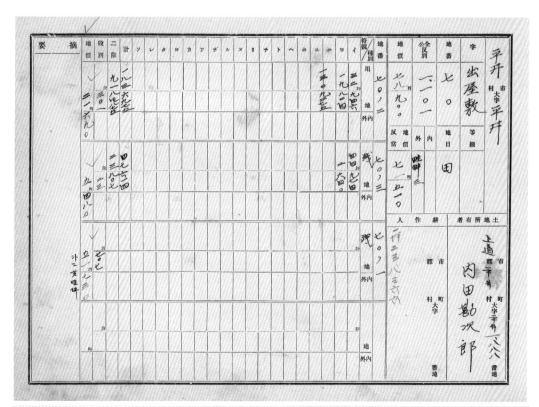

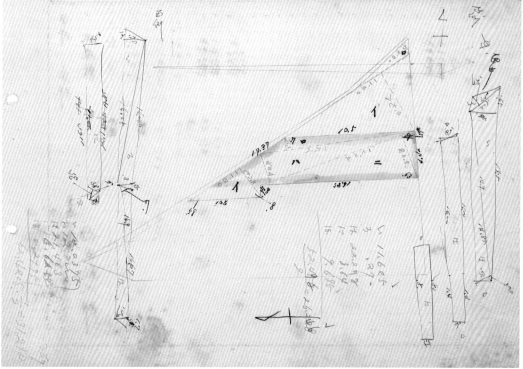

上道郡平井の内田勘次郎氏提供の土地

用地台帳岡山市之部表紙

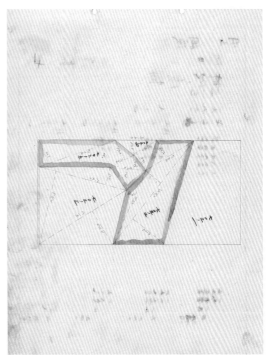

三澤勘七から買取した土地の地形図

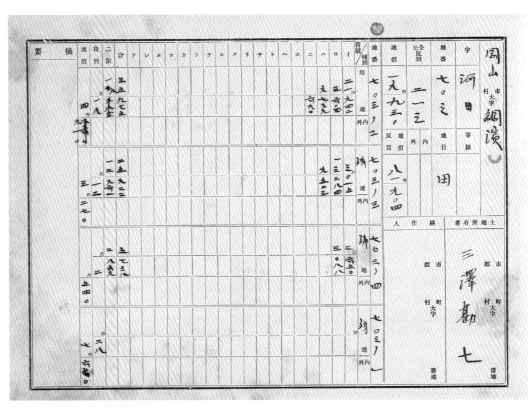

三澤勘七から買取した地番面積など

延長線路用地丈量図 （抜粋）

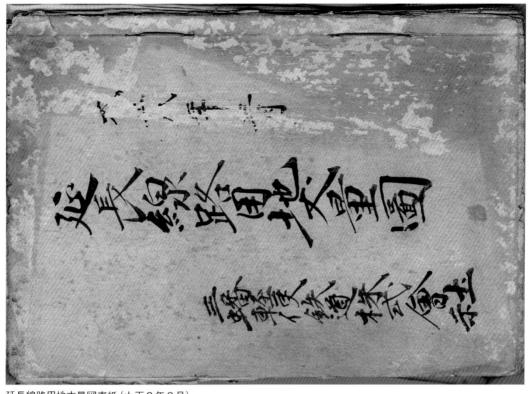

延長線路用地丈量図表紙（大正8年3月）

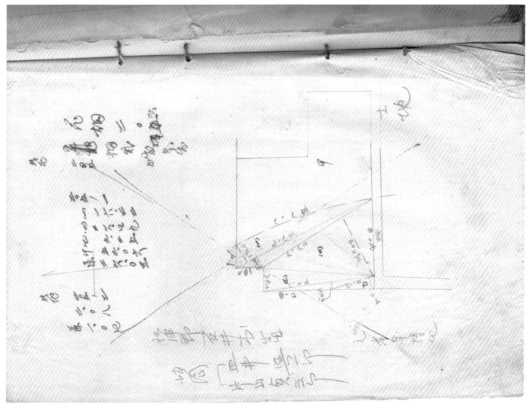

延長線路用地丈量図

三蟠村耕地切図

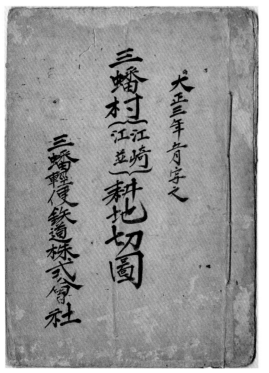

三蟠村江崎江並耕地切図表紙（大正３年５月）

六番第八割　鉄道路線敷がくっきり見える

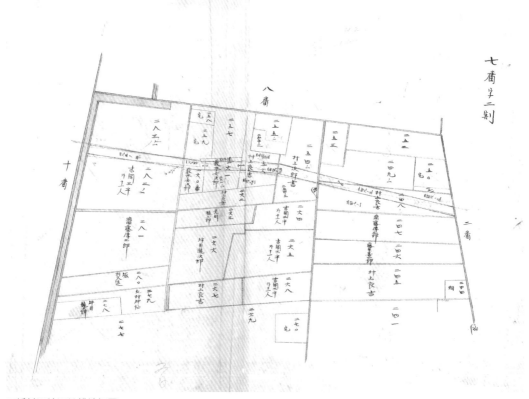

三蟠村江崎江並耕地切図

清算人会決議録（抜粋）

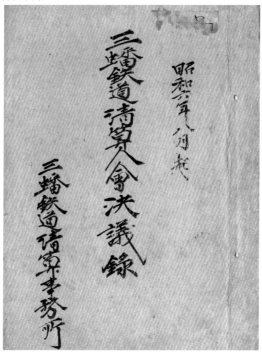

清算人会決議録表紙（昭和6年8月起）

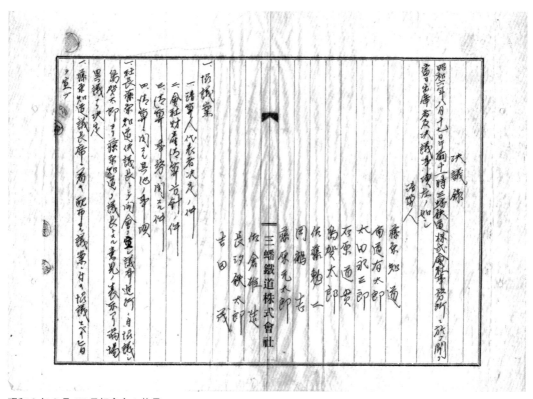

昭和6年8月17日初会合1枚目

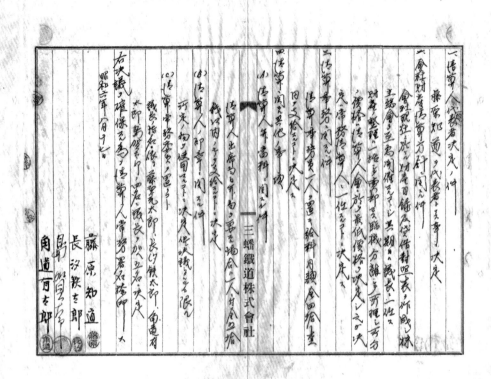

一 借入金返者次友ノ件
　藤原知道ヲ代表者トシ嘗ニ次友

一 會社對會計算方針ニ關スル件
　會社設立為ニ財産目録及登借村照表ヲ作成シ…（判読困難）…株
　主総會ニ至為為開催スルト其ノ期ニ議長ニ任…
　財産整理ノ始ニ重斗負価其…最低價持ノ次足シ之ヲ…
　…次

二 借入人ヲ置キ給料月額金四拾壹
　之ニ次友…

三 借入常務取ヲ置キ給料月額金四拾壹
　ニ次友

四 借入ノ…章ニ關スル…

イ 借入人年當料ニ關スル件
　借入人出席スルヲ…人付金四拾
　錢以内ヲ支給スルト次足…

ロ 借入人ノ印章ニ關スル件
　所定人物ヲ使司スルト次定…

ハ 借入常務書…ニ關ス…
　…議長指名ニ依リ藤原元友郎ニ長ケ…太郎・角道有
　太郎…島俣キリ四名ヲ議長…立会…次足…
　借入人常務署名捺印…

右決議ヲ確保スル為ニ…借入人…

昭和三年一月十七日

藤原知道㊞
長汐築吉郎㊞
島○○○○㊞
角道有吉郎㊞

──三蟠鐵道株式會社──

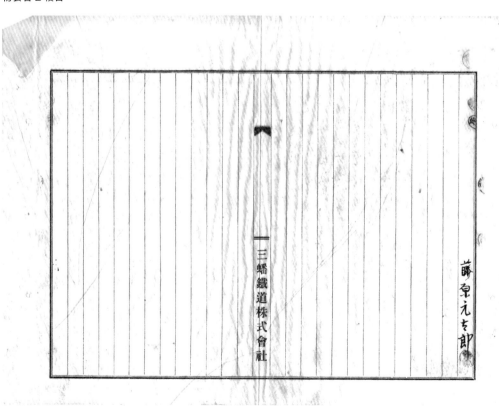

──三蟠鐵道株式會社──

藤原元吉郎㊞

決議録

昭和六年九月□□□午后二時より清算人會ヲ開ク同会ニ出席シタ者左ノ如シ

清算人
　藤原知道
　藤原元太郎
　妹尾文七郎
　角道有□
　駒形□□
　犬田永三郎
　佐藤鶴二
　石原道貴
　佐倉雄造
　岡鶴吉
　吉田浅吉

三蟠鐵道株式會社

一、財産処分ニ対シ現状ノ儘ヲ以テ価額調査スル事

一、軌條売却ノ件
　　車輛合ス前紙ノ如シ

二、国有鉄道用地売却ノ件

三、国有鉄道用地返却ヲ縁故ノ件

四、高梁郡灘崎村戸長形土地返売ノ件

昭和6年9月清算人決議録1枚目

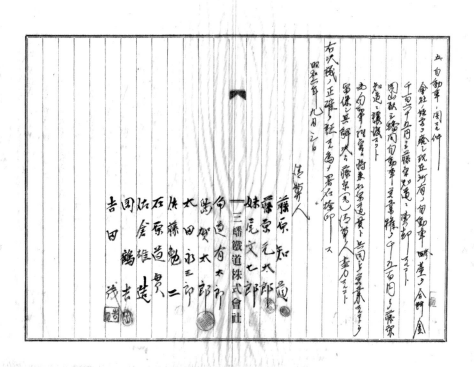

立角動車ノ件
会社従来ノ儘ニ現五ケ所有ノ自動車ヲ全部
千五百円ニテ藤原知道ニ売却スルコト
園山鉄ノ鉄道用動車賃借権ヲ千五百円ニテ藤原
知道ニ譲渡スルコト
右会社財産ヲ将来清算人名義トス

右次議ハ正確ヲ証スル為メ署名捺印ス

昭和六年九月□□

清算人
　藤原知道
　藤原元太郎
　妹尾文七郎
　角道有
　駒形
　犬田永三郎
　佐藤鶴二
　石原道貴
　佐倉雄造
　岡鶴吉
　吉田浅吉

三蟠鐵道株式會社

清算人決議録2枚目

昭和9年4月25日清算人会議その1

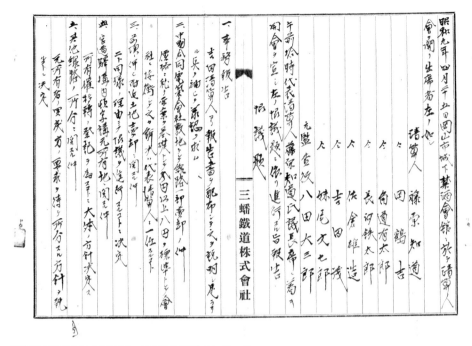

鉄道線路跡地中国合同電気への売却も議論されている

昭和9年4月25日清算人会議その2

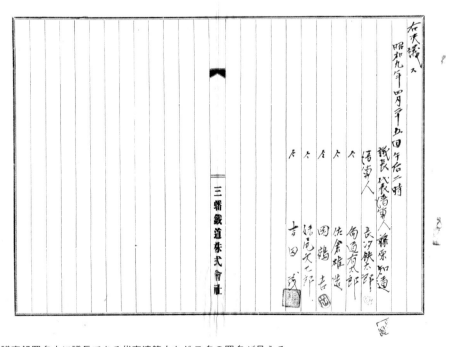

議事録署名人に議長である代表清算人など7名の署名が見える

昭和9年6月19日清算人会議その1

線路跡地の売却に真剣に取り組んでいることが分かる

昭和9年6月19日清算人会議その2

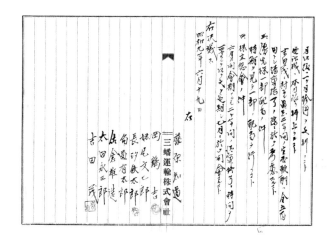

議事録署名人に8人の名が見える

最後の清算人会議

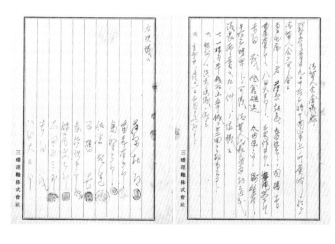

6年余りを経過して、昭和12年の年末に清算業務は無事終了する

三蟠鉄道株券

株券5株　清算配当と引き換えに回収分

筆頭株主だった福田常次郎株券大正3年6月表裏　当時払い込みは6回まで分割ができた

株券5株　優先株も清算配当と引き換えに回収

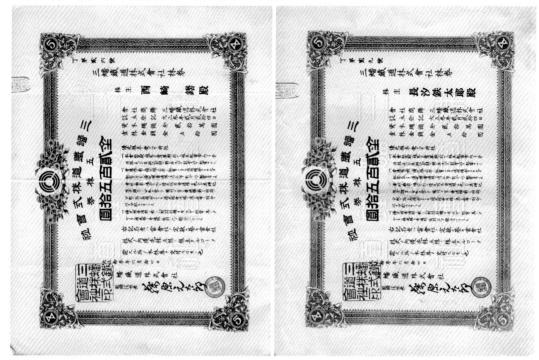

五株券　西崎鐘

五株券　長汐鉄太郎

五株券　長汐鉄太郎

五株券　長汐鉄太郎

五株券　妹尾文七郎

五株券　妹尾文七郎

五株券　妹尾文七郎

株券　以下5株券と1株券

五株券　妹尾文七郎　　　　　　　　　　五株券　華山海應

壱株券　古市虎太郎　　　　　　　　　　壱株券　播磨榮太郎

壱株券　播磨榮太郎

壱株券　播磨榮太郎

壱株券　播磨榮太郎

壱株券　木南榮吉

壱株券　秋山屋恵

壱株券　長汐鉄太郎

壱株券　長汐鉄太郎

壱株券　長汐鉄太郎

壱株券　長汐鉄太郎

壱株券　小林巳之吉

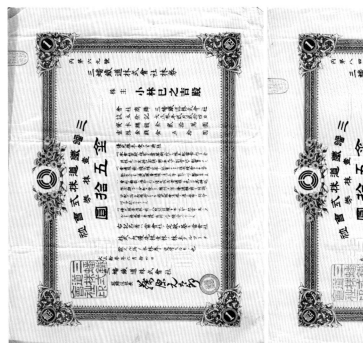

壱株券　小林巳之吉

壱株券　妹尾文七郎

株主氏名表

この株主名簿は大正四年十二月第四回営業報告書の末尾に掲載されている株主の一覧であって一株株主まで掲載されている

株主氏名表

株数	郡市名	氏名
一三〇	岡山	福田常次郎
一〇一	同	石原富次郎
一〇〇	同	藤原鉄太郎
一〇〇	同	穂崎八郎兵衛
一〇〇	同	玉島謹
一〇〇	同	西茂次
一〇〇	上道	佐藤槌太郎
一〇〇	同	斎藤傳三郎
一〇〇	同	藤原譲太郎
八五	後月	間長作
七〇	岡山	原權
七〇	上道	妹尾文七郎
七〇	同	長汐鐵太郎
七〇	兒島	藤原元太郎

株数	郡市名	氏名
五〇	岡山	太田稲稲
五〇	上道	北村仲治
五〇	同	八田大三郎
五〇	児島	藤原義太郎
五〇	同	藤原長次郎
五〇	岡山	結城房
四二	同	国府島安太郎
三〇	上道	吉田茂
三〇	児島	片山利三郎
三〇	岡山	太田理児
二五	同	太田あやの
二五	同	斎木正義
二〇	上道	大森馬之
二〇	邑久	中山賢太

株数	郡市名	氏名
二〇	香川	塩本五郎吉
二〇	上道	津島兼太郎
二〇	同	秋山來五郎
二〇	同	森山徳造
二〇	同	行本喜十郎
二〇	同	北村週造
一五	同	高塚喜惣次
一五	同	中塚與四郎
一二	同	小西静
一一	兒島	橋本源太郎
一〇	岡山	三宅九平次
一〇	同	島山才二
一〇	同	梶田仙吉
一〇	同	小松原雄三郎
一〇	同	石津義三郎
一〇	都窪	犬飼源太郎
一〇	岡山	中田彌平
一〇	同	吉田喜惣次

株数	郡市名	氏名
一〇	岡山	友田徳明
一〇	同	森安模四郎
一〇	同	岡本米吉
一〇	同	白河久吉
一〇	御津	竹並虎三郎
一〇	淺口	難波熊太郎
一〇	佐賀	富田忠雄
一〇	同	眞木近太郎
一〇	上道	高畠常次
一〇	同	金光市太郎
一〇	同	長汐藤次郎
一〇	同	守安荘太郎
一〇	同	西崎嘉太郎
一〇	同	安井岩十郎
一〇	同	大内貞俊
一〇	同	佐藤勉二
一〇	同	岡津定八郎
一〇	同	森誠

株数	郡市名	氏名
一〇	上道	森鹿太
一〇	同	塩飽石松
一〇	同	三宅六郎平
一〇	同	内田縫次郎
一〇	同	山磨熊次郎
一〇	同	佐藤義一
一〇	同	難波文次
一〇	同	難波金五郎
一〇	同	西村和三郎
一〇	同	森山善惠
一〇	同	片岡金三郎
一〇	同	小西源造
一〇	同	萩原順吉
一〇	兒島	峰尾善吉
八	上道	保住善吉
八	同	保住間吉
八	同	大谷與一郎
八	同	八田善七

株数	郡市名	氏名
七	上道	佐藤辰三郎
七	同	遠藤鐵次郎
七	同	塩見武夫
六	岡山	森本岩吉
六	上道	原田辰一
六	同	松本久太郎
五	岡山	西崎傳造
五	同	森幾次郎
五	同	野々山勝平
五	同	里見久松
五	同	吉岡義三郎
五	同	島賀太郎
五	同	石本於義太
五	同	野上壽惠吉
五	同	廣田謙吉
五	同	岡崎綱五郎
五	同	赤澤乾一
五	同	西崎兼三

株数	郡市名	氏名
五	岡山	尾形惣三郎
五	同	那須喜久夫
五	同	岩崎孫八
五	同	軽部保夫
五	上道	藤原里世
五	岡山	原田篤太
五	邑久	山本正太
五	御津	新田信次
五	久米	岡繁也
五	上道	佐藤金次郎
五	同	成友良吉
五	同	服部源吉
五	同	有松槇次郎
五	同	長汐友吉
五	同	服部藤三郎
五	同	松本丑次郎
五	同	光信平治
五	同	遠藤久太郎

株数	郡市名	氏名
五	上道	遠藤千代
五	同	松本志賀造
五	同	松本金太郎
五	同	守安柳作
五	同	長汐熊次郎
五	同	大松喜代太郎
五	同	赤西佐次
五	同	片山平次
五	同	松本丑太郎
五	同	井上象男
五	同	有松兼五郎
五	同	安井友四郎
五	同	西崎巳之衛
五	同	大森重男
五	同	中島久米三
五	同	中島三次
五	同	赤木喜八
五	同	松本鶴造

株数	郡市名	氏名
五	上道	佐藤實男
五	同	佐藤幾太郎
五	同	岡音吉
五	同	岡崎多次郎
五	同	藤原百次
五	同	仁科濱造
五	同	小野田千代次
五	同	山田六三郎
五	同	井上龜十郎
五	同	井上伊三郎
五	同	井上萬吉
五	同	片岡鹿次
五	同	内田七衛
五	同	黒崎五郎次
五	同	岡本鐵造
五	同	岡村彌吉
五	同	佐々木定四郎
五	同	吉岡定次郎

株数	郡市名	氏名
五	上道	平井勇雄
五	同	石田兵次郎
五	同	坪田角造
五	同	坪田多賀造
五	同	長塩阪衛
五	同	山脇佐源次
五	同	坪田熊吉
五	同	沖實三郎
五	同	角南茂平
五	同	岡鶴吉
五	同	宰田一平
五	同	八田文三郎
五	同	西村紋三郎
五	同	北村幸吉
五	同	村上良吉
五	同	齋藤柾夫
五	同	小西那須五郎
五	同	小西初次郎

株数	郡市名	氏名
五	上道	相澤光次
五	同	森常三郎
五	同	萩原萬衛
五	兒島	岡崎丈太郎
五	同	赤木悦三郎
五	同	兒山嘉太郎
五	同	中西鹿造
四	岡山	鈴木昌平
四	同	岡村安男
四	上道	近藤多平太
四	同	安井槇夫
四	兒島	大磯芳松
四	上道	萩原菊松
三	同	萩原佐太造
三	岡山	輕部武吉
三	同	難波貫一
三	御津	久山熊次郎
三	上道	小林貞次

株数	郡市名	氏名
三	上道	服部兵次
三	同	藤田和一郎
三	同	松本伊之吉
三	同	岸本多平
三	同	菅澤良平
三	同	吉田義太郎
三	同	萩原徳三郎
三	同	田中源次郎
三	同	片山權次郎
三	同	森山嘉代吉
三	同	守安元太
三	同	難波政吉
三	同	妹尾鐵次郎
三	同	那須清吉
三	同	坪田橘太郎
三	同	齋木平次郎
三	同	平井甚吉
三	同	吉田米造

株数	郡市名	氏名
三	上道	大森和吉
三	同	萩原竹造
三	同	那須辨次郎
三	同	八田志那造
三	同	森山茂一郎
三	同	光亦登佐吉
三	同	村上次郎吉
三	同	坪田瀧次郎
三	同	小山清吉
三	同	小西志奈
二	岡山	小林己之吉
二	同	岡本恭次郎
二	同	江川關藏
二	同	藤原千代松
二	同	坪井善次郎
二	同	中島佐嘉枝
二	小田	高草美代藏
二	岡山	宮崎一馬

株数	郡市名	氏名
二	岡山	西山幹三郎
二	同	宗政駒二
二	苫田	竹内和一
二	岡山	藤原岩三
二	同	小郷槙三
二	同	藤原重藏
二	同	吉田賢次郎
二	同	若口伊喜右衛門
二	同	黒住代五郎
二	同	太田惣次郎
二	同	土屋豊三郎
二	同	吉田清太郎
二	同	友田眞佐吉
二	同	太郷久次郎
二	上道	高畠嘉四郎
二	同	佐藤虎吉
二	同	西崎藤太郎
二	同	西崎孫三郎

株数	郡市名	氏名
二	上道	吉田いし
二	同	藤田春造
二	同	小林常三郎
二	同	堀好文
二	同	島村柳吉
二	同	光岡直一
二	同	青木義知
二	同	島村爲治
二	同	青山文吉
二	同	井上岩次
二	同	目黒吉造
二	同	大森八十二
二	同	岸本兼太
二	同	西崎小沼
二	同	古市虎太郎
二	同	岡本惣七
二	同	木南榮吉
二	同	木南覺治

株数	郡市名	氏名
二	上道	小川常太
二	同	小川藤造
二	同	佐々野末吉
二	同	原鷹太
二	同	松井松太
二	同	松井三代吉
二	同	湯淺彌三郎
二	同	片山利太郎
二	同	佐藤泰太
二	同	塩飽辨造
二	同	阿部槌三郎
二	同	仁科馬十郎
二	同	笠原兵次郎
二	同	和田留治
二	同	笠原勘次郎
二	同	小野田伊之七
二	同	佐藤庄吉
二	同	岡七三郎

株数	郡市名	氏名
二	上道	向井隆太
二	同	川上壽堅太
二	同	中島菊次
二	同	内田春次
二	同	中島福次郎
二	同	佐々木泰治
二	同	岡源次郎
二	同	安井辰衛
二	同	西村兼太郎
二	同	笠井愼三郎
二	同	井上繁野
二	同	妹尾善造
二	同	難波丈吉
二	同	木下岸五郎
二	同	中野忠次郎
二	同	内田周三郎
二	同	内田勝次郎
二	同	吉田安一

株数	郡市名	氏名
二	上道	萩原茂吉
二	同	八田元三郎
二	同	北村桂太
二	同	藤本庄次郎
二	同	桐野佐與松
二	同	光本鐵吉
二	同	木下光太郎
二	同	森山平四郎
二	同	近藤俊次郎
二	同	佐藤喜與造
二	同	木住元太郎
二	同	近藤猪三九
二	同	岡虎次
二	同	西村伊平
二	同	岡本末市
二	同	山本長太郎
二	同	北村登羅
二	同	林若松

株数	郡市名	氏名
二	上道	近藤仙三郎
二	同	藤原志平
二	同	戸川熊太郎
二	同	齋藤庄太
二	同	篠原勝三郎
二	同	高木岩吉
二	同	久山小彌太
二	同	伊達伊平治
二	同	楠八十治
二	同	岩井岩吉
二	同	大野三太郎
二	同	北村久四郎
二	同	萩原貞
二	同	森谷九平
二	兒島	赤木繁雄
二	同	下方鹿子吉
二	同	播磨與四郎
二	同	山田直平

株数	郡市名	氏名
二	兒島	近藤英雄
二	同	半田才三郎
一	岡山	關槌造
一	同	佐藤徳太郎
一	同	岩藤孫三郎
一	同	藤原豊
一	同	平松與吉
一	同	岩藤勇面
一	同	岩藤幸
一	同	江川三郎八
一	同	赤塚理士
一	同	矢吹理吉
一	眞庭	今田猪太郎
一	上道	中尾薫
一	同	高橋正清
一	同	吉田龜吉
一	同	鈴木幸吉
一	同	佐藤佐源次

↑

岡山市在住の中に江川三郎八の名が見える

株数	郡市名	氏名
一	上道	水藤千代造
一	同	服部重太郎
一	同	佐藤勘十郎
一	同	青山伍三郎
一	同	金光仲次郎
一	同	青山荘吉
一	同	光岡利三郎
一	同	岩藤君太
一	同	服部定壽
一	同	板野初治
一	同	片山勇次郎
一	同	宮本源一
一	同	松本尋匡
一	同	佐藤熊三郎
一	同	岩崎昌信
一	同	民草金次郎
一	同	木南久三郎
一	同	岸本登羅

株数	郡市名	氏名
一	上道	岩城伊長治
一	同	岩城佐與吉
一	同	藤本磯太
一	同	片山卯之吉
一	同	片山石松
一	同	森山大次郎
一	同	三宅岩次郎
一	同	片山萬造
一	同	小川安次郎
一	同	山本平太
一	同	肥塚與十郎
一	同	柴田松次郎
一	同	小山若松
一	同	笠井吉夫
一	同	佐藤時信
一	同	山田龜太郎
一	同	難波弥吉
一	同	三好繁次

氏名	郡市名	株数
岡代八	上道	一
岡林太郎	同	一
三好丈吉	同	一
湯淺松太郎	同	一
深谷脩三郎	同	一
小林竹次郎	同	一
岩戸財太	同	一
小野田源次	同	一
湯淺喜三九	同	一
松井杢二	同	一
野方若衞	同	一
和田又吉	同	一
久山大吉	同	一
内田龜三郎	同	一
内田琴太郎	同	一
湯淺啓三郎	同	一
湯淺廣太	同	一
三井鹿太郎	同	一

氏名	郡市名	株数
吉田嘉造	上道	一
吉田嘉三郎	同	一
山田壽太郎	同	一
成本喜三郎	同	一
光畑虎太	同	一
藤本佐五郎	同	一
藤本佐太郎	同	一
高畠市治郎	同	一
森田梅吉	同	一
平田龜吉	同	一
石井萱太	同	一
西岡小三郎	同	一
小川渉	同	一
光畑庄吉	同	一
永守惣吉	同	一
西岡千代松	同	一
岡本文吉	同	一
湯淺馬太郎	同	一

氏名	郡市名	株数
藤本元造	上道	一
岡部祝三郎	同	一
黒崎岩松	同	一
井上源三郎	同	一
藤本久四郎	同	一
渡邊吉三郎	同	一
龜山虎吉	同	一
太田猿次	同	一
今東徳三郎	同	一
岡本初太郎	同	一
田中幸吉	同	一
佐藤佐代吉	同	一
佐藤瀧太郎	同	一
湯淺彌八郎	同	一
田代義太郎	同	一
黒崎馬太	同	一
湯淺榮三郎	同	一
黒崎金三郎	同	一

氏名	郡市名	株数
石田幾次	上道	一
山磨左馬次	同	一
妹尾金吾	同	一
山崎孫吉	同	一
湯淺孫四郎	同	一
森山大藏次	同	一
片岡宇七郎	同	一
和田熊四郎	同	一
渡邊鹿吉	同	一
渡邊孫吉	同	一
西岡長壽郎	同	一
武田清太郎	同	一
小林紋次郎	同	一
西岡熊五郎	同	一
西村善治	同	一
尾原伊平治	同	一
藤本助治	同	一
佐藤鶴野	同	一

株数	郡市名	氏名		株数	郡市名	氏名
一	上道	渡邊兼吉		一	上道	妹尾改治
一	同	黒崎利三郎		一	同	岡新三郎
一	同	石井治三郎		一	同	内田輝雄
一	同	中田傳		一	同	藤田野恵
一	同	佐藤松一		一	同	妹尾陸海
一	同	岡盛太		一	同	入澤龜吉
一	同	難波慶造		一	同	坪田兼太郎
一	同	小林米造		一	同	綾野六衛
一	同	宰田喜造		一	同	佐々木丈太郎
一	同	濱高藏		一	同	前田奈美
一	同	岡村富三		一	同	毛利彌源次
一	同	西村義嚴		一	同	内田高雄
一	同	人見慶次郎		一	同	内田堯
一	同	西崎與平治		一	同	那須清吉
一	同	岡村石造		一	同	入江庄太郎
一	同	小林次佐太		一	同	坪田助一
一	同	佐々木榮三郎		一	同	森幾三郎
一	同	岡喜三郎		一	同	難波源吉

株数	郡市名	氏名
一	上道	齋本定一郎
一	同	内田甚七郎
一	同	宇治郷一政
一	同	那須文七郎
一	同	難波幸衛
一	同	妹尾源次
一	同	小山敷太郎
一	同	宇治郷榮太郎
一	同	林幸吉
一	同	赤井久吉
一	同	文字豊吉
一	同	坪田定次郎
一	同	鈴木織太郎
一	同	吉田若松
一	同	大谷鹿次郎
一	同	吉岡重三郎
一	同	樋口三次郎
一	同	宇治芳造

株数	郡市名	氏名
一	上道	大森喜久次郎
一	同	平井伴吉
一	同	坪田直衛
一	同	坪田音三郎
一	同	大森柳吉
一	同	沖繁
一	同	森伊八
一	同	友光察習
一	同	内田万次郎
一	同	八田壽吉
一	同	八田伊津太
一	同	山本惠吉
一	同	萩原幸七
一	同	八田幸次
一	同	山本利三郎
一	同	八田松造
一	同	藤本岩三郎
一	同	岡田壽惠

株数	郡市名	氏名
一	上道	角南常造
一	同	成本喜美次郎
一	同	藤原喜久太郎
一	同	石田順八
一	同	藤本嘉太造
一	同	原作造
一	同	大野磯八
一	同	平井兼松
一	同	守安一三郎
一	同	柴田坂太郎
一	同	光本鹿次
一	同	山本治吉
一	同	京林岩太郎
一	同	石田仁十郎
一	同	西村和三郎
一	同	森山紋次郎
一	同	佐藤千代造
一	同	森山淺次郎

株数	郡市名	氏名
一	上道	堀磯吉
一	同	片岡和三惠
一	同	塩見伊之造
一	同	佐藤長三次
一	同	片岡多吉
一	同	石井鹿次郎
一	同	岡本淺次郎
一	同	野崎八郎
一	同	今谷金太
一	同	山本伊勢松
一	同	佐藤斧松
一	同	樋上國松
一	同	笹岡貞二郎
一	同	山口謹一
一	同	藤本助四郎
一	同	今谷仁太郎
一	同	小山熊次郎
一	同	濱倉嘉四郎

株数	郡市名	氏名
一	上道	北村忠夫
一	同	藤本金造
一	同	岡本繁吉
一	同	那須秀造
一	同	末廣次郎吉
一	同	片岡作太郎
一	同	遠藤良吉
一	同	藪木槇造
一	同	江口仙太
一	同	西浦岩吉
一	同	村上久太郎
一	同	坪田貴義
一	同	遠藤源十郎
一	同	妹尾愛造
一	同	藤原彌代吉
一	同	村上松造
一	同	坪田神生
一	同	大瀧五一郎

株数	郡市名	氏名
一	上道	米本馬太郎
一	同	坪田一二
一	同	片岡馬吉
一	同	斉藤永三郎
一	同	萩原七郎
一	同	小西伊勢松
一	同	山谷貞治
一	同	片岡津平
一	同	片山三吉
一	同	片岡柾吉
一	同	中川正九
一	同	小西傳四郎
一	同	甲民治
一	同	萩原和三郎
一	同	森本三代吉
一	同	伊達芳太郎
一	同	楠太郎
一	同	笹原小徳

株数	郡市名	氏名
一	上道	藤本利平
一	同	萩原潔
一	同	萩原一
一	同	萩原年造
一	同	佐藤馬太郎
一	同	萩原傳三郎
一	同	柴原榮
一	同	萩原清吉
一	同	萩原勘七
一	同	萩原安太郎
一	同	藤原朝子
一	同	萩原義正
一	同	久保田三造
一	同	萩原嘉四郎
一	同	片岡新吉
一	同	萩原熊五郎
一	同	萩原力二
一	同	井上梅野

株数	郡市名	氏名
一	上道	小川淳平
一	同	八田善壽
一	同	萩原信次
一	同	宮崎壽太
一	同	齋藤健太郎

路線図 ···

開通当時の路線が見える地図

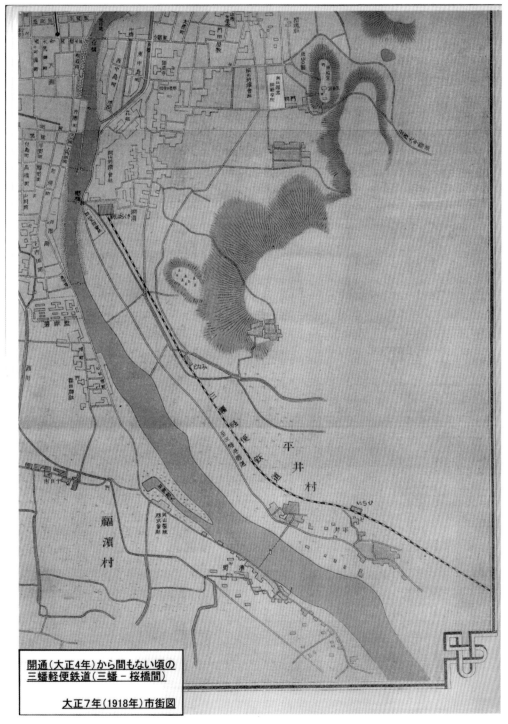

開通（大正4年）から間もない頃の
三蟠軽便鉄道（三蟠－桜橋間）

大正7年（1918年）市街図

大正7年

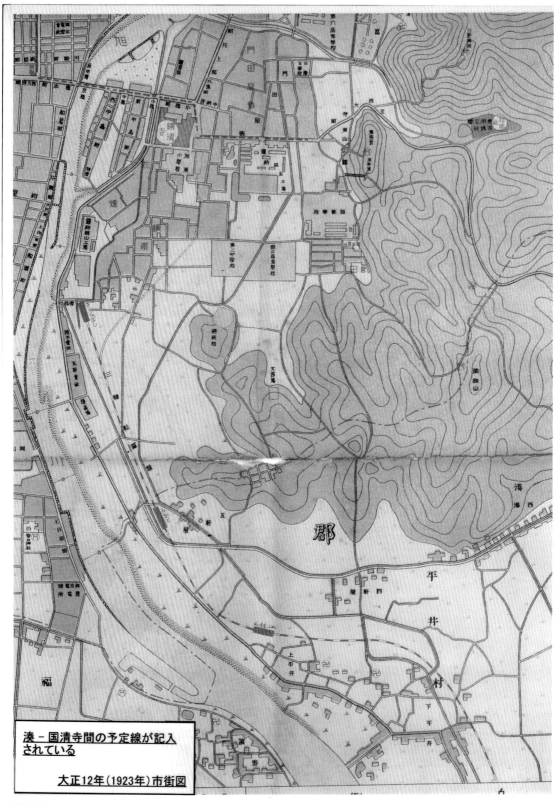

湊－国清寺間の予定線が記入
されている

大正12年（1923年）市街図

大正 12 年

306

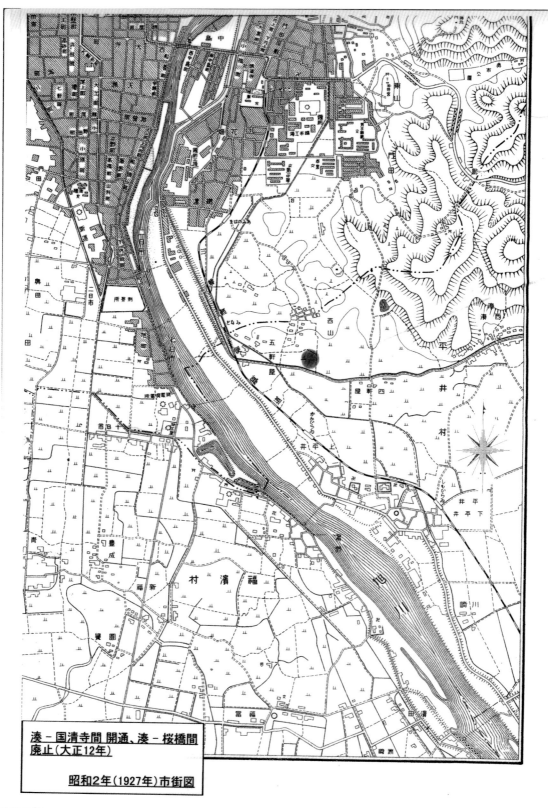

湊 – 国清寺間 開通、湊 – 桜橋間
廃止（大正12年）

昭和2年（1927年）市街図

昭和2年

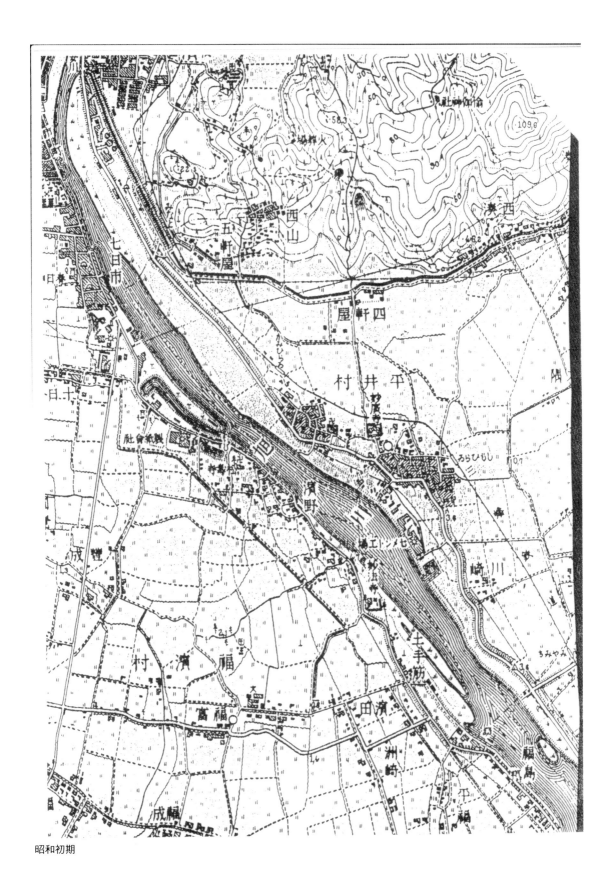

昭和初期

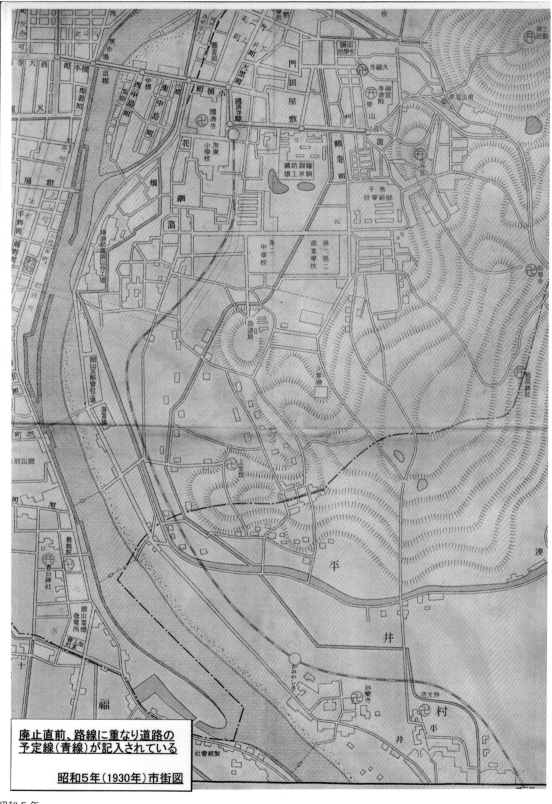

廃止直前、路線に重なり道路の
予定線（青線）が記入されている

昭和5年（1930年）市街図

昭和5年

鳥瞰図の事例

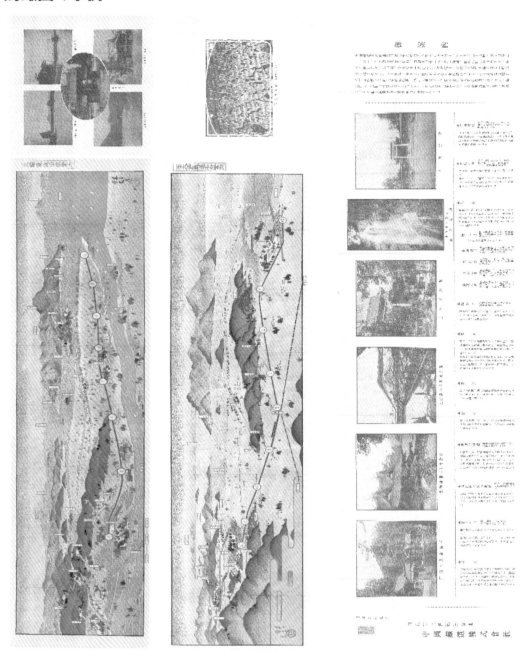

鳥瞰図に見る鉄道沿線と名勝地。図は三蟠鉄道と西大寺鉄道

博覧会と市中の御案内

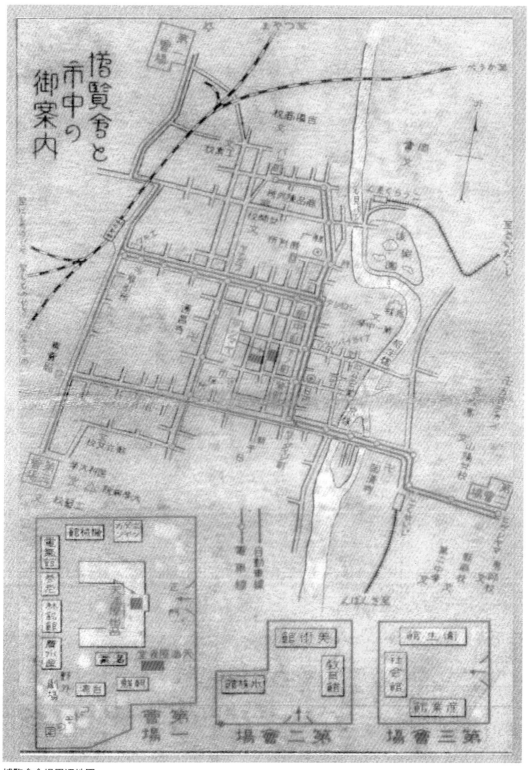

博覧会会場周辺地図

三蟠軽便鉄道路線図

（画像提供：宮尾博躬）

　岡山電気軌道は三蟠鉄道との接続を真剣に模索して、両社の乗客増加の思惑は一致した。三蟠鉄道にとっては、いずれ電化の時代が来ると支配人は、電化に踏み切った。鉄道の視察にも出かけている。しかし、すぐに電化に踏み切るには当時資金的な余裕などなかった。また両社の軌間は全く異なっていて、互いに乗り入れはできない。それでも乗客はいったん下車して、乗り継ぐ形で岡山駅までのアクセスを可能にした。

岡山電気軌道が三蟠鉄道との乗り継ぎに向けて活動したが、青図として残されている。（ここではその一部紹介）

国清寺駅と岡電の線路、旭東尋常小学校も見える。

　江川三郎八が設計に関わった、旭東尋常小学校や付属幼稚園舎との位置関係がよくわかる。国清寺駅構内は線路が3本あり、駅舎の跡も表示されている。新京橋が開通して、駅舎も線路も道路に飲み込まれてしまった。

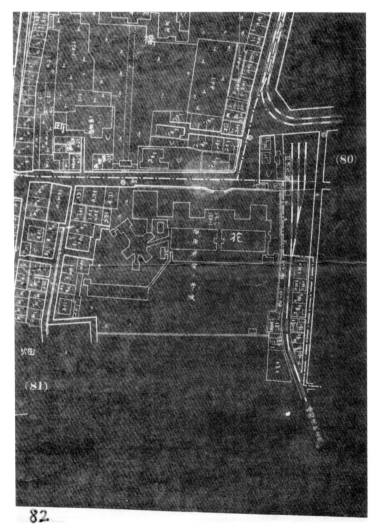

旭東尋常小学校や附属幼稚園の八角園舎も見える

岡電の東山へと延びる路線に寄り添う三蟠鉄道

国清寺駅から東山駅間の道路も新京橋が開通してから、拡張されている。今は面影もない。

後に新京橋ができて、今では橋を降りきった交差点内に国清寺駅跡は飲み込まれている

国清寺駅から南へとカーブして伸びる線路　現在も地形が確認できる（青図右上）。

　このカーブは現在でも、当時のまま残っている。線路が3車線に分岐した形跡は、

倉安川の源流でもあった船着場は、現在では新京橋の高架橋の下になっている

旭東学区で産業道路に飲み込まれる前の線路が見える

　こども園は建て替えられて現在でも存在する。通園児童を意識してか、ここには踏切もあったことが、当時の写真で確認できる。線路の南端近くに網浜駅があった。

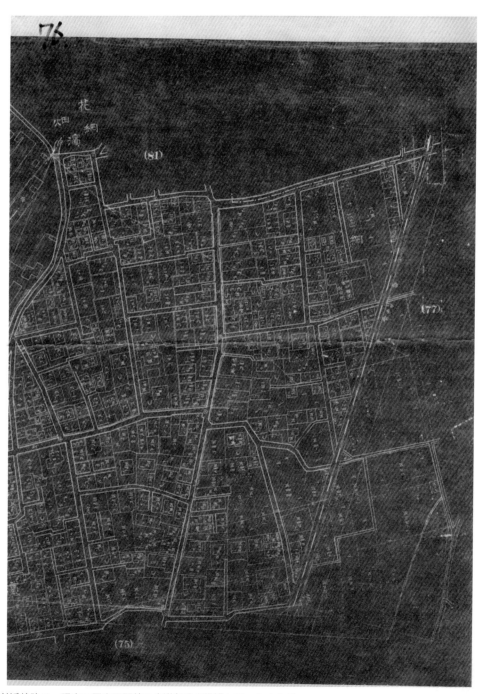

この付近線路は、現在の岡山玉野線の歩道部分を通過していたようだ

東高通りを跨ぐ線路

現在の東校通りを跨ぐ三蟠鉄道路線図。

産業道路は、旭東三蟠線と呼ばれるようになり、その後も整備されて、後に児島湾大橋ができ、現在は岡山玉野線となった。

この青図を確認すると地形から、花畑地図では産業道路の中心より。東側に線路があったことも納得できる。

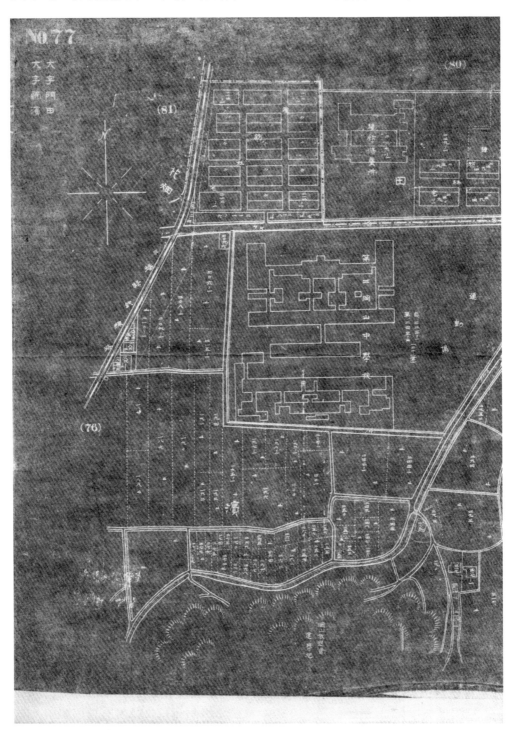

既に「岡山放送局予定地」の表示が見える

引き込み線がカーブを描いている

　岡山瓦斯工場内への引き込み線や国清寺駅まで伸びた際、みなと駅と網浜駅間に、分岐点が設けられているのが、くっきり見える。岡山瓦斯（株）の北には、当時中国醸造株式会社があった。

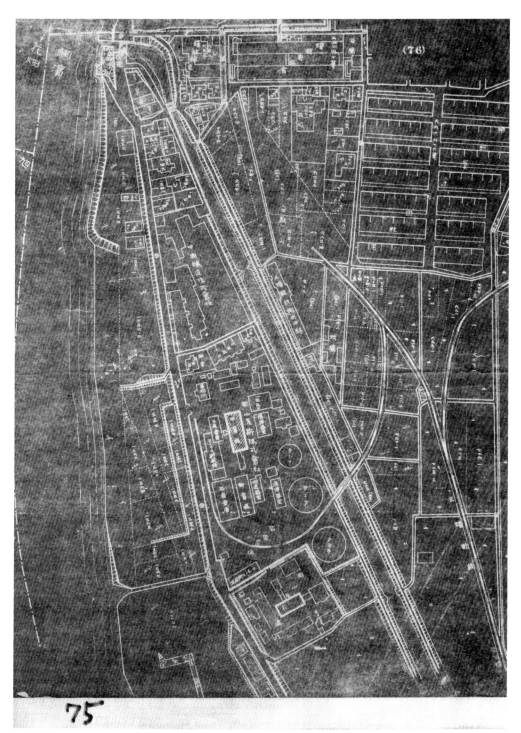

旭川東岸の河原には、多くの地番があり、地形は複雑。後に岡山瓦斯（株）の専用ドックもできる位置には北へ斜めに走る地形が何を意味するのか不思議。新土手の構想もあったようだ

参考その他の関連古地図

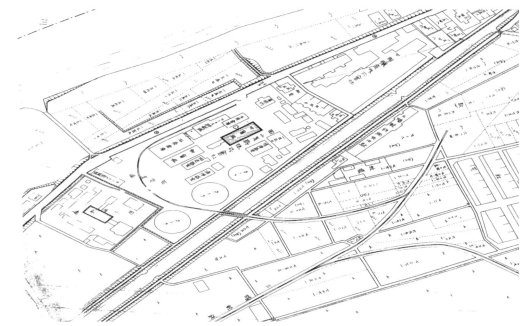

引き込み線が倉安川を斜めに渡っている

都市計画で旭川に架かる桜橋に向かって計画路線が見える

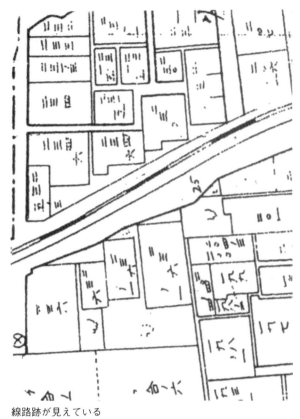

線路跡が見えている

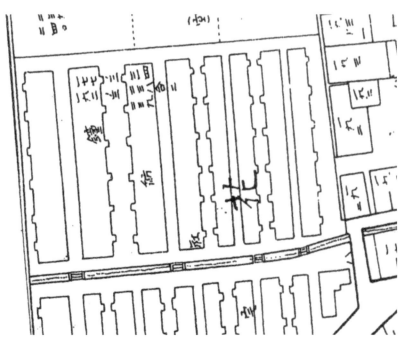

花畑では多くの鐘紡の宿舎が並んでいた

倉安川に旭川から水の取り込み口が見える。画面の中央は東中島

昭和2年都市計画図

児島湾は現在よりかなり広かった。三蟠鉄道路線が見える。みなと駅、しもひらい駅、かみひらい駅の見える図、昭和初期

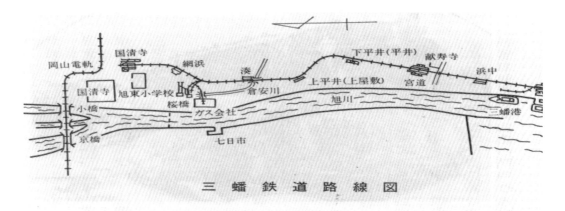

三 蟠 鉄 道 路 線 図

国清寺から三蟠まで

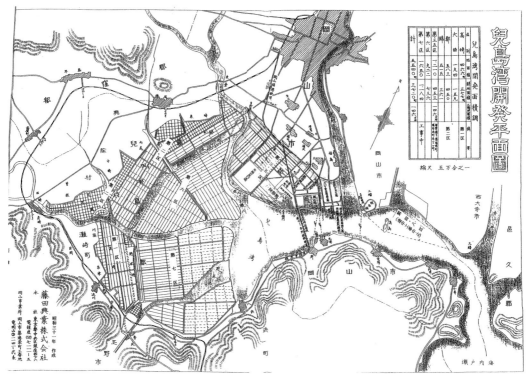

児島湾開発平面図藤田興行株式会社
国鉄宇野線との接続を目指していた岡山臨港鉄道

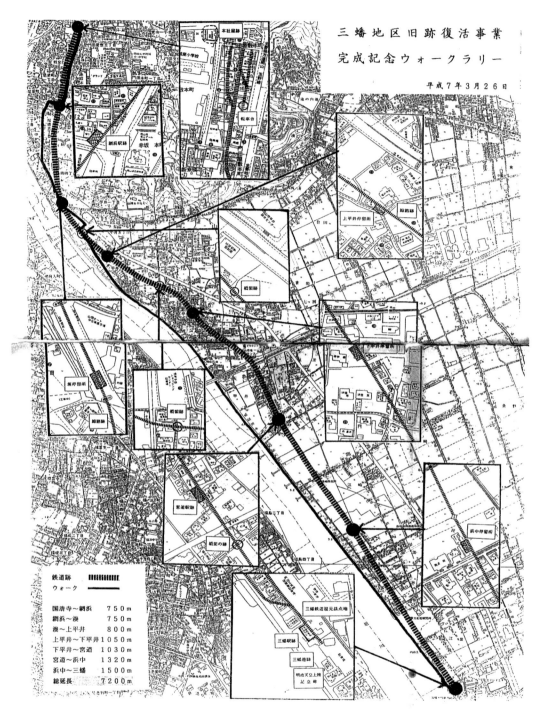

三蟠地区旧跡復活事業
完成記念ウォークラリー

平成７年３月２６日

鉄道跡 ||||||||||||
ウォーク

国清寺〜網浜	７５０ｍ
網浜〜湊	７５０ｍ
湊〜上平井	８００ｍ
上平井〜下平井	１０５０ｍ
下平井〜宮道	１０３０ｍ
宮道〜浜中	１３２０ｍ
浜中〜三蟠	１５００ｍ
総延長	７２００ｍ

三蟠地区旧跡復活事業完成記念ウォークラリー当時の図

三蟠軽便鉄道を伝える新聞 ·····················

開通を伝える新聞

　三蟠軽便鉄道が開通した大正4年8月11日山陽新報と中国民報はそれぞれ一面のトップページに大きく掲載している。中国民報は時刻表、乗車賃や宮道駅の駅舎の写真も取り上げている。

　山陽新報は沿線周辺の勝地を紹介し、沿線周辺の企業に広く広告を募っている。

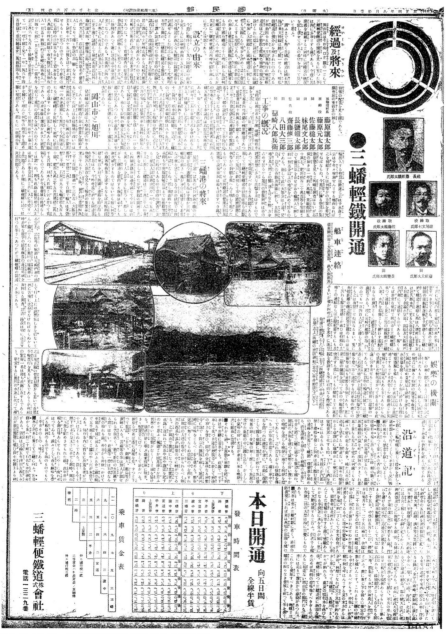

大正4年8月11日　三蟠鉄道開通を報じる中国民報

大正4年8月11日　三蟠軽便鉄道開通を報じる山陽新報

祝　三蟠軽便

祝開通
三蟠最上稲荷宮信徒中
備前児島

酒類醸造
藤原常太郎
岡山県児島郡八濱町

御旅館
近藤
京屋事　岡山県児島郡八濱町

岡山県児島郡八濱町
株式會社　東兒銀行
同秀天出張所
同宇野出張所
藤英雄

醤油醸造業
三宅作五郎
岡山県児島郡甲浦村

土木受負業
島谷文作
岡山県児島郡甲浦村

醤油醸造業
兒山信六
岡山市太郎

本樺樟字染　御紋附地
製造販賣元　奥山太郎
岡山市

着尺　衿地
尺製　精米
八濱綿織業會社

清酒吟醸　極奥吟醸
名取川

土木受負業
藤原組
藤原義太郎

同　勘造
同　槌松
西屋　橋本醸造

土木受負業
磯野伊賀造
岡山県児島郡甲浦村

醤油　備國産
藤澤藤治郎醸造
備前児島郡甲浦町

醤油
井上金三郎醸造
岡山県児島郡

醤油
和田松太郎醸造
岡山県児島郡甲浦村北浦

醤油
片山梅次郎醸造
備前児島郡甲浦村北浦

最上醤油
和田合資會社

醤油
岡山県児島郡
醤油合資會社

油口醤
岡山県児島郡八濱町
三井數郎醸造

青年團

青年團

御菓子司
芭蕉庵
岡山市

三松館
鈴木竹三郎

小林旅館
岡山市柳川筋

御料理
藤久樓
岡山市山崎町

御料理
山佐樓
岡山市

御料理
大黒屋
岡山市

三蟠名物
小川醤油醸造元

和洋糸類
製造卸問屋
田邊糸店
岡山市新西大寺町

専門
ばい寿
りん病
岡山市

洋酒鑵詰
洋食材品
洋食器具
藤井山陽堂
岡山市榮町

味のよき
カブトビール
景山慶治

自轉車
部分品
卸商
ゴビアス自轉車
プリミヤ自轉車
小川商會
岡山市丸亀町

御料理
梶仙樓
梶田仙吉

黄薇團扇
賣

三蟠
港東
メリヤス
タヲル
ハンカチーフ

漆器卸問屋
原吉商店
岡山市車町通

小林呉服店
岡山市下之町

御進物品陳列
中元の
鹿野屋商店
岡山市野田屋町

浴衣
新柄各種最

陳列場新設大賣出し

男女店員十五歳ヨリ十七歳迄募集

0086

大正4年8月11日　三蟠軽便鉄道開通を報じる山陽新報

山陽新報に見る営業広告

　三蟠軽便鉄道は乗客増加を目指し、何度も繰り返し営業広告を掲載し、企業努力している。その一例を紹介する。

大正 11 年 8 月 7 日高島三蟠海水浴と汽車大割引

大正 8 年 10 月 13 日金光山の秋色一日旅行、児島湾の沙魚一日御清遊大割引

大正 11 年 10 月 21 日釣遊家の好福音

大正 10 年 5 月 1 日春もつとに新緑を装う高島は遊覧の客を待つ三蟠軽便鉄道

大正 12 年 2 月 28 日船車連絡と小豆島霊場巡拝の御便利

大正 11 年 7 月 22 日高島納涼場開始三蟠軽便鉄道株式会社

大正 12 年 7 月 21 日宝伝鹿沼海水浴行きの御便利

大正12年9月22日魚釣ご案内

大正12年7月22日一日清遊の好適地高島海水浴場開始

大正12年8月3日三蟠鉄道の納涼列車

大正13年8月15日いよいよ明16日夜三蟠水上煙花大会

昭和2年9月30日魚釣の好季来る三蟠行き汽車賃大割引

昭和3年4月29日自動車部営業開始三蟠鉄道

昭和3年7月20日宮道松ケ鼻高島海水浴開始

昭和4年7月10日海水浴場宮道、高島、松ケ鼻の海へ三蟠鉄道

昭和5年7月21日宮道海水浴場案内三蟠鉄道

山陽新報に見る関連記事

営業広告以外

大正 12 年 1 月 30 日謝類焼御見舞三蟠軽便鉄道株式会社。

当時はこのような近火見舞い、類焼見舞いの広告が頻繁に出されていた。三蟠軽便鉄道にとっても、新聞社にとっても広告を掲載することの意味があったようだ。

謝類焼御見舞
島賀太郎

平井冬至
石井茂七
中村貞五郎

謝近火御見舞
國清寺

謝近火御見舞
清奈院

謝近火御見舞
旭東尋常小學校

謝近火御見舞
合同貯蓄銀行東支店

謝近火御見舞
山陽商業銀行川中出張店

謝近火御見舞
富山五郎衛
尾元太郎

酒港屋
吉田正分
山崎喜久治
小郷紀一郎
小山照太郎
吉田勇治郎
栗栖星光堂
里見久松
片岡寛三
景山貞三
神野米
勝田堅吾
廣榮堂本店
武田伴藏
木口自彊堂支店
中山金次郎
内田清隆
楠田仁吉
文祿堂書店
山下元太郎
藤井宇次郎
菊井敬一
森詩五郎

高田定平
岩室寛
田代信治
三田蟠屋
爲房タツ
三木理髪舗
本郷政
竹仙屋
藤原伊三郎
坪井金次郎
守屋忠義
旭東食堂
古田平八郎
關園次
那須久太郎

徽章
メタル
大阪徽章製作所

三蟠輕便鐵道株式會社

大正 12 年 1 月 30 日当時は近火見舞いの広告が多かった

臨港鐵道の企畫と
三蟠鐵の對策協議
營業保證陳情に決定

淺川氏一派に依つて目下企業出願中の臨港鐵道が近く認可になるさうだと云ふ成行きを見て取つた三蟠鐵道では該企畫と僅かに旭川を距てゝ並行線になつてゐる關係上若し實現するやうなことがあれば現在既に營業不振に陥入つてゐる上へ更に打撃を蒙ることゝなるので既報の如く二十八日午後一時より緊急重役會議を開きこれが對策を種々協議した結果、現社長藤原知道氏外數名が來月上旬上京し折柄農銀大會に出席するであらう前社長藤原元太郎氏と協力して鐵道當局に當り若し臨港鐵道の敷設を認可するとすれば三蟠鐵道の營業を保證する條件の下にやつて貰ひたい旨の陳情書を提出することに決定した模樣であるが尚右に關し吉田支配人は次の如く語る

臨港鐵道が出來ることになれば私の方は勿論打撃を受けることゝなるので差當り陳情書を提出することになつた、岡山から網島へかりに鐵道が出來たにしても大阪から網島、それから大元乃至岡山と云ふ方面へ貨物を運ぶことは餘程手數のかゝることで果して採算が出るか何うかを疑ふ、しかし何分お歴々の企畫であるから實行されることゝ思ふ、で私の方も色々と迷つて見るが電化問題なども仲々困難な問題で現在のゲージを三フート六インチに更改する爲めには一哩少く共十五萬圓を要する、しかしまさかになれば增資するなり社債を募集するなり相當對策は講ずる考へで將來甘く纏まれば他會社と合併せんものでもない、大體から云ふと縣下の地方鐵道は皆んな合併する方が良いと思つてゐる

大正 15 年 10 月 30 日臨港鐵道の企画と三蟠鐵の対策協議営業保証の陳情が決定

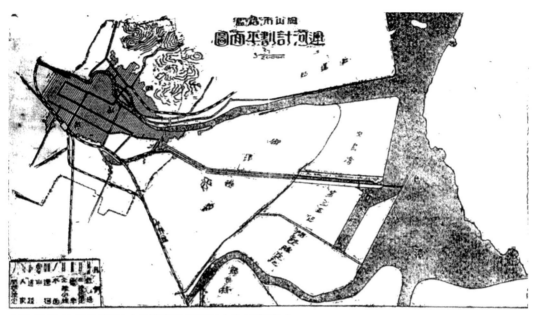

岡山市河道計画平面圖

大正 13 年 11 月 2 日岡山市の発展策に運河による水陸連絡を

運河の計画と共に、三蟠軽鉄と西大寺軽鉄を電車によって連絡し、旭東の交通を完備する構想があった。

岡山市の發展策 (7)

運河による水陸連絡が根本

これと同時に、電車東山線を京橋の西詰から分岐させ、前記のみならず、延いては旭川諸工場まで延長せしめ、これより紺屋町通りに沿ふ將來の水路運の連絡場たるべき庭園關を貫き一直線に延長させ、更に旭川線の運河と連絡させるのである。

第四は河流淡溪灘を凌へ、河流を凌く淡溪のため、底開を整理し、その兩側を凌へ、市内諸工場、京橋西詰から電車を京橋下の遊覽場その他の文化施設を完備するのであるが、これに關してこの問題のみを切り離して別くところがあらう。

第五は、陸上交通網の整備を完成する外、前記旭川右岸の運河を中心とし、旭東の交通、即ち米子半島に三蟠軽鉄と西大寺軽鉄とを電車によって連絡し、旭東の交通を完備するのである。

第六は、東山を中心とする住宅地帶と工藝地帶あらう。即ち現在の庭園關一帯の中心として繁榮し、商業地、工藝地帶の狀態に應じて、住宅區、商業區、工藝地區別が劃成されるであらう。岡山市は、自ら現在の諸計画によって、東西岡山に、この如き詳細に亙って、この問題のみを切り離して...

△寫眞は運河を始め電車鐵道等の交通機關を中心とする計画圖である

大正 13 年 11 月 2 日

兒島灣の養貝事業 (十一)

漁民側の觀察

間更新

藤田組の

會社の漁

大正 12 年 3 月 27 日児島湾の養貝事業

昭和2年4月12日謝出火御見舞い

昭和3年10月3日謝近火御見舞西大寺町、橋本町戸主会

昭和3年5月9日三蟠鉄道とさくら岡山三蟠間で猛競争

昭和3年12月7日謝近火御見舞網ノ濱聯合戸主会

昭和3年9月27日乗合自動車旭川に顛落昨夜三蟠發岡山へ向ふ途中

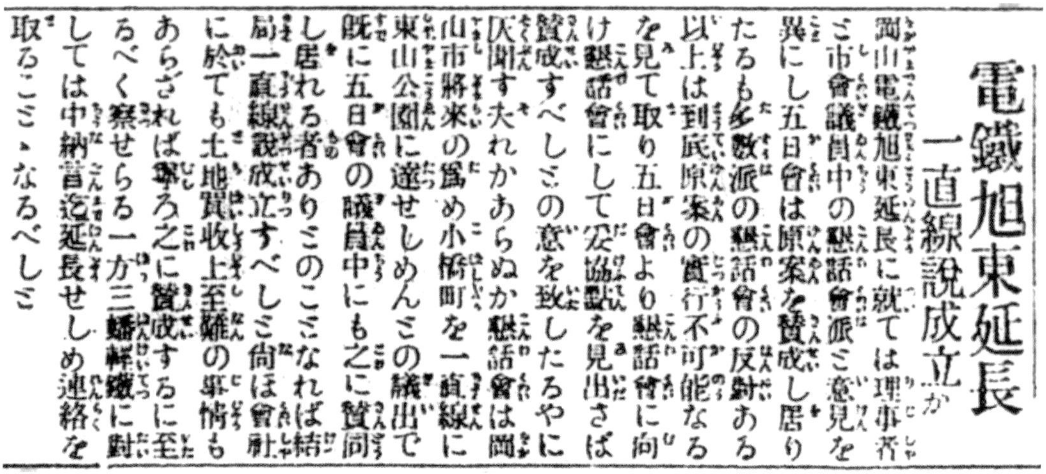

電鐵旭東延長
一直線説成立か

岡山電鐵旭東延長に就ては理事者と市會議員中の懇話會派と意見を異にし五日會は原案を賛成し居りたるも多數派の懇話會の反對ある以上は到底原案の實行不可能なるを見て取り五日會より懇話會に向け懇話會にして妥協點を見出さば賛成すべしとの意を致したるやに仄聞す夫れかあらぬか懇話會は岡山市將來の爲め小橋町を一直線に東山公園に達せしめんとの議出で既に五日會の議員中にも之に賛同し居れる者ありとのことなれば結局一直線説成立すべしと尚ほ會社に於ても土地買收上至難の事情もあらざれば寧ろ之に賛成するに至るべく察せらる一方三蟠輕鐵に對しては中納言迄延長せしめ連絡を取ることゝなるべしと

大正８年７月20日電鐵旭東延長一直線説成立か

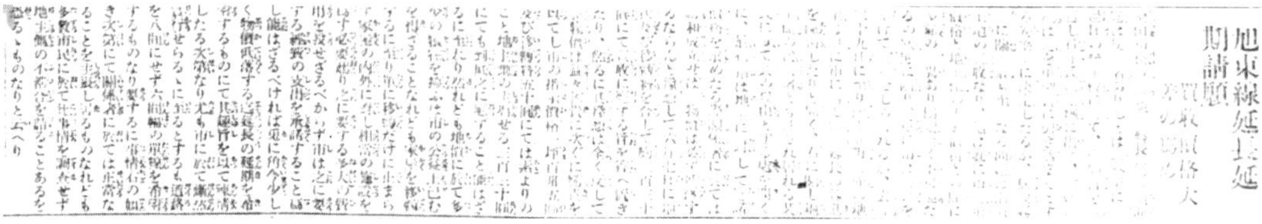

旭東線延長延期請願

大正８年９月２日旭東線延長延期請願

三蟠鐵道延長
用地買收
近く解決

大正 11 年２月３日三蟠鉄道延長用地買収近く解決

三鐵延長開通
延期した理由

聯合青年團總會

大正 12 年１月 28 日三鉄延長、開通延期した理由

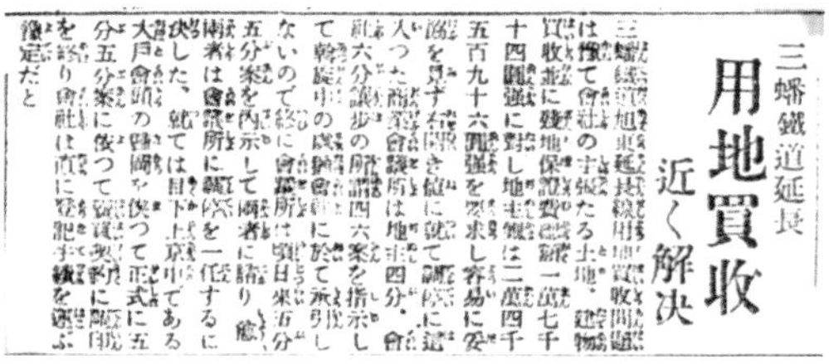

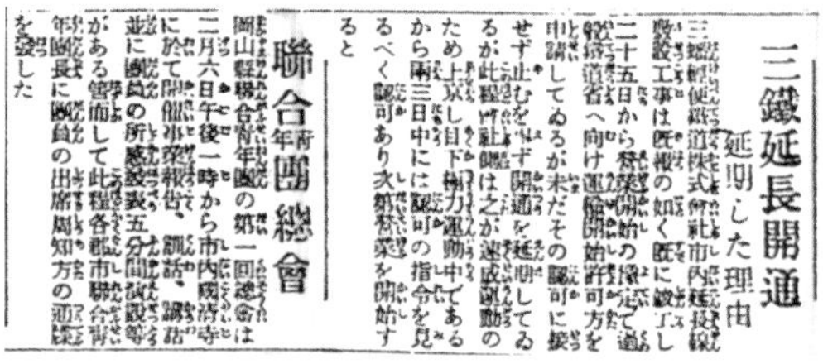

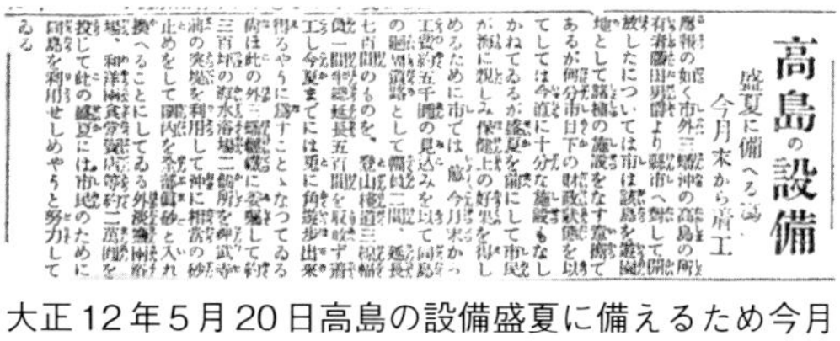

高島の設備
盛夏に備へる爲
今月末から着工

大正12年５月20日高島の設備盛夏に備えるため今月末から着工

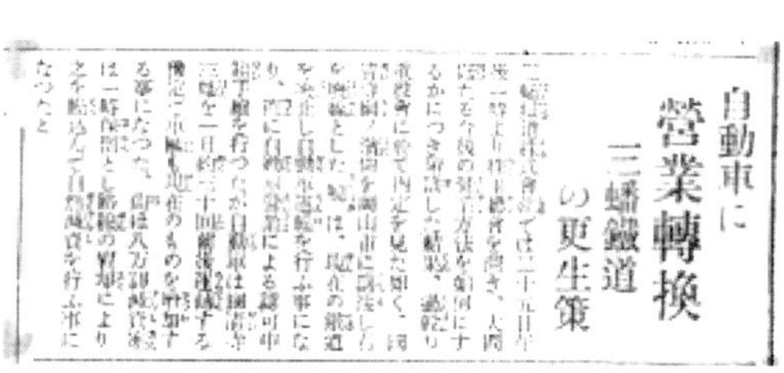

自動車に
營業轉換
三蟠鐵道
の更生策

昭和６年５月 28 日自動車に営業転換三蟠鐵道の更生策

電氣業界不況

三蟠鐵收入增

大正 12 年２月５日三蟠鉄収入増

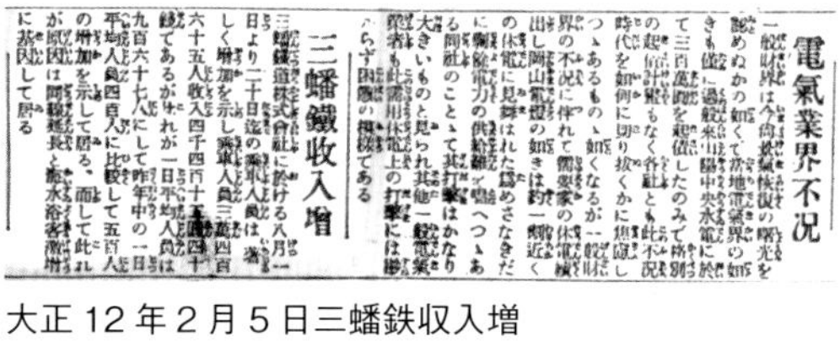

乗合自動車開通！！！

岡山タクシー自動車合資會社

大正11年5月11日乗合自動車開通岡山タクシー自動車合資会社

三蟠自動車と岡バスの合併談或ひは急速に進展か

昭和6年9月2日三蟠自動車と岡バスの合併談或ひは急速に発展か

三蟠鐵道が汽車、レールカー廃止

昭和6年4月16日三蟠鉄道が汽車、レールカー廃止

三蟠輕鐵の實測

大正8年7月21日三蟠軽鉄の実測

三蟠經鐵電氣機關車使用

大正8年9月2日三蟠経鉄電気機関車使用
（実際には視察のみで実現せず）

三蟠自動車の起點

昭和6年6月23日三蟠自動車の起點内山下榮町口から

記念行事で作成したDVD一覧 ‥‥‥‥‥

100周年記念事業の軌跡 RSK プロビジョン

100周年記念大会カバーデザイン

開通100周年記念大会

開通100周年記念大会アトラクション

大会展示映像山陽映画

記念式典来賓講師安部なかさんほか

記念講話

記念講話渡辺泰多ほか

記念式典と講話

アトラクション

資料展示とアトラクション

岡山県警合唱団

うらじゃ踊り映像テスト盤

オープニング並びにうらじゃ五団体

記念大会で貴船たゞしに対しての追悼歌

三蟠軽便列車は行く歌手亀山

記念歌応援歌貴船たゞしさんを偲んで

記念歌応援歌題

記念歌応援歌 DVD

記念大会西さんほか

平井保育園和太鼓演奏

記念大会銭太鼓つばさ会

岡山鷺照会詩吟、舞は菊水流

岡山鷺照会詩吟、舞は菊水流

沖新田物語

レールトロッコ復元お披露目

レールトロッコ復元お披露目

子ども神輿ビデオ

子ども神輿玉島テレビ

子ども神輿リレー出発式玉島テレビ

神輿三蟠着で閉会式の小寺さん

高嶋神社磐座前で

高嶋神社参拝記念

高嶋神社参拝ナレーション未収録

乗車体験インタビュー馬場久子

三蟠鐵道資料館開館記念操明学区

猪苗代町表敬訪問

福島県訪問更新版

記念アート除幕式

みなと駅看板除幕式

みなと除幕式

沼尻鉱山と軽便鉄道を語り継ぐ会提供 DVD

福島県会津の旅

福島沼尻鉄道めぐる映画警察日記

福島昭和 40 年軽便実写フィルム

福島昔軽便列車が走っていたテレビ報道

福島軽便実写映像集

既に廃業した岡山県下の鉄道 DVD

西大寺鉄道

片上鉄道

顕彰状 （記念式典で贈呈） ・・・・・・・・・・・・・・・・・・・・・・・・・・・・・・・

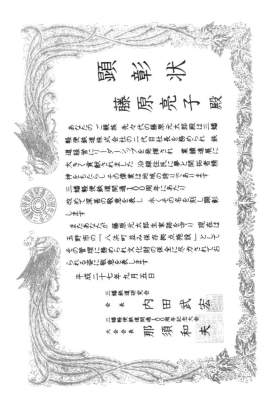

顕彰状・藤原亮子

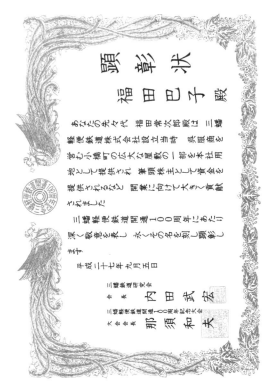

顕彰状・福田巴子

顕彰状・戸川治彦

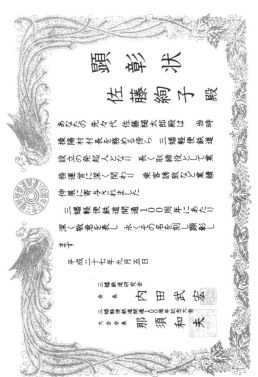

顕彰状・佐藤絢子

344

顕彰状

妹尾文人　殿

あなたの先々代妹尾文七郎殿は平井村の村長となり三蟠軽便鉄道株式会社設立の発起人となり創業的な貢献をされました

昭和6年4月1日に平井村が岡山市に併合され最後の平井村村長を永く務められ村の環境整備に献身的な活動をされたことは現在の平井学区民の誇りであります

三蟠軽便鉄道開通100周年にあたり改めて深甚の敬意を表し永くその名を刻し顕彰します

平成二十七年九月五日

三蟠鉄道研究会　会長　内田武宏

三蟠軽便鉄道開通100周年記念大会　大会会長　那須和夫

顕彰状・妹尾文人

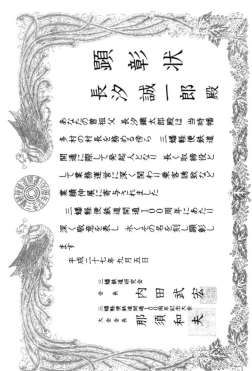

顕彰状

長汐誠一郎　殿

あなたの曽祖父長汐鐵太郎殿は当時幡多村の村長を務める傍ら三蟠軽便鉄道開通に際して発起人となり長く取締役などに関わり業務運営に深く関わり乗客誘致など業績伸展に寄与されました

三蟠軽便鉄道開通100周年にあたり改めて深く敬意を表し永くその名を刻し顕彰します

平成二十七年九月五日

三蟠鉄道研究会　会長　内田武宏

三蟠軽便鉄道開通100周年記念大会　大会会長　那須和夫

顕彰状・長汐誠一郎

顕彰状

山崎文隆　殿

あなたの先々代山崎定太郎殿は三蟠軽便鉄道の取締役として鉄道経営に深く関わり乗客誘致など業績伸展に寄与されました

三蟠軽便鉄道開通100周年にあたり改めて深く敬意を表し永くその名を刻し顕彰します

平成二十七年九月五日

三蟠鉄道研究会　会長　内田武宏

三蟠軽便鉄道開通100周年記念大会　大会会長　那須和夫

顕彰状・山崎文隆

顕彰状

近藤暢男　殿

あなたのご親族先々代近藤敬二郎殿は当時赤丸醤油の名前で醤油醸造業を営む傍ら三蟠軽便鉄道経営に深く関わり乗客誘致など業績伸展に寄与されました

三蟠軽便鉄道開通100周年にあたり改めて深く敬意を表し永くその名を刻し顕彰します

平成二十七年九月五日

三蟠鉄道研究会　会長　内田武宏

三蟠軽便鉄道開通100周年記念大会　大会会長　那須和夫

顕彰状・近藤暢男

顕彰状（記念式典で贈呈） ・・・・・・・・・・・・・・・・・・・・・・・・・・・・・・・・

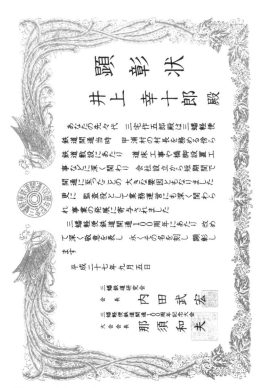

顕彰状・井上幸十郎

顕彰状・出口陽子

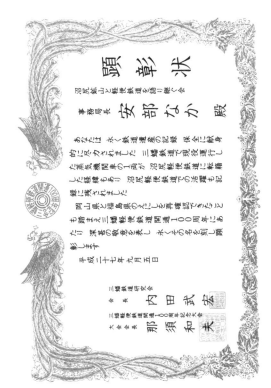

顕彰状・安部なか

顕彰状・田中春夫

顕彰状・平田竹二

感謝状（記念式典で贈呈）••••••••••••••••••••••••••••

感謝状・實成文彦

感謝状（記念式典で贈呈）

感謝状・片岡洋行

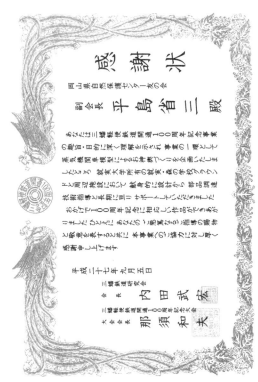

感謝状・平島省三

感謝状・吉田信

感謝状・徳田仁司

感謝状・難波宏明

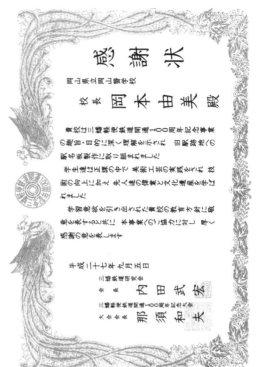

感謝状・岡本由美

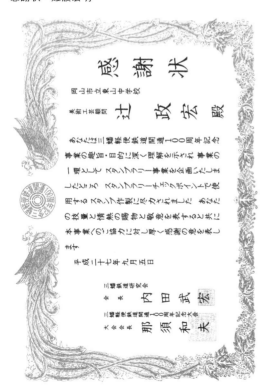

感謝状・辻政宏

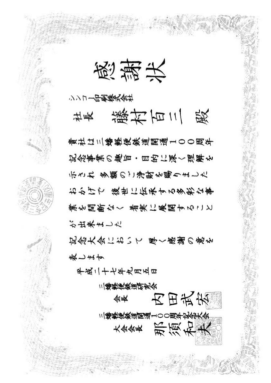

感謝状・藤村百三

三蟠鉄道研究会の活動記録 ······················

100周年までの活動記録

（注：100周年記念事業については重複している。）

平成24年5月15日	岡山市立東山公民館のすずらん交流会において、三蟠軽便鉄道ほか岡山県内の鉄道の歴史を勉強する場を設ける
平成24年6月30日	岡山市立東山公民館において、三蟠鉄道ファンクラブ（仮称）勉強会開催。今後継続的に三蟠鉄道の研究を継続することで一致し、名称を「三蟠鉄道研究会」とした
平成24年9月9日	岡山市立東山公民館において、三蟠鉄道研究会の勉強会
平成24年10月23日	岡山市立東山公民館において、三蟠鉄道研究会スタッフ打合会開催。当面のイベント対応協議
平成24年10月27日〜28日	山陽学園大学・短期大学の大学祭で三蟠軽便鉄道蒸気機関車実物大のパネルを学生ホール前の広場に展示
平成24年11月3日	岡山市立平井小学校で平井学区連合町内会主催の「平井祭り」へ三蟠軽便鉄道蒸気機関車実物大のパネル移動展示
平成24年11月4日	三蟠鉄道路線跡散策イベント。国清寺駅から湊停留所までの史跡を確認
平成24年11月25日	岡山市立東山公民館において、三蟠鉄道研究会の勉強会
平成25年3月29日	岡山市立東山公民館において、三蟠鉄道研究会の勉強会
平成25年4月11日	えきまえミヨシノにおいて開催の十一クラブ四月例会で、「近代遺産としての三蟠軽便鉄道」をタイトルとした講話
平成25年6月21日	岡山市立東山公民館において、三蟠鉄道研究会スタッフ打合会開催。昨年の活動結果を報告し本年の活動方針について提案、協議
平成25年7月25日	岡山市立東山公民館において、三蟠鉄道研究会の勉強会
平成25年9月29日	岡山市福祉交流プラザ旭東において、三蟠鉄道研究会の勉強会
平成25年11月29日	岡山市立東山公民館において、三蟠鉄道研究会の勉強会
平成26年3月28日	岡山市立東山公民館において、三蟠鉄道研究会の勉強会
平成26年5月5日	三蟠鉄道の道床跡散策イベント。湊駅から下平井駅までの鉄道の軌跡を確認
平成26年6月11日	えきまえミヨシノにおいて開催の十一クラブ六月例会で、「古墳に見る日本文化の源流」をタイトルとした講話三蟠鉄道の舞台は古墳と全くの無縁ではないことにも触れる
平成26年7月4日	東山公民館において、三蟠鉄道研究会スタッフのみの勉強会。しかし来年が三蟠軽便鉄道の開通100周年の記念すべき年であり、何らか記念行事をすべきとの意見多数あり。
平成26年9月10日	来年、三蟠軽便鉄道開通100周年を迎えることに着目、会員の貴船たゞし氏（本名河野忠男氏）「三蟠軽便鉄道開通100周年記念歌」を作詞され、本日お披露目あり（これが契機となり、何らかの記念行事をすべきとの気運高まる）
平成26年10月18日	東山公民館において、三蟠鉄道研究会定例勉強会。このあと翌年の三蟠鉄道開通100周年記念事業の遂行を採択。正式に決定
平成26年12月26日	岡山電気軌道㈱から枕木調達。20本を確保し、湊駅周辺の道床跡へ搬入
平成26年12月26日	スタッフミーティングにおいて、蒸気機関車模型作りと、それを子ども神輿にして、鉄道沿線を子どもたちに担いでもらおうと提案あり。新年早々から具体化へ向けて取り組むことを確認
平成26年12月28日	笠井山の就実・森の学校が所有する竹林で、模型作りの素材となる竹の伐採始まる
平成27年1月12日	就実・森の学校（笠井山）を視察、三蟠軽便鉄道が導入したドイツ製の蒸気機関車コッペルを模したレプリカを制作する場としてグラウンドや作業場を提供していただけることを確認　真竹での作業工程（15人×20日間）など説明受け課題など確認
平成27年1月18日	電通商事にて三蟠軽便鉄道開通100周年記念歌と応援歌のレコーディング。作詞貴船たゞし、歌手貴船たゞし及び長谷川みゆき、作曲西優（にしまさる）お囃子：御津軍童謡唱歌を歌う会
平成27年2月14日	当時の道床跡に三蟠軽便鉄道レール敷設の作業始める
平成27年2月14日	岡山電気軌道㈱の市内電車・バスの吊り下げ広告で、三蟠軽便鉄道開通100周年記念事業を広報。協力岡山電気軌道㈱
平成27年2月16日18日	福島県県庁観光課と猪苗代町を表敬訪問し、本年9月に三蟠鉄道研究会が実施する「三蟠軽便鉄道開通100周年記念事業への協力を要請し町役場にて「沼尻鉱山と軽便鉄道を語り継ぐ会」と交流会開催

平成27年2月28日	当時の道床跡に山土搬入レールと枕木周辺を固めて、レールを固定犬釘打ち込みへ。場所：岡山市中区平井六丁目
平成27年3月3日	蒸気機関車模型作り、大きさや大まかな仕様について決定。同10日鉈と小刀で竹割作業開始。場所：就実・森の学校
平成27年3月7日	当時の道床跡にトロッコ設置当時の車輪を使い、改造して鉄道のマークを入れている　協力：小寺鉄工所、小山庭苑
平成27年3月8日	岡山市立東山公民館において、三蟠軽便鉄道開通100周年記念行事の全容を会員に周知し、協力を要請
平成27年3月～8月	就実・森の学校の施設やグラウンドを借用し、蒸気機関車模型作りを続ける。完成の暁には後世に伝承するためのシンボルとして「子ども神輿」にすることを決定
平成27年3月13日	三蟠軽便鉄道駅弁作り、三好野本店と協議。この後正式発注9月の記念大会に400食納品。後の11月の高嶋神社参拝に際しても40食納品受ける。
平成27年3月29日	Tシャツ生地300枚購入。100周年記念のマーク入りとし会員が手作りで完成させることを決定
平成27年4月1日	三蟠軽便鉄道開通100周年記念歌、応援歌のCD1,000枚納品受ける。即日包装作業開始、発売
平成27年4月7日	「子ども神輿」の骨格が完成。場所：就実森の学校
平成27年4月9日	井笠鉄道記念館を表敬訪問、前館長田中春夫氏と懇談
平成27年4月13日	岡山県立東岡山工業高校訪問、駅名版・史跡案内板の製作について協力を要請。その後岡山県立岡山聾学校にも協力を要請
平成27年4月27日	全日空ホテルにおいて開催の岡山西ロータリークラブ例会で、本年、三蟠軽便鉄道開通100周年を迎えるについて、三蟠軽便鉄道開通の偉業を顕彰すべきこと、当時の絆の復活、後世へ伝承すべき意義と決意を訴え、協力を要請
平成27年4月29日	子ども神輿制作軌道に乗る。場所：就実森の学校
平成27年5月5日～随時	マスコミへ三蟠軽便鉄道開通100周年の多彩なイベント企画について報告し、協力を要請
平成27年5月9日	三蟠軽便鉄道のレール・トロッコお披露目乗車体験も　協力：山陽学園大学・短期大学
平成27年5月18日	Tシャツづくり始める。三蟠軽便鉄道のマークと「おかやまいまやかお」を配置以後総数300枚を製作し、各イベントでスタッフが着用
平成27年5月31日	子ども神輿リレーの全ルートを決定旭東小学校区、平井小学校区、操南小学校区、操明小学校区を5ブロックに分け約10.2キロを子どもたちが主役になって走破する計画とした。
平成27年6月3日～8日	三蟠軽便鉄道関連資料展示。場所：天満屋岡山店地下アートスペース
平成27年6月28日	地元の平井学区連合町内会会長以下役員と三蟠鉄道研究会スタッフの合同準備委員会開催。記念大会へ向けた諸準備を協議。場所：東山公民館
平成27年7月1日～8月31日	三蟠軽便鉄道開通100周年記念スタンプラリー実施9つの駅周辺店舗の協力を得て、二カ月間実施
平成27年7月18日	三蟠鉄道研究会スタッフ打ち合わせ。場所：三蟠鉄道研究会会長宅
平成27年7月20日	100周年記念Tシャツ作り場所：会長宅このTシャツはスタッフが各イベントで着用することが主目的。後に販売も
平成27年8月5日	旧浜中駅、旧湊駅の駅名看板設置　制作：岡山県立聾学校
平成27年8月7日	三蟠鉄道乗車体験者3名への取材活動協力：山陽映画
平成27年8月7日	100周年記念大会へ向けて、鉄道沿線一円に幟旗100本設置
平成27年8月21日	旧湊駅に設置した駅名板の除幕式。場所：中区平井一丁目区域内協力：岡山県立聾学校教員と学生たち
平成27年8月21日	三蟠軽便鉄道開通100周年記念大会の準備委員が受付や、顕彰状授与対象者など来賓応対などの準備最終確認。場所：山陽学園大学・短期大学構内
平成27年8月24日	旧「桜橋駅」から鉄道の引き込み線が入っていた岡山ガス㈱岡山工場のブロック塀に描かれた巨大なアートの除幕式執行　協力：岡山ガス㈱（制作：岡山県立岡山東商業高校美術部の生徒。蒸気機関車が虹の橋を駆け抜けるイメージが描かれている。かつて石炭をトロッコで搬入していた引き込み線があった場所である）
平成27年8月25日	三蟠軽便鉄道開通100周年記念大会を目前に三蟠鉄道研究会全体会議開催、会員の役割分担やタイムスケジュールなど確認し、情報共有。場所：三蟠鉄道研究会会長宅
平成27年9月1日	記念切手発行認可伝達式。場所：三蟠鉄道研究会会長宅
平成27年9月4日	三蟠軽便鉄道開通100周年記念切手発行（中国管内郵便局）
平成27年9月5日	三蟠軽便鉄道開通100周年記念冊子発行

平成27年9月5日～6日	三蟠軽便鉄道開通100周年記念大会開催。場所：山陽学園大学・短期大学キャンパス及び構内協力：同大学教職員、アルバイト学生　式典では顕彰状の贈呈や関係者への感謝状贈呈があった外、記念講演会や記念コンサート、多くの資料や画像が展示された
平成27年9月8日	井笠鉄道記念館を訪問。元新山駅駅長だった田中春夫氏に顕彰状を授与
平成27年9月26日	子ども神輿リレーに備えて岡山市立旭東小学校区、同平井小学校区、同操南小学校区、同操明小学校区の4小学校区の各代表からなる準備委員による最終打ち合わせ会実施。場所：桑野ふれあいセンター
平成27年10月3日	子ども神輿リレーの当日、元国清寺駅近くで出発式を行う
	出発式では沖田神社の宮司を迎えて、お神輿を前に安全祈願を執り行い、お神輿にお祓いし、神主に続き代表者や、子ども代表も玉串を奉奠した。多くのマスコミが取材に来るなど、盛り上がりが最高潮に達した折、子どもたちがいざ神輿を担いで出発した　場所：岡山市立旭東小学校　協力：同旭東小学校参加者：就実森の学校の神輿作製グループ、旭東小学校区管内の小学生たちやこの日のために色々準備を重ねてきた役員など
平成27年10月3日	三蟠軽便鉄道沿線4小学校区5グループが旧国清寺駅跡から三蟠駅まで子どもたちが主役となり、揃いの市松模様の法被姿で、リレーして、沿道の声援に応えながら、総延長10キロ余を練り歩き、開通当時の沿線住民の絆を再現できた。閉会式は三蟠駅跡前の堤防の上だった
平成27年10月6日	史跡案内板をアバット跡と道床跡の2カ所に設置　協力：岡山県立東岡山工業高等学校、小山庭苑
平成27年10月6日	三蟠駅跡へ駅名板設置協力：岡山県立東岡山工業高等学校、小山庭苑
平成27年11月10日	旧「湊駅」から「下平井駅」間の路線跡に架かる橋脚の周辺に史跡案内板設置の除幕式執行（岡山県立東岡山工業高校生徒による制作で鉄道遺産以外も紹介されていて、平井の新名所にもなった）
平成27年11月15日	高嶋神社参拝し、ご祭神に100周年記念事業の結果を報告し、神のご加護に感謝した
平成27年12月7日	三蟠軽便鉄道開通100周年記念事業を終えての反省会兼ビデオ試写会。場所：岡山国際ホテル
平成28年3月5日	三蟠鉄道資料館開館記念式典開催三蟠駅跡であり、現在は平田釣具店として旧駅舎をそのまま活用保存されている建物の一角が資料館となり、この地が新名所誕生となる。館長は平田竹二氏、養父は最後まで駅長を務めた平田高一氏である

開通100周年事業を終えた後の活動

（注：100周年記念事業については一部重複している。）

平成28年1月26日	三蟠鉄道記歌応援歌を作詩された貴船たゞしさんの墓所スタッフで墓参り
平成28年3月22日	岡山市北区浜野に存在する伊勢神宮にスタッフ参拝
平成28年4月14日	宮崎観光メンバーが光南台公民館と高嶋神社を視察され、送迎行事に参加
平成28年4月25日	平井保育園園児たちを招き、トロッコ乗車体験と「れんげ摘み」に立ち会う
平成28年6月12日	岡山市立東山公民館で三蟠鉄道研究会による講演開催。演題「三蟠軽便鉄道開通100周年記念事業を振り返って」
平成28年8月23日	トロッコが動かされて脱輪。翌日新しく複数の鍵をかけて修復
平成28年10月8日	鉄道の日、三蟠鉄道友の会が岡山駅前広場に蒸気機関車神輿を展示し脚光浴びる
平成28年10月9日	高嶋神社を祀る宮浦地区の秋祭りにスタッフが参加して氏子たちと交流
平成28年10月22日〜23日	岡山市立東山公民館祭りに参加。館内に多くの三蟠鉄道資料を展示し、庭園付近には蒸気機関車模した子ども神輿を展示して子どもたちにも乗ってもらう
平成28年11月5日	三蟠鉄道沿線跡を歩く会開催。この度は始点から終点まで10キロを踏破
平成28年11月10日	岡山市北区の芳泉学区愛育委員会が研修旅行の際、岡山市中区桑野のふれあいセンターにおいて、三蟠鉄道研究会会長による出前講座実施。演題「三蟠鉄道の歴史」
平成28年11月16日	笠岡市の高嶋神社を三蟠鉄道スタッフ視察
平成28年11月20日	岡山市東区の高嶋の由来ある安仁神社を参拝し視察。安仁は神武天皇の兄のこと。神武天皇が東征の折、途中で倒れたのを偲んで建立されたと聞く
平成28年12月6日	三蟠鉄道研究会の年末スタッフ反省会
平成29年1月24日	岡山市立操南公民館で三蟠鉄道研究会による講演会。演題「三蟠軽便鉄道と操南地域」
平成29年1月30日〜2月1日	福島県猪苗代町の「沼尻鉱山と軽便鉄道を語り継ぐ会」を三蟠軽便鉄道開通100周年記念式典の際お越しいただいた答礼を兼ねて、三蟠鉄道研究会スタッフが訪問。交流会開催
平成29年2月7日	古事記、日本書紀に記録が残る神武天皇が東征の折、この地にしばらくとどまったとされる高嶋を訪ねる旅。岡山市中区の祇園地内の高嶋神社と倉敷市水島塩生地内の高島を散策する旅に、三蟠鉄道研究会スタッフも参加した
平成29年2月18日	岡山大学で開催された岡山県歴史研究会サミットに三蟠鉄道研究会も参加して、文・法・経済学部の教室で三蟠鉄道研究会会長講演。演題は「開通から100年が過ぎた三蟠軽便鉄道」
平成29年5月9日	平井保育園園児たちを招き、トロッコ乗車体験とれんげ摘みを三蟠鉄道研究会スタッフがサポート
平成29年7月15日	三蟠鉄道の取締役だった近藤敬次郎生家と記念碑などを三蟠鉄道研究会スタッフが視察して、ご子孫と懇談
平成29年9月8日	岡山市立操明小学校運動会の日。運動場の片隅に、子ども神輿を展示して児童たちに乗車体験してもらう
平成29年9月15日〜11月26日の2か月間余り	岡山市シティーミュージアムで開催の「岡山と鉄道展」に三蟠鉄道研究会として多くの資料を展示
平成29年7月15日	三蟠軽便鉄道㈱の取締役で最大の株主だった福田常次郎の墓所に参拝
平成29年9月24日	操明小学校の運動会の日。運動場に蒸気機関車を模した、「子ども神輿」を展示
平成29年10月8日	岡山市南区の宮浦で高嶋神社の秋祭りに参加し、三蟠軽便鉄道開通の際、高嶋神社で記念式典を執り行ったことを偲び、地区民と交流
平成29年10月14日	鉄道の日に因んで、三蟠鉄道友の会がJR岡山駅前広場に子ども神輿を展示
平成29年10月21日〜22日	東山公民館文化祭に蒸気機関車を模した「子ども神輿」や資料を展示
平成29年11月10日	NHKで史跡案内板除幕式の模様が報道される
平成29年11月15日	三蟠鉄道研究会スタッフの高嶋神社参拝
平成29年11月25日	岡山市立京山公民館で、戦史研究会が主催する定例講座において、三蟠鉄道研究会会長出席しての講話。演題は「明治天皇の孫が語る天皇家のルーツ」と「昭和天皇が感じた敗戦の要因」
平成30年4月30日	平井保育園児がれんげ摘みとトロッコ乗車体験を三蟠鉄道研究会スタッフがサポート
平成30年5月3日	トロッコをレールに固定させるための鍵を付け替える
平成30年5月10日	三蟠軽便鉄道下平井駅周辺を歩き遺構を探す
平成30年5月30日〜31日	かつて竹下夢二が三蟠鉄道に乗ったかも知れない形跡を探すため、三蟠鉄道研究会スタッフが石川県金沢市の夢二美術館を訪ねた。しかし形跡は見つからず
平成30年6月16日	トロッコ周辺をスタッフで清掃活動
平成30年9月23日〜24日	再度トロッコ周辺をスタッフで清掃活動

平成30年9月28日～30日	福島県猪苗代町を三度目の訪問、今回は沼尻軽便鉄道の廃線50年記念式典に招待されて、スタッフ5人が参加。三蟠鉄道研究会会長祝辞を述べる。交流会後も路線跡など案内していただく
平成30年10月7日	宮浦の高嶋神社秋祭りに参加して地元民と交流し、歴史を学ぶ
平成30年10月14日	岡山市立東山公民館で三蟠鉄道研究会による講演会。演題は「新たに分かった三蟠鉄道の実相」
平成30年10月14日	鉄道の日に因んで、三蟠鉄道友の会がJR岡山駅前広場に子ども神輿を展示
平成30年10月20日～21日	東山公民館文化祭に蒸気機関車を模した「子ども神輿」や資料を展示
平成31年4月18日	平井保育園児に「れんげ摘み」とトロッコ乗車体験していただく。三蟠鉄道研究会スタッフがサポート
令和元年6月14日	岡山市シティーミュージアムに展示された三蟠鉄道研究会の資料など確認のため見学
令和元年10月16日	トロッコ周辺をスタッフで清掃活動
令和元年10月19日～20日	岡山市立東山公民館文化祭で、蒸気機関車を模した「子ども神輿」や資料を展示
令和元年11月19日	岡山市立光南台公民館の光南台実年大学講座において、三蟠鉄道研究会会長出席し講演。演題は「三蟠軽便鉄道はなぜ短命に終わったのか」
令和元年11月28日	きらめきプラザにおいて、岡山歴史楽修塾が主催する定例講座に三蟠鉄道研究会会長出席して講演。演題は「岡山県技師、江川三郎八がかかわった岡山県内戦前の建物」
令和元年12月5日	会長宅にてスタッフによる今年の活動反省会
令和2年3月23日	三蟠鉄道研究会会長宅でスタッフによる今後の活動方針など話し合う勉強会
令和2年4月17日	倉敷市上東の「庄東憩いの家」で三蟠鉄道研究会の講演会。演題は「漢字から見える日本文化の源流」
令和2年5月1日	トロッコの鍵が、また壊される事件発生。後に新しく鍵を複数設置
令和2年5月22日	福島の沼尻鉱山と軽便鉄道を語り継ぐ会からNHKの朝ドラ「エール」を応援してほしいと声がかかる。以後毎朝視聴する。三蟠鉄道が廃線後、コッペル蒸気機関車を、沼尻鉄道に引き取ってもらった経緯がある。沼尻鉄道は古関裕而作曲の「高原列車は行く」の舞台だからだ
令和2年6月17日	岡山市シルバー人材センターにお願いし、この日レールとトロッコ周辺と、れんげ畑の雑草の清掃
令和2年7月2日	岡山市シティーミュージアムに展示された岡山の鉄道展で三蟠鉄道研究会の資料など再度確認して見学
令和2年8月23日	三蟠鉄道研究会会長宅でこれまでの反省と今年後半の目標など話し合われる。100周年記念事業が終わって早や5年が経過し、早く書籍出版すべきという意見が多かった
令和2年10月15日	三蟠軽便鉄道記録集（仮題）として、会長腹案を基に「あら原稿」をまとめる
令和2年11月4日	三蟠鉄道研究会スタッフの打ち合わせ会、150頁程度の原稿について皆さんの意見聞きながら、さらに修正すべき個所や課題チェック。監修には岡山県内の鉄道に詳しい小西伸彦先生と岡山県立記録資料館館長の定兼学氏のお二人にお願いすることも了承された
令和2年12月5日	三蟠鉄道研究会会長宅にて、「三蟠鉄道記録集」のタイトルで、これまでに収集し、勉強した結果を記録に残すことの重要性が共有できたので書籍発刊を正式決定。出版は岡山県内歴史的書物出版を多く手掛けた、吉備人出版にお願いすること、A4判できるだけカラー印刷、と決めた。編集作業は会長宅で会長が中心に進めることとされた
令和2年12月15日	更新の修正版が出来上がると、全体の構成をもう一度見直す必要があるとの意見もあり、同23日、25日と修正を重ねた。会長腹案を基にスタッフ討議了解してもらい、会長を中心に精力的に編集作業を進めることとした
令和2年12月28日	吉備人出版から編集担当者来られ、25日にプリントした原稿をお渡しした
令和3年1月	会長宅で三蟠鉄道記録集の原稿を三蟠鉄道研究会スタッフに公開
令和3年1月9日	吉備人出版の担当金澤氏から電話で新年の挨拶もらい、原稿が相当量あることから、結構時間がかかりそうだと説明あり、USBメモリーのワード文書は、読めないところが多いと指摘あり
令和3年1月25日	吉備人出版の担当金澤氏が三蟠鉄道研究会会長宅に来られ、新たに更新した記録集原稿を紙ベースとUSBメモリーの両方で渡した。次いで、会長出版委託の契約書にサインした。まだ流動的だがページ数や画像が多く、最低でも5回以上双方校正を重ねていくことになると言われて、覚悟した。出版する書籍は定価や発行部数など提示されて了承
令和3年4月1日	「岡山のトリセツ」に三蟠鉄道の記事が掲載される。タイトルは「時代の流れの中、駆け抜けた地域を支えた幻の三蟠鉄道」
令和3年4月4日	会長宅で三蟠鉄道研究会スタッフ集まり、記録集の出版の進捗状況について、会長から報告し了承される

令和3年5月6日	岡山市が募集している「岡山歴史のまちしるべ看板」設置に応募。設置場所は現在三蟠鉄道研究会会長所有地であり、かつ軽便鉄道の線路跡地の一角。同12月には内容とデザインについて岡山市と合意済み、設置は年度内になる見込み
令和3年6月4日	会長宅でスタッフ集まり、記録集の出版の進捗状況について、会長から報告し了承される。
令和3年6月9日	地元の中国銀行から三蟠軽便鉄道記録集の出版に、中国銀行や山陽新聞社が運営母体となったクラウドファンディングの活用について提案を受ける。その後、この出版はクラウドファンディングとして最適なプロジェクトとだと再三説明を受ける。三蟠鉄道研究会としては自費出版を考えていることを伝えたが、ネットでプロジェクトを広報できることは、後世に伝承する方法の一つと知り、スタッフと相談する旨答弁した
令和3年6月10日	三蟠鉄道の道床跡の一部が、岡山市が進める下中野平井線の敷地として、岡山市に買収されることが決まっていたが、この日、買収される敷地との境界確認があり、会長立ち会いする。レールトロッコ共に撤去が確実視される中、隣地への移動を余儀なくされることとなる
令和3年6月30日	「岡山県宅建業協会機関紙」の「おかやま宅建」令和3年夏号に三蟠鉄道の記事が掲載される。タイトルは「三蟠軽便鉄道開通100周年記念（平成27年）行事」
令和3年7月9日	クラウドファンディングを運営するレディーフォー社から直接連絡を受けて、三蟠鉄道スタッフも賛同してくれていたので了解する。事務的な手続きは相当複雑に感じたが、スタッフに背中を押され、挑戦することとした。発刊予定日などを踏まえて、いつから公開するのかタイミングを図ることでレディーフォーと調整に入る
令和3年8月26日	レディーフォーと公開日の調整後、公開期間は9月1日から10月29日までの約2カ月弱、募集額は100万円とすることで契約
令和3年8月27日	クラウドファンディングを成功させるため会長自ら三蟠鉄道研究会スタッフに呼びかけ、文書でも多方面にお願い文書を出状するなど多忙な日が続く
令和3年9月12日	岡山市中区の操明学区連合町内会のホームページに三蟠鉄道資料館の記事掲載について、会長ほか三蟠鉄道研究会スタッフが現場に立ち会い
令和3年9月16日	目標額の100万円は既に突破
令和3年10月15日	200万円を突破。ラストゴールの目標設定として250万円を掲げることとした
令和3年10月30日	精査してみると251％が確認され大成功だった
令和3年11月1日	支援額に応じた記念品の贈呈作業（リターン）に進んだが、仲間に助けられて予定より早く11月中旬には完了リターンを含めてクラウドファンディングには約3カ月間集中したことで、編集や校正作業が遅れたが、これまで経験したことがなかったものの、良い勉強になり、支援者三蟠鉄道研究会スタッフに感謝
令和3年11月6日	岡山民俗学会からの講演要請を受けて、三蟠鉄道研究会会長、三蟠軽便鉄道が開通できた背景や始発駅を三蟠となった理由などについて講演。リモートでの講演会なので、十分な意思疎通ができるかという心配があったが、最後に多くの質問や回答に、大変興味を示してくれ、関心の深さを改めて感じた
令和3年12月5日	予てから作りたいと考えながらも思案していた「三蟠軽便鉄道ラベル」の清酒の納品を受ける。赤磐市の室町酒造で、雄町米で造った純米吟醸を調達。以後出版に物心両面でご支援いただいた方に贈呈を続けている。小売り許可の無い三蟠鉄道研究会としては、贈呈用としか使わないが、令和4年に発刊がずれ込んだこともあり、新しい年にも、贈呈用としてしばらく続く見込み
令和4年3月12日	三蟠鉄道研究会会長内田武宏、鉄道史学会の正会員として承認される
令和4年3月17日	岡山市の歴史案内看板整備事業として、線路跡近くに「岡山歴史のまちしるべ（三蟠軽便鉄道線路跡）看板」が設置された

記念大会　平成 27 年 9 月 5 日(土)〜6 日(日)
於　山陽学園大学・短期大学

1　三蟠軽便鉄道株式会社 会社設立の由来

　明治 43 年 6 月 12 日宇野線開通に伴い、それまで岡山県の表玄関とされてきた三蟠港は、宇野港にその地位を奪われ、上道郡内の住民、特に旭川東岸住民は危機感を増すこととなりました。

　明治 43 年 8 月 3 日施行された軽便鉄道法と、続く軽便鉄道補助法により、国は民間鉄道を奨励することとなり、軽便鉄道敷設への機運が急速に高まりました。上道郡内では平素郡内の各村長が定期的に郡役所に集い、コミュニケーションをとる場があり、沿線、周辺の村長たちが発起人となり、大正 3 年 2 月 1 日三蟠軽便鉄道株式会社を設立しました。

　地域住民はこの地に誇りを持っていたため、開拓者精神と常に先覚的な取り組みをしてきた地域住民にとって、そのプライドを掛けての大事業を強い結束力と行動力を持って、驚異的なスピードで開業にこぎつけたのです。

大正 4 年 8 月 11 日、三蟠軽便鉄道三蟠ー桜橋間が開通
　開業当日、山陽新報・中国民報がトップニュースで報道し、住民がいかに期待と夢を持って、この日を待ったかが伺えます。

— 1 —

三蟠軽便鉄道開通 100 周年記念冊子発行

スタンプラリーチラシの事例 1

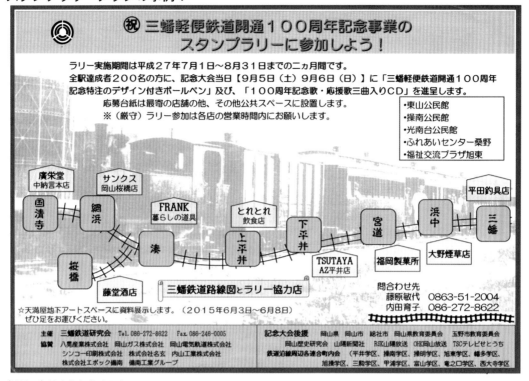

各駅の名前を入れたチラシ

スタンプラリーチラシの事例 2

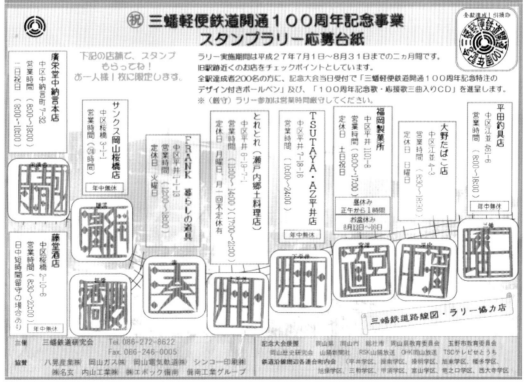

各駅のゴム印が入ったチラシ。ゴム印はチェックポイントで獲得する

新聞報道で振り返る活動経過⋯⋯⋯⋯⋯⋯

平成 24 年 10 月 27 日山陽新聞夕刊

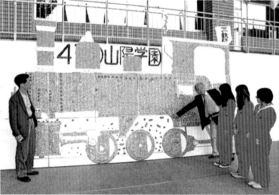

山 陽 新 聞 （夕刊）
2012年（平成24年）10月27日　土曜日

「三蟠軽便鉄道」の蒸気機関車 実物大パネルで再現

山陽学園大・短大生と愛好家製作　あす学園祭に展示

大正から昭和初期、岡山市で運行された「三蟠軽便鉄道」の蒸気機関車を模した実物大パネルを、地元ファンでつくる三蟠鉄道研究会と、山陽学園大・短大（同市中区平井）の学生が製作。28日の同大学園祭でお披露目する。

同鉄道はかつて岡山県の主要港だった三蟠港（同江並）と市中心部の国清寺駅（同門屋敷本町）を結び、1915（大正4）年から31（昭和6）年まで運行。宇野港開港で衰退した三蟠港の活性化について機関車の側面部分を製図。9月末から学生約20人が建築用断熱材を使ったパネルにちぎり絵のように紙を貼り、黒い車体を表現した。学園祭当日は学生ホールに飾り、参加者に仕上げてもらう。

研究会メンバーの澁谷俊彦・同大教授が学園大幼児教育学科2年の学生に話を持ち掛けた。メンバーが写真に基づいて機関車の側面部分を製図。9月末から学生約20人が建築用断熱材を使ったパネルにちぎり絵のように紙を貼り、黒い車体を表現した。学園祭当日は学生ホールに飾り、参加者に仕上げてもらう。

パネルのモデルは1924年に導入されたドイツ・コッペル社製の蒸気機関車（車長約5㍍、高さ約3㍍）。

学園祭実行委員長の長居綾加さん（21）＝短大幼児教育学科2年＝は「製作中に研究会のメンバーから鉄道の思い出を聞き、地元の歴史に理解が深まった」。研究会の内田武宏会長（70）＝同平井＝は「線路の跡は一部残っている。昔をしのぶ貴重な文化財なので、多くの人に知ってもらいたい」と話している。

（岸研一）

山陽学園大・短大生らが製作した三蟠軽便鉄道の実物大パネル

パネルのモデルとなったドイツ製蒸気機関車

平成 27 年 8 月 5 日山陽新聞

山 陽 新 聞
2015年（平成27年）8月5日　水曜日

開通100年で研究会 三蟠軽便鉄道を再現 レールにトロッコ

輝いて　まち・人

操山・東山地区

大正から昭和初期にかけて岡山市中区の旭川沿いを走っていた三蟠軽便鉄道。開通100年となる今年、東中島（同江並）の復興策の一環として開通する三蟠港と市中心部の国清寺駅（同門屋敷本町）を結び、1915（大正4）年8月から31（昭和6）年6月まで旅客や石炭を運んだが、小型船舶の普及や川沿いの道路建設によって役割を失い、わずか15年余りで廃止された。

今月11日で開通から1世紀が経過するため、同鉄道研究会が、同平井の空き地にレールとトロッコを再現した。誰でも自由に乗ることができ、メンバーは「地域に鉄道が走っていた歴史を知ってほしい」と話している。

いとの思いから、トロッコの設置を決めた。設置場所は、同鉄道の線路が実際に通っていた場所で、同研究会の内田武宏会長（73）＝同平井＝が、約900平方㍍の私有地の一部を提供した。

鉄工所を営むメンバーの協力を得て、黒い鉄製トロッコ（長さ1㍍・5㌢、幅1・2㍍）を制作。車輪は当時の車両で実際に使われていたものを使用し、車体に同鉄道のロゴマークを付けて雰囲気を演出している。

レールは長さ10㍍。平井の空き地にレールとトロッコを再現した同鉄道研究会が、同業者に注文。今年2月から総勢20人で敷設作業を始め、3月7日に完成した。同鉄道の歴史やトロッコ完成までの様子を紹介した看板も近くに立てている。

内田さんは、「三蟠鉄道は、地域の活性化を願って玉野・宇め、鉄道が存在したという証を地域に残した貴重な文化財。後世まで伝えていきたい」と話している。（宮原彩）

三蟠軽便鉄道を再現したトロッコに乗る研究会のメンバー

レールトロッコのお披露目の模様

山 陽 新 聞
2015年（平成27年）8月3日 月曜日

「三蟠軽便鉄道」に注目

開通100年で東岡山工高と岡山聾学校生徒
駅名、案内板を製作中

三蟠軽便鉄道の駅名板を作る東岡山工高の生徒たち

駅名板を制作中

山 陽 新 聞
2015年（平成27年）8月6日 木曜日

開通100年 東商高美術部描く

三蟠軽便鉄道 巨大壁画で復活

岡山ガス桜橋供給所

縦2㍍、横5㍍ 虹の上を走るデザイン

銀河鉄道イメージの巨大なアート

山 陽 新 聞
2015年（平成27年）8月22日 土曜日

三鉄 三蟠軽便鉄道 跡地で駅名板除幕

岡山聾学校の生徒製作

みなと駅の駅名板の除幕式の模様

山 陽 新 聞
2015年（平成27年）9月2日 水曜日

開通100年の切手シート

三蟠軽便鉄道 4日から販売

三蟠鉄道記念切手を紹介

平成 27 年 9 月 6 日毎日新聞

手作り機関車でお祝い

開通100周年「三蟠軽便鉄道」

開通100周年を記念して作られた三蟠軽便鉄道の
蒸気機関車の模型＝中区平井一の山陽学園大で

きょうまで中区 歴史を伝える大会

大正から昭和初期に
岡山市内を走った「三
蟠軽便鉄道」が今年、
開通100周年となる
のを記念し、地元の鉄
道ファンらの三蟠鉄道
研究会が5日、山陽学
園大（中区）で、歴史
を伝える大会を開い
た。

三蟠軽便鉄道は19
15（大正4）年8月
11日に運行開始。当時、
岡山市の外港として栄
えた三蟠（中区）と現
在の門田屋敷本町（同
区）の約7㌔を結んだ。
31年に廃止されるまで石
炭などの貨物や旅客輸
送に利用された。

この日は、路線延長
申請書や廃線後に開か
れた清算会議資料な
ど、鉄道の歴史が分か
る資料や当時の写真な
ど約100点を会場に展
示。また、同会が作成
した当時の蒸気機関車
の縮小模型（全長約1
・5㍍、高さ約1㍍）
も披露された。

同会の内田武宏会長
（73）は「軽便鉄道建設
の機運が高まる時代に、
地元村長らが発起人と
なって敷設された。地
域の誇りや絆の強さを
感じてもらえたら」と
話している。

大会は6日も同所で
開かれる。午前9時半
～午後5時。

【原田悠貴】

記念大会に展示した子ども神輿を紹介

平成 27 年 9 月 6 日山陽新聞

山 陽 新 聞

2015年（平成27年）9月6日 日曜日

三蟠軽便思いはせ

山陽学園大 100周年記念大会

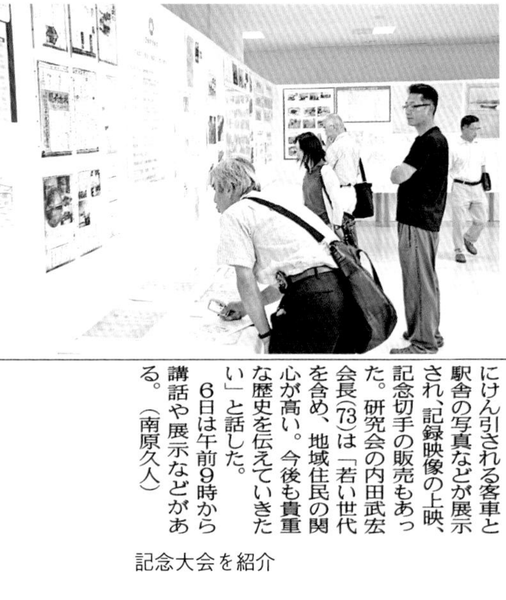

三蟠軽便鉄道の歴史を紹介する展示に見入る
人たち

大正から昭和初期に、
岡山市中区の三蟠港
と市中心部の約7㌔を
結んだ三蟠軽便鉄道
の開通100周年記念
大会が5日、同平井の
山陽学園大・短大で始
まった。初日は講演
や歴史を振り返るパ
ネル展示などがあり、
鉄道ファンらが往時に
思いをはせた。

6日ま
で。

三蟠軽便鉄道は19
15（大正4）年から31（昭
和6）年までと、わず
かな運行期間で廃線に
なったことから〝幻の
鉄道〟と呼ばれる。
大会はファンらでつ
くる三蟠鉄道研究会
が主催。式典には約20
0人が出席し、大会会
長の那須和夫・平井学
区連合町内会長が「鉄
道の調査を続け、地域
と市中心部の約7㌔を
の歴史を深く知ってい
こう」とあいさつした。

記念講話もあり、太田
健一・山陽学園大名誉
教授ら3人が三蟠鉄道
が地域活性化に果たし
た役割などについて話
した。

学生ホールには当時
の時刻表、蒸気機関車
にけん引される客車と
駅舎の写真などが展示
され、「記録映像の上映、
記念切手の販売もあっ
た。研究会の内田武宏
会長（73）は「若い世代
を含め、地域住民の関
心が高い。今後も貴重
な歴史を伝えていきた
い」と話した。

6日は午前9時から
講話や展示などがあ
る。（南原久人）

記念大会を紹介

縮刷版右側縦書き：

「鏡野産」ブドウや
姫とうがらしPR
きょう産業まつり

鏡野町の特産品をP
Rする「2015町産
業まつり」（町主催）
が6日、同町竹田の鏡
野ドームで開かれる。

会場には41ブースが並
び、ピオーネ、シャイ
ンマスカットといった
町内産ブドウを市価の
2～3割安で提供する
ほか、姫とうがらしや
ヒラメ（アマゴ）の塩
焼きなどを販売。特設
ステージでは人気アニ
メ「妖怪ウォッチ」の
キャラクターショー
（午前11時、午後3時

平成 27 年 9 月 30 日読売新聞

復活する子ども神輿を紹介

平成 27 年 10 月 2 日山陽新聞

実施した子ども神輿を紹介

平成 27 年 10 月 4 日山陽新聞

子ども神輿のリレーの様子を紹介

平成 27 年 10 月 4 日朝日新聞

大成功の子ども神輿を紹介

由緒伝える案内板設置

株券や用地台帳20点発見

岡山・三蟠軽便鉄道の運営会社資料

市内民家 歴史解明に期待

三蟠鉄道の資料が大量に発見されたと伝える記事

三蟠軽便鉄道 住民らが資料館オープン

「郷土愛 後世に」

三蟠鉄道資料館オープンの記事

運行16年間 雄姿知って

三蟠軽便鉄道資料館あす岡山に開設

みこし、パネル展示

沿線ファン 旧駅舎整備

資料館オープンの記事

終わりに

　私の三蟠鉄道研究は、やればやるほどこれは自分が満足している場合じゃない。私には古里の文化遺産を若い世代に伝えていくことこそが大切な任務だと自覚するに至った。近年は子どもたちに歴史を学ぶことの喜びを知ってもらう大切さをしみじみと感じている。SLが我がふるさとを走っていたことを覚えてもらい、歴史を学べば楽しいことがいっぱいある。

　幸いなことに新たに多くの資料が見つかり、提供してくださる方や、ご支援いただく方も増えて苦労を忘れ、活動を続けながら、喜びを感じている。

　特に平成27年は年間を通じて、三蟠軽便鉄道開通100周年記念事業として数々の記念事業を繰り広げていく中で、子どもたちの明るい笑顔を見るたびに、自分のやっていることに間違いはなかったと感じている。

　岡山県はかつて全国屈指の教育県と言われていた要因は何だったのか、と考えたとき、江戸時代にいち早く寺子屋教育が始まり、備前藩主池田光政の時代には、民間教育の場として閑谷学校をつくり、先人たち

が数々の偉業を達成したことにあると考えている。

　近年岡山県の教育水準が国内でワーストに近い水準にまで落ち込んでいたが、子どもたちが郷土に誇りを持てていないんじゃなかろうか。誇りが持てれば自信が身につく。自信が持てれば、なお勉強する意欲が湧く。そのための環境を整えていくことこそが、我々にとってとても大事である。もとより浅学非才な我が身なれど、そんな一助になればと、軽便鉄道研究を後世に伝えていくことの喜びを一層強くしている。

　もうひとつ大きな収穫があった。活動を通じて知り会えたさまざまな方々とのご縁だ。この絆の大切さを子どもたちにも伝えたい。私は岡山県教育の再生につながるとの確信に至った。編集作業を続けていく中で、この出版にクラウドファンディングを活用したところ、全国から213名という多くの篤志家から浄財を賜り、この場を借り、厚くお礼申し上げる。活動を通じて多くのご支援、ご協力をいただいた各会、各業界や篤志家の皆様に心からのお礼を申し上げて終わりの言葉とする。

三蟠鉄道研究会
2012 年に三蟠軽便鉄道の実態を掘り起こそうと発足。公民館等で勉強会を重ね、鉄道沿線を歩いて路線や駅の名残を探り、研究結果を会員と共有してきた。開通 100 周年の 2015 年には多くの記念事業を実施するなどして、若い世代に伝承するための活動を続けている。これまで活動に加わってもらった方は数百人、会員の登録はせず、地域の歴史に興味を持つ方が自由参加している。会長は内田武宏氏。

著者：小西伸彦（1 章）、内田武宏（2 章・資料編）

著者略歴
　小西伸彦（こにし・のぶひこ）
　1958 年岡山県総社市生まれ。香川大経済学部卒。専門は産業考古学と鉄道史学。現在は就実大学人文科学部総合歴史学科特任教授、産業遺産情報センター主任研究員、鉄道記念物評価選定委員、倉敷市文化財保護審議会委員、産業遺産学会理事長。
　著書に『鉄道遺産を歩く　岡山の国有鉄道』『みまさか鉄道ものがたり』（いずれも吉備人出版）等。

　内田武宏（うちだ・たけひろ）
　1942 年岡山市生まれ。1960 年岡山県立岡山東商業高等学校卒業し、中国銀行に就職して 1997 年に定年退職（在任期間 36 年 10 カ月）。同年に岡山商科大学に事務職として勤務し、2007 年に退職（在任期間 10 年 1 か月）。所有していた畑が三蟠鉄道の路線跡になっていたことで、詳細な実態を探ろうと 2012 年に三蟠鉄道研究会を発足。三蟠鉄道研究会会長。
　公職として 2008 年から 3 年間更生保護法人岡山県更生保護協会に勤務。1998 年から保護司として任期満了まで 20 年務め、その後岡山県保護司 OB 会の初代代表幹事を務めた。

編集協力：松口久美子、内田育子、瀬尾利夫、上森陽子、永井喬子

資料提供・協力　（順不同）
綾野价子、上森陽子、内田裕之、岡﨑　巌、金谷啓紀、亀井貞夫、貴船たゞし、定清博幸、塩田葭次、辻　政弘、筒井貞明・満須美、徳田仁司、永井喬子、永瀬妙子、難波好幸、西　優、野崎博通、八田勝江、平島省三、平田竹二、藤野　優、藤原春枝、宮尾博躬、渡邊秀樹、渡辺泰多、佐藤邦彦、安原喜子、井上敏志、山﨑泰二、八田　勉、北村治子
岡山県立記録資料館、岡山県立図書館、岡山市立中央図書館、岡山ガス、三蟠地区旧跡復旧活性化事業実行委員会、操明学区電子町内会、鳥人幸吉保存会、トヨタ博物館、山陽新聞社、朝日新聞社、毎日新聞社、読売新聞社、シンコー印刷

<ruby>三蟠<rt>さんばん</rt></ruby>鉄道記録集
2022 年 9 月 11 日　発行

編者　三蟠鉄道研究会
発行　三蟠鉄道研究会
　　　〒 703-8282 岡山市中区平井 1 丁目 2 番 12 号
　　　電話・ファクス 086-272-8622
　　　メール take19ko@outlook.jp
発売　吉備人出版
　　　〒 700-0823 岡山市北区丸の内 2 丁目 11-22
　　　電話 086-235-3456　ファクス 086-234-3210
　　　ウェブサイト www.kibito.co.jp
　　　メール books@kibito.co.jp
印刷　株式会社三門印刷所
製本　株式会社岡山みどり製本